studiare con
successo

© 2015 by G. B. Palumbo & C. Editore S.p.A.

I laboratori 7-13 sono a cura di **Alda Baldaccini** *e* **Maria Cristina Zanti**.
Le rubriche *A domanda rispondo* sono a cura di Luca Pirola.

progettazione e direzione editoriale
Italo Rosato

progetto grafico, coordinamento tecnico, copertina
Federica Giovannini

redazione
Valentina Fedi

impaginazione
Andrea Calvetti

realizzazione dei materiali multimediali
Palumbo Multimedia

fotolito e stampa
Petruzzi S.r.l. - Città di Castello (PG)

Proprietà artistica e letteraria della Casa Editrice

Stampato in Italia

Finito di stampare dalla Petruzzi S.r.l., Città di Castello (PG) nel mese di aprile 2018
per conto della G. B. Palumbo Editore & C. S.p.A., Palermo

Le fotocopie per uso personale del lettore possono essere effettuate nei limiti del 15% di ciascun volume/fascicolo di periodico dietro pagamento alla SIAE del compenso previsto dall'art. 68, commi 4 e 5, della legge 22 aprile 1941 n. 633.

Le fotocopie effettuate per finalità di carattere professionale, economico o commerciale o comunque per uso diverso da quello personale possono essere effettuate a seguito di specifica autorizzazione rilasciata da CLEARedi, Centro Licenze e Autorizzazioni per le Riproduzioni Editoriali, Corso di Porta Romana 108, 20122 Milano, e-mail autorizzazioni@clearedi.org e sito web www.clearedi.org.

L'Editore è a disposizione degli aventi diritto tutelati dalla legge per eventuali e comunque non volute omissioni o imprecisioni nell'indicazione delle fonti bibliografiche o fotografiche.

Pietro Cataldi
Elena Angioloni
Sara Panichi

- **La letteratura al presente**
- **La voce della letteratura**

studiare con *successo*

LABORATORI INTERATTIVI

a cura di Marianna Marrucci *e* Valentina Tinacci

- lingua, scrittura e comunicazione
- metodo di studio
- analisi e interpretazione del testo letterario
- le scritture per il mondo del lavoro
- ripasso in autovalutazione

 nel DVD (allegato al Vol. 1) e online: esercizi di ripasso grammaticale

2

G. B. PALUMBO EDITORE

Indice generale

Sezione 1 — Prove guidate di scrittura

Laboratorio 1	Il riassunto	2
Laboratorio 2	Guida all'analisi di un testo in versi	8
Laboratorio 3	Guida all'analisi di un testo narrativo	13
Laboratorio 4	Guida all'analisi di un testo per il teatro	23
Laboratorio 5	Guida alla redazione di un saggio breve	30
Laboratorio 6	Il tema di argomento storico e il tema di ordine generale	39

Sezione 2 — Scritture per l'esame e per il mondo del lavoro

Laboratorio 7	L'e-mail	44
Laboratorio 8	Il blog	50
Laboratorio 9	La relazione tecnica	54
Laboratorio 10	L'abstract	62
Laboratorio 11	Il dépliant	68
Laboratorio 12	Il brief	76
Laboratorio 13	Laboratorio in situazione	80

DIGIT

Laboratorio	La scheda cliente

Sezione 3 — Studiare e ripassare insieme

Attività di ripasso	*Quadro storico-culturale* L'età della Controriforma (1545-1690)	84
Attività di ripasso U1	Torquato Tasso	89
Attività di ripasso U2	Miguel de Cervantes	98
Attività di ripasso U3	Il grande teatro del Seicento	104
Attività di ripasso U4	La nuova scienza	110
Attività di ripasso U5	La poesia barocca	114
Attività di ripasso	*Quadro storico-culturale* L'Europa della ragione (1690-1815)	118
Attività di ripasso U6	La ragione, le leggi e il diritto	122
Attività di ripasso U7	Il romanzo del Settecento	127
Attività di ripasso U8	La poesia nell'età dell'Illuminismo	132
Attività di ripasso U9	Il teatro del Settecento	137
Attività di ripasso U10	Carlo Goldoni	142
Attività di ripasso U11	Ugo Foscolo	148
Attività di ripasso	*Quadro storico-culturale* Il Romanticismo (1815-1861)	155
Attività di ripasso U12	Il romanzo e la novella nell'Ottocento	158
Attività di ripasso U13	Alessandro Manzoni	163
Attività di ripasso U14	La poesia nel Romanticismo	172
Attività di ripasso U15	Giacomo Leopardi	176

Sezione 1

Prove guidate di scrittura

In questa sezione troverai:

Laboratorio 1	Il riassunto
Laboratorio 2	Guida all'analisi di un testo in versi
Laboratorio 3	Guida all'analisi di un testo narrativo
Laboratorio 4	Guida all'analisi di un testo per il teatro
Laboratorio 5	Guida alla redazione di un saggio breve
Laboratorio 6	Il tema di argomento storico e il tema di ordine generale

Laboratorio 1
Il riassunto

OBIETTIVI

▶ Migliorare le capacità di comprensione di un testo attraverso l'individuazione rapida delle informazioni principali.
▶ Migliorare le capacità di rielaborazione, sintesi e scrittura di testi.
▶ Rafforzare le competenze relative alla riorganizzazione e rielaborazione delle informazioni.

1 Che cos'è il riassunto

Il riassunto è un testo che, nel modo più breve e più chiaro possibile, riferisce i contenuti principali di un testo più lungo e complesso. Per questa ragione è anche uno strumento essenziale per riorganizzare le informazioni di studio.

2 Come scrivere un riassunto

Metodo tradizionale (sequenze):
1. leggere integralmente il testo;
2. individuare le idee o i fatti principali, sottolineando le parole e le frasi chiave;
3. isolare le sequenze, cioè i diversi momenti nello svolgimento della trama o dello sviluppo dell'argomentazione;
4. stendere il riassunto in modo conciso;
5. rispettare le indicazioni (se ci sono) del numero di righe o di parole richieste;
6. preparare una prima versione e poi vedere se è possibile ridurla ulteriormente.

Metodo "a grappolo":
1.-2. ripetere le fasi 1. e 2. dell'elenco precedente;
3. individuare il messaggio essenziale del testo condensandolo, al massimo, in un'unica frase;
4. arricchire e sviluppare la frase, aiutandosi con parole e concetti chiave;
5. ripetere il passaggio 4. fino a raggiungere sufficiente lunghezza e complessità;
6. rispettare le indicazioni (se ci sono) del numero di righe o di parole richieste.

3 Il riassunto di un testo teorico-saggistico

Come primo esempio, prendiamo un testo teorico. È un passo delle *Osservazioni sulla tortura* di Pietro Verri, in cui sono state sottolineate le frasi chiave.

> È lecita la tortura come strumento di indagine della verità?
> Mi rimane finalmente da provare che, <u>quand'anche la tortura fosse un mezzo per iscoprire la verità dei delitti, sarebbe un mezzo intrinsecamente ingiusto</u>. Credo assai facile il dimostrarlo. Comincerò col dire che le parole di sospetti, indizi, semi-prove, semi-plene, quasi-prove, ecc. e si-
> 5 mili barbare distinzioni e sottigliezze, non possono giammai mutare la natura delle cose. Possono elleno bensì spargere delle tenebre ed offuscare le menti incaute, ma <u>debbesi sempre ridurre la questione a questo punto: o il delitto è certo, ovvero solamente probabile</u>. ▶

> Se è certo il delitto, i tormenti sono inutili e la tortura è superfluamente data, quando anche fosse un mezzo per rintracciare la verità, giacché presso di noi un reo si condanna, benché negativo. La tortura dunque in questo caso sarebbe ingiusta, perché non è giusta cosa il fare un male, un male gravissimo, ad un uomo superfluamente. Se il delitto poi è solamente probabile, qualunque sia il vocabolo col quale i dottori distinguano il grado di probabilità difficile assai a misurarsi, egli è evidente che sarà possibile che il probabilmente reo in fatti sia innocente; allora è somma ingiustizia l'esporre a un sicuro scempio e ad un crudelissimo tormento un uomo, che forse è innocente; e il porre un uomo innocente fra que' strazi e miserie tanto è più ingiusto, quanto che fassilo colla forza pubblica istessa confidata ai giudici per difendere l'innocente dagli oltraggi.
> La forza di quest'antichissimo ragionamento hanno cercato i partigiani della tortura di eluderla con varie cavillose distinzioni, le quali tutte si riducono ad un sofisma, poiché fra l'essere e il non essere non vi è punto di mezzo, e laddove il delitto cessa di essere certo, ivi precisamente comincia la possibilità dell'innocenza. Adunque l'uso della tortura è intrinsecamente ingiusto e non potrebbe adoprarsi, quando anche fosse egli un mezzo per rinvenire la verità.
> Che si è detto mai delle leggi della Inquisizione, le quali permettevano che il padre potesse servire di accusatore contro il figlio, il marito contro la moglie! L'umanità fremeva a tali oggetti; la natura reclamava i suoi sacri diritti; persone tanto vicine per i più augusti vincoli distruggersi vicendevolmente! La legge civile abborrisce siffatti accusatori e li esclude.
> Mi sia ora lecito il chiedere, se un uomo sia meno strettamente legato con se medesimo, di quello che lo è col padre e colla moglie. Se è cosa ingiusta che un fratello accusi criminalmente l'altro; a più forte ragione sarà cosa ingiusta e contraria alla voce della natura che un uomo diventi accusatore di se stesso e le due persone dell'accusatore e dell'accusato si confondano. La natura ha inserito nel cuore di ciascuno la legge primitiva della difesa di se medesimo: e l'offendere se stesso e l'accusare se stesso criminalmente egli è un eroismo, se è fatto spontaneamente in alcuni casi, ovvero una tirannia ingiustissima, se, per forza di spasimi, si voglia costringervi un uomo. L'evidenza di queste ragioni anche più si conoscerà riflettendo che iniquissima e obbrobriosissima sarebbe la legge che ordinasse agli avvocati criminali di tradire i loro clienti. Nessun tiranno, che io ne sappia, ne pubblicò mai una simile; una tal legge romperebbe con vera infamia tutti i più sacri vincoli di natura. Ciò posto, chiederemo noi se l'avvocato sia più intimamente unito al cliente di quello che è il cliente con se medesimo? Ora la tortura tende cogli spasimi a ridurre l'uomo a tradirsi, a rinunziare alla difesa propria, ad offendere, a perdere se stesso. Questo solo basta per far sentire, senza altre riflessioni, che la tortura è intrinsecamente un mezzo ingiusto per cercare la verità, e che non sarebbe lecito usarlo quand'anche per lui si trovasse la verità.

Le sottolineature consentono di ricostruire facilmente la struttura rigorosa della argomentazione di Pietro Verri che procede per ipotesi e dimostrazioni. Ecco le sequenze logiche:

1. Righe 1-3: presentazione della questione.
2. Righe 4-21: dimostrazione della inammissibilità etica della tortura nel caso di un "delitto certo" (rr. 8-11) e di un "delitto solamente probabile" (rr. 11-16); denuncia dei sofismi con cui i "partigiani della tortura" hanno cercato di opporsi alla forza del ragionamento precedente e sintesi in cui viene esplicitata la risposta all'ipotesi iniziale: "Adunque l'uso della tortura è intrinsecamente ingiusto e non potrebbe adoprarsi, quando anche fosse egli un mezzo per rinvenire la verità".
3. Righe 22-25: denuncia della mostruosità giuridica che, nei tribunali dell'Inquisizione, consentiva al padre di testimoniare contro il figlio e al marito di testimoniare contro la moglie.
4. Righe 26-32: dall'assunto precedente discende che "a più forte ragione sarà cosa ingiusta e contraria alla voce della natura che un uomo diventi accusatore di se stesso".
5. Righe 33-40: ulteriore dimostrazione della inammissibilità giuridica ed etica della tortura perché essa priva l'accusato del diritto all'autodifesa; conclusione in cui viene ribadita la tesi iniziale quasi con le stesse parole usate ai rr. 13-16 ("la tortura è intrinsecamente un mezzo ingiusto per cercare la verità").

Laboratorio 1 — Il riassunto

Ecco il riassunto:

> Anche se la tortura fosse un mezzo per scoprire la verità sarebbe comunque un mezzo intrinsecamente ingiusto. Nel caso di un delitto certo, essa sarebbe inutile e superfluamente crudele; nel caso di un delitto probabile, sarebbe inammissibile sottoporre a tormenti intollerabili chi è forse innocente. Se ci si sdegna per le procedure dell'Inquisizione, che ammettevano l'accusa tra consanguinei, ancor più ci si deve sdegnare e si deve rifiutare l'ipotesi contro natura che un uomo accusi se stesso. Se poi si riconosce all'accusato il diritto a essere difeso da un avvocato, a maggior ragione gli si deve riconoscere il diritto all'autodifesa, diritto di cui la tortura di fatto lo priva.

4 Il riassunto di un testo narrativo

Come testo narrativo utilizziamo un racconto di Edgar Allan Poe.

Ombra [*Parabola*]

> Sebbene io proceda per la valle dell'Ombra.
> (*Salmo di Davide*)

Voi che leggete siete tuttora tra i vivi; ma io che scrivo avrò da tempo percorso la strada che conduce alla regione delle ombre. Poiché strane cose accadranno, e si sveleranno segreti, e secoli trascorreranno, prima che queste righe siano viste dagli uomini. E, allora, taluni non crederanno, altri dubiteranno, ma alcuni troveranno molto da meditare nelle lettere che qui incido con stilo di ferro.
5 Era stato un anno di terrore, di affetti più intensi del terrore, quali non hanno nome sulla terra. Prodigi erano accaduti, e segni, e ben ampie s'erano distese ovunque le nere ali della Pestilenza. Ma a coloro che erano arguti conoscitori delle stelle non era ignoto quanto maligno fosse l'aspetto dei cieli; ed a me, tra gli altri, Oinos, il greco, era palese che era ormai sopraggiunto il mutamento dei tempi, quel settecentonovantaquattresimo anno, in cui, entrando
10 Ariete, il pianeta Giove si trova in congiunzione col sinistro Saturno inanellato di rosso. Lo spirito proprio dei cieli, se molto non mi inganno, si disvelava non solo nella sfera terrestre, ma nelle anime, nelle immaginazioni, nelle meditazioni umane.
Attorno ad alcune ampolle di vino di Chio, entro le mura di una nobile dimora, in una città di tenebre detta Tolemaide, sedevamo, noi sette, ed era notte. E non v'era accesso a quella sala se
15 non per un altro portale di ottone: aveva foggiato il portale Corinnos, l'artigiano, ed essendo opera di nobile fattura, era serrata dall'interno. Nella tetra stanza, neri drappeggi escludevano dalla nostra vista la luna, le stelle infauste, le strade fatte deserte; ma il presentimento e la memoria del Male nulla poteva allontanare. Attorno a noi dovunque v'era qualcosa che non so chiaramente descrivere: una gravezza dell'aria, la sensazione di soffocare, ansia, e soprattutto
20 quell'orribile condizione di esistenza nota a chi ha nervi sensibili, quando i sensi sono alacri e desti, mentre languono le forze del pensiero. Un morto gravame ci opprimeva. Opprimeva le membra, gli oggetti domestici, i calici a cui bevevamo; le cose tutte ne erano intristite e invilite, eccettuate solo le fiamme delle sette lampade di ferro che rischiaravano il nostro festino. Levandosi in lunghe esili linee di luce, ardevano ceree ed immote; e nello specchio che quel
25 lume disegnava sulla tonda tavola d'ebano attorno alla quale sedevamo, ciascuno di noi osservava il proprio volto esangue, e lo sguardo acceso e inquieto negli occhi chinati dei compagni. E tuttavia ridevamo ed eravamo lieti al modo che era nostro, un modo isterico; e cantavamo i canti di Anacreonte – che sono demenza; e profondamente bevevamo, sebbene il purpureo vino mi rammentasse il sangue. Giacché un altro era presente nella nostra stanza, il giovane Zoilo.
30 Morto, giaceva costui lungo disteso nel sudario; genio e demone del luogo. Ahimè! non aveva parte alcuna nella nostra letizia, ma il suo volto, sfregiato dalla peste, e gli occhi, nei quali la Morte solo a metà aveva spento gli ardori del morbo, sembravano interessati alla nostra allegria, così come forse i morti partecipano alla allegria di coloro che debbono morire. Ma sebbene,

▶

▶

io, Oinos, sentissi che gli occhi del morto mi fissavano, mi costringevo a non avvertire quella
espressione rancorosa, e guardando con sguardo saldo nelle profondità dello specchio di ebano,
cantavo con voce fragorosa e stentorea i canti del figlio di Teios. Ma poco alla volta i miei canti si
tacquero, e l'eco, che si perdeva tra i drappeggi luttuosi della stanza, si fece fioca, e indistinta, e si
spense. Ed ecco: dall'oscurità di quei drappeggi tra cui si disperdevano i canti sonori, si fece avanti
un'ombra oscura, indefinita – un'ombra quale la luna, allorché pende bassa nel cielo, potrebbe
disegnare da una figura d'uomo: ma era ombra non d'uomo, né di Dio, né di cosa consueta. E,
per un poco oscillando tra quei drappeggi sostò infine in piena vista davanti alla superficie di quel
portale. Ma l'ombra era indistinta, indefinita, senza forma, e non era ombra d'uomo, né di Dio,
fosse Dio di Grecia, o di Caldea, o egizio. E l'ombra indugiava sulla soglia metallica, sotto l'arcuata
cornice del portale, e non fe' gesto, né disse verbo, ma ivi si fermò e rimase. E il portale, là dove
sostò l'ombra, era, se ben ricordo, di contro ai piedi del giovane Zoilo avvolto nel sudario. Ma
noi sette, lì radunati, che avevamo visto l'ombra farsi strada tra i drappeggi, non osavamo fissarla
saldamente, ma abbassavamo lo sguardo, e continuamente fissavamo le profondità dello specchio
d'ebano. Ed alla fine, io, Oinos, pronunciando parole sommesse, chiesi all'ombra il suo nome e
la sua dimora. E l'ombra rispose: «Io sono OMBRA, e la mia dimora è accanto alle Catacombe di
Tolemaide, prossima alle oscure pianure di Elisio che toccano le rive del tristo canale di Caronte».
Ed allora noi sette balzammo inorriditi dai nostri seggi, e restammo in piedi, e tremavamo, rabbrividendo, sgomenti; poiché la modulata voce dell'ombra non era voce di un essere solo, ma di una
moltitudine, e variando cadenza di sillaba in sillaba, torbidamente colpiva le nostre orecchie, con
gli accenti indimenticabili e consueti di mille e mille ormai scomparsi amici.
(da E.A. Poe, *I racconti*)

Rispondendo mentalmente alle domande:
– chi: quali sono i personaggi?
– che cosa: qual è l'azione?
– come: in che modo si svolge?
– dove: in quali luoghi?
– quando: qual è la scansione temporale?
– perché: quali sono i motivi dell'azione?
possiamo individuare le sequenze principali del testo.

1. Righe 1-4: apostrofe ai lettori. Tra il momento in cui viene redatto il resoconto dei fatti, inciso "con stilo di ferro", e quello in cui esso sarà letto si apre un abisso temporale di imprecisata vastità.
2. Righe 5-12: nel "settecentonovantaquattresimo anno" una pestilenza ha invaso il mondo. Il protagonista, Oinos (*oinos* in greco significa 'vino'), sa che essa è in relazione con maligne congiunzioni astrali.
3. Righe 13-38: sette convitati, tra cui Oinos, sono riuniti in una stanza dai "neri drappeggi", isolata dal mondo esterno, di un edificio della "città di tenebre detta Tolemaide". Bevendo vino di Chio e cantando i canti di Anacreonte di Teo, i sette celebrano una singolare veglia funebre in onore del giovane Zoilo, ucciso dalla pestilenza. A poco a poco i canti tacciono.
4. Righe 38-48: nell'oscurità si fa avanti un'ombra indistinta, "non d'uomo, né di Dio, né di cosa consueta", che si ferma ai piedi del sudario di Zoilo.
5. Righe 48-54: Oinos chiede all'ombra chi sia. La sua risposta terrorizza i sette convitati che nella voce dell'ombra riconoscono la voce "di una moltitudine […] con gli accenti indimenticabili e consueti di mille e mille ormai scomparsi amici".

Laboratorio 1 — Il riassunto

Naturalmente, nel riassunto non è necessario rendere conto di ciascuna sequenza individuata: bastano quelle indispensabili alla comprensione della trama. Da ricordare, prima di dedicarsi alla stesura, che il discorso diretto va trasformato in discorso indiretto.

Ecco dunque il riassunto:

> Nel settecentonovantaquattresimo anno una pestilenza, conseguenza di maligne congiunzioni astrali, devasta il mondo. Oinos il greco, insieme ad altri sei compagni, partecipa nella città di Tolemaide a una veglia funebre in onore di Zoilo, un giovane ucciso dalla peste. Mentre i sette, nella sala di un edificio isolato dal mondo esterno, bevono vino di Chio e cantano i canti di Anacreonte in un innaturale e isterico festino, si manifesta un'ombra indistinta e silenziosa che si ferma ai piedi del sudario di Zoilo. Oinos interroga l'ombra, chiedendole chi sia. L'ombra risponde e la sua voce terrorizza i sette convitati perché è una voce "plurale": in essa Oinos e i suoi compagni riconoscono la voce dei mille amici falciati dalla peste.

Attività

Proviamo a scrivere

1 **Secondo il modello di lavoro proposto prova a riassumere l'introduzione alla *Storia della colonna infame* di Manzoni.** 30 min.

Ai giudici che, in Milano, nel 1630, condannarono a supplizi atrocissimi alcuni accusati d'aver propagata la peste con certi ritrovati sciocchi non men che orribili, parve d'aver fatto una cosa talmente degna di memoria, che, nella sentenza medesima, dopo aver decretata, in aggiunta de' supplizi, la demolizion della casa d'uno di quegli sventurati, decretaron di più, che in quello spazio s'innalzasse una colonna, la quale dovesse chiamarsi infame, con un'iscrizione che tramandasse ai posteri la notizia dell'attentato[1] e della pena. E in ciò non s'ingannarono: quel giudizio fu veramente memorabile.
In una parte dello scritto antecedente,[2] l'autore aveva manifestata l'intenzione di pubblicarne la storia; ed è questa che presenta al pubblico, non senza vergogna, sapendo che da altri è stata supposta opera di vasta materia, se non altro, e di mole corrispondente. Ma se il ridicolo del disinganno deve cadere addosso a lui, gli sia permesso almeno di protestare che nell'errore non ha colpa, e che, se viene alla luce un topo, lui non aveva detto che dovessero partorire i monti. Aveva detto soltanto che, come episodio, una tale storia sarebbe riuscita troppo lunga, e che, quantunque il soggetto fosse già stato trattato da uno scrittore giustamente celebre (Osservazioni sulla tortura, di Pietro Verri), gli pareva che potesse esser trattato di nuovo, con diverso intento. E basterà un breve cenno su questa diversità, per far conoscere la ragione del nuovo lavoro. Così si potesse anche dire l'utilità; ma questa, pur troppo, dipende molto più dall'esecuzione che dall'intento.
Pietro Verri si propone, come indica il titolo medesimo del suo opuscolo, di ricavar da quel fatto un argomento contro la tortura, facendo vedere come questa aveva potuto estorcere la confessione d'un delitto, fisicamente e moralmente impossibile. E l'argomento era stringente, come nobile e umano l'assunto.
Ma dalla storia, per quanto possa esser succinta, d'un avvenimento complicato, d'un gran male fatto senza ragione da uomini a uomini, devono necessariamente potersi ricavare osservazioni più generali, e d'un'utilità, se non così immediata, non meno reale. Anzi, a contentarsi di quelle sole che potevan principalmente servire a quell'intento speciale,[3] c'è pericolo di formarsi una nozione del fatto, non solo dimezzata, ma falsa, prendendo per cagioni di esso l'ignoranza de' tempi e la barbarie della giurisprudenza, e riguardandolo quasi come un avvenimento fatale e necessario; che sarebbe cavare un errore dannoso da dove si può avere un utile insegnamento. L'ignoranza in fisica può produrre degl'inconvenienti, ma non delle iniquità; e una cattiva istituzione non s'applica da sé. Certo, non era un effetto necessario del credere all'efficacia dell'unzioni pestifere, il credere che Guglielmo Piazza e Giangiacomo Mora le avessero messe in opera; come dell'esser la tortura in vigore non era effetto necessario che fosse fatta soffrire a tutti gli accusati, né che tutti quelli a cui si faceva soffrire, fossero sentenziati colpevoli. Verità che può parere sciocca per troppa evidenza; ma non di rado le verità troppo evidenti,

▶

---

1 dell'attentato: *del crimine commesso dagli accusati.*
2 In… antecedente: *ovvero nel finale del cap. XXXII dei* Promessi sposi.
3 quell'intento speciale: *la polemica condotta dal Verri contro l'impiego della tortura.*

e che dovrebbero esser sottintese, sono in vece dimenticate; e dal non dimenticar questa dipende il giudicar rettamente quell'atroce giudizio. Noi abbiam cercato di metterla in luce, di far vedere che que' giudici condannaron degl'innocenti, che essi, con la più ferma persuasione dell'efficacia dell'unzioni, e con una legislazione che ammetteva la tortura, potevano riconoscere innocenti; e che anzi, per trovarli colpevoli, per respingere il vero che ricompariva ogni momento, in mille forme, e da mille parti, con caratteri chiari allora com'ora, come sempre, dovettero fare continui sforzi d'ingegno, e ricorrere a espedienti, de' quali non potevano ignorar l'ingiustizia. Non vogliamo certamente (e sarebbe un tristo assunto) togliere all'ignoranza e alla tortura la parte loro in quell'orribile fatto: ne furono, la prima un'occasion deplorabile, l'altra un mezzo crudele e attivo, quantunque non l'unico certamente, né il principale. Ma crediamo che importi il distinguerne le vere ed efficienti cagioni, che furono atti iniqui, prodotti da che, se non da passioni perverse?

Dio solo ha potuto distinguere qual più, qual meno tra queste abbia dominato nel cuor di que' giudici, e soggiogate le loro volontà: se la rabbia contro pericoli oscuri, che, impaziente di trovare un oggetto, afferrava quello che le veniva messo davanti; che aveva ricevuto una notizia desiderata, e non voleva trovarla falsa; aveva detto: finalmente! e non voleva dire: siam da capo; la rabbia resa spietata da una lunga paura, e diventata odio e puntiglio contro gli sventurati che cercavan di sfuggirle di mano; o il timor di mancare a un'aspettativa generale, altrettanto sicura quanto avventata, di parer meno abili se scoprivano degl'innocenti, di voltar contro di sé le grida della moltitudine, col non ascoltarle; il timore fors'anche di gravi pubblici mali che ne potessero avvenire: timore di men turpe apparenza, ma ugualmente perverso, e non men miserabile, quando sottentra al timore, veramente nobile e veramente sapiente, di commetter l'ingiustizia. Dio solo ha potuto vedere se que' magistrati, trovando i colpevoli d'un delitto che non c'era, ma che si voleva, furon più complici o ministri d'una moltitudine che, accecata, non dall'ignoranza, ma dalla malignità e dal furore, violava con quelle grida i precetti più positivi della legge divina, di cui si vantava seguace. Ma la menzogna, l'abuso del potere, la violazion delle leggi e delle regole più note e ricevute, l'adoprar doppio peso e doppia misura, son cose che si posson riconoscere anche dagli uomini negli atti umani; e riconosciute, non si posson riferire ad altro che a passioni pervertitrici della volontà;[4] né, per ispiegar gli atti materialmente iniqui di quel giudizio, se ne potrebbe trovar di più naturali e di men triste, che quella rabbia e quel timore.

Ora, tali cagioni non furon pur troppo particolari a un'epoca; né fu soltanto per occasione d'errori in fisica, e col mezzo della tortura, che quelle passioni, come tutte l'altre, abbian fatto commettere ad uomini ch'eran tutt'altro che scellerati di professione, azioni malvage, sia in rumorosi avvenimenti pubblici, sia nelle più oscure relazioni private. «Se una sola tortura di meno», scrive l'autor sullodato,[5] «si darà in grazia dell'orrore che pongo sotto gli occhi, sarà ben impiegato il doloroso sentimento che provo, e la speranza di ottenerlo mi ricompensa». Noi, proponendo a lettori pazienti di fissar di nuovo lo sguardo sopra orrori già conosciuti, crediamo che non sarà senza un nuovo e non ignobile frutto, se lo sdegno e il ribrezzo che non si può non provarne ogni volta, si rivolgeranno anche, e principalmente, contro passioni[6] che non si posson bandire, come falsi sistemi, né abolire, come cattive istituzioni, ma render meno potenti e meno funeste, col riconoscerle ne' loro effetti, e detestarle.

E non temiamo d'aggiungere che potrà anche esser cosa, in mezzo ai più dolorosi sentimenti, consolante. Se, in un complesso di fatti atroci dell'uomo contro l'uomo, crediam di vedere un effetto de' tempi e delle circostanze, proviamo, insieme con l'orrore e con la compassion medesima, uno scoraggimento, una specie di disperazione. Ci par di vedere la natura umana spinta invincibilmente al male da cagioni indipendenti dal suo arbitrio, e come legata in un sogno perverso e affannoso, da cui non ha mezzo di riscotersi, di cui non può nemmeno accorgersi. Ci pare irragionevole l'indegnazione che nasce in noi spontanea contro gli autori di que' fatti, e che pur nello stesso tempo ci par nobile e santa: rimane l'orrore, e scompare la colpa;[7] e, cercando un colpevole contro cui sdegnarsi a ragione, il pensiero si trova con raccapriccio condotto a esitare tra due bestemmie, che son due deliri: negar la Provvidenza, o accusarla.[8] Ma quando, nel guardar più attentamente a que' fatti, ci si scopre un'ingiustizia che poteva esser veduta da quelli stessi che la commettevano, un trasgredir le regole ammesse anche da loro, dell'azioni opposte ai lumi che non solo c'erano al loro tempo, ma che essi medesimi, in circostanze simili, mostraron d'avere, è un sollievo il pensare che, se non seppero quello che facevano, fu per non volerlo sapere, fu per quell'ignoranza che l'uomo assume e perde a suo piacere, e non è una scusa, ma una colpa; e che di tali fatti si può bensì esser forzatamente vittime, ma non autori.

Non ho però voluto dire che, tra gli orrori di quel giudizio, l'illustre scrittore suddetto non veda mai, in nessun caso, l'ingiustizia personale e volontaria de' giudici. Ho voluto dir soltanto che non s'era proposto d'osservar quale e quanta parte c'ebbe, e molto meno di dimostrare che ne fu la principale, anzi, a parlar precisamente, la sola cagione.

---

4 a passioni... volontà: a passioni che allontanano ("pervertitrici") gli uomini dalla volontà di fare il bene, senza che per questo sia annullata la loro capacità di giudizio e dunque l'esercizio del libero arbitrio.
5 l'autor sullodato: Pietro Verri.
6 principalmente, contro passioni: il giudizio di condanna deve indirizzarsi non al complesso delle istituzioni giuridiche e delle circostanze storiche che legittimarono la tortura ma contro la condotta immorale (le "passioni") dei singoli uomini.

7 rimane... colpa: rimane l'orrore [per l'ingiustizia] ma scompare la colpa individuale [che è l'unica vera responsabilità dei crimini commessi].
8 e, cercando... accusarla: il libero arbitrio, che spiega la malvagità come il frutto di una scelta sbagliata dei singoli individui, consente a Manzoni di preservare il principio cristiano della Provvidenza. Se la presenza del male nel mondo non dipendesse dall'agire degli uomini essa potrebbe essere o negata o accusata.

Laboratorio 2

Guida all'analisi di un testo in versi

OBIETTIVI

▶ Migliorare le competenze di analisi e interpretazione di un testo in versi

1 Lettura del testo

A Zacinto

Né[1] più mai toccherò le sacre[2] sponde
ove il mio corpo fanciulletto giacque,
Zacinto mia, che te specchi nell'onde
del greco mar da cui vergine nacque

Venere, e fea quelle isole feconde[3]   5
col suo primo sorriso, onde non tacque[4]
le tue limpide nubi e le tue fronde
l'inclito verso di colui che l'acque

cantò fatali, ed il diverso esiglio
per cui bello di fama e di sventura[5]   10
baciò[6] la sua petrosa Itaca Ulisse.

Tu non altro che il canto avrai del figlio,
o materna mia terra; a noi prescrisse
il fato illacrimata sepoltura.[7]

Ugo Foscolo

1 Né: l'attacco ci porta come al centro di una riflessione lungamente protrattasi.
2 sacre: è aggettivo tipicamente foscoliano, volto a enfatizzare il tema della patria lontana quale cosa santa, nonché a valorizzare il mito che si ricollega alla sua origine greca.
3 feconde: cioè 'fertili di vita', anche in senso culturale.
4 non tacque: in effetti si trovano in Omero vari riferimenti a Zacinto.
5 bello… sventura: la **sventura** delle interminabili, dolorose peregrinazioni, in quanto virilmente sopportata, sarebbe la causa della più intensa bellezza, cioè del fascino, di Ulisse; mentre la **fama** deve probabilmente riferirsi proprio all'onore del racconto omerico.
6 baciò: indica la felicità per il sospirato ritorno in patria, citando fedelmente il racconto dell'*Odissea* (XIII, 353-354).
7 Tu… sepoltura: il destino del poeta si contrappone a quello di Ulisse, a cui pure assomiglia per la vita tempestosa e per il lungo esilio. Diversamente dall'eroe greco, Foscolo non tornerà più nella sua patria, e verrà sepolto in terra straniera. Un riferimento ambivalente a Ulisse si incontra anche nei *Sepolcri* (vv. 218-225).

2 Comprensione

1. Il periodo di composizione, la storia, la collocazione del testo

Per prima cosa, è utile cercare di rispondere ad alcune domande relative alla genesi del testo:
– quando è stato scritto?

– in quale occasione e in quale momento della storia dell'autore è stato scritto?
– è un testo autonomo o fa parte di un'opera più ampia?

La poesia fu composta dal giovane Foscolo tra il 1802 e il 1803, in un periodo tumultuoso di impegni, spostamenti e avventure sentimentali. Foscolo raccolse e pubblicò nel 1803 una scelta delle sue composizioni in versi che comprendeva due odi e dodici sonetti. La misura breve del sonetto accoglie il meglio della sua ispirazione giovanile, favorendo la concentrazione espressiva e, come in questo caso, dando voce a un motivo costante della psicologia foscoliana, posta sotto il segno della tensione e del conflitto.

2. Il significato letterale e il tema

Il primo obiettivo da conseguire per la comprensione del significato letterale di un testo poetico è la realizzazione, scritta o anche solo mentale, di una parafrasi.

vv. 1-11: *Non toccherò mai più le* [tue] *rive sacre dove si adagiò* (**giacque**) *il mio corpo di bambino, o mia Zacinto, che ti specchi nelle onde del mare greco da cui nacque vergine Venere, e* [ella] *rese* (**fea** = fece) *feconde quelle isole con il suo primo sorriso, così che* (**onde**) *le tue limpide nuvole e i tuoi alberi* [: compl. ogg.] *descrisse* (**non tacque**; litote) *la poesia* (**il verso**; sogg.) *illustre* (**inclito**) *di colui* [: Omero] *che cantò le navigazioni* (**l'acque**; per metonimia) [di Ulisse] *volute dal fato* (**fatali**) *e il vario esilio per cui* [infine] *Ulisse* [reso] *bello dalla fama e dalla sventura, baciò la sua Itaca petrosa.*
vv. 12-14: *O mia terra materna* [: Zacinto], *tu non avrai altro che la poesia del figlio* [tuo]*; a me* (**a noi**) *il fato impose una sepoltura senza lacrime* [: lontana dalla patria e dalle persone care].

Ogni testo ruota intorno a uno o più temi essenziali, che rinviano da una parte ai fondamenti universali della natura umana, dall'altro all'immaginario dell'epoca. Ora che grazie alla parafrasi abbiamo chiaro il significato letterale del sonetto, possiamo individuare anche l'immaginario che esprime.

Il sonetto *A Zacinto* è costruito sul tema del rapporto tra biografia e mito. Le vicende del poeta ricalcano quelle di Ulisse per la nascita su un'isola greca, per l'esilio, per il richiamo al fato ("fatali", "il fato"). Ma al poeta è negato il ritorno nella sua isola. Resta aperta solo la possibilità di una somiglianza con Omero (si veda la ripresa "cantò"/"canto" ai vv. 9 e 12). Foscolo si autorappresenta infatti quale nuovo possibile Omero del mito moderno, che unisce la sacralità della nascita al suo triste destino di esule. Se l'idea mitica del poeta appare legata all'immaginario letterario dell'epoca, l'umanissima nostalgia della terra natale e il desiderio di sopravvivere con il "canto" all'"illacrimata sepoltura" rimandano a un fondamento universale della natura umana.

3 Analisi

Si può dividere l'analisi essenzialmente in due momenti:
– ricostruzione dei caratteri metrici e fonici del testo;
– analisi della lingua e dello stile.

1. Il livello ritmico, metrico, fonico

Innanzitutto è necessario riconoscere la forma metrica, i versi impiegati, l'eventuale divisione in strofe.

Laboratorio 2 — Guida all'analisi di un testo in versi

Il testo di Foscolo analizzato è formato da due quartine e da due terzine, tutte di endecasillabi con rime che seguono lo schema ABAB, ABAB; CDE, CED. Corrisponde quindi alla forma di un sonetto.

Le rime

Analizzando la struttura metrica e le rime si cerca di capire quale incremento di significato comportino.

Nel testo troviamo parole in rima forti dal punto di vista del significato, come "giacque", "nacque", "tacque", "acque", che collegano elementi rilevanti sul piano tematico, e cioè l'aspetto biografico (l'infanzia), con l'aspetto mitico (la nascita di Venere, il canto di Omero, le peregrinazioni di Ulisse). Mentre "esiglio", "figlio", "Ulisse", "prescrisse", "sventura", "sepoltura" sottolineano, insieme a numerose allitterazioni, i molteplici legami semantici che danno rilievo al parallelismo tra Ulisse, Omero e il poeta.

Rapporto tra sintassi e struttura metrica

Il rapporto tra sintassi e struttura metrica può essere di coincidenza oppure di non coincidenza. Nel secondo caso, come si verifica nel sonetto foscoliano, dove quasi mai misura metrica e misura sintattica coincidono, si registra un particolare effetto di sottolineatura della porzione di periodo che fuoriesce dal verso (*enjambement*), o a maggior ragione dalla strofa, invadendo il verso successivo.

I numerosi *enjambements* (particolarmente forti quelli tra una strofa e l'altra ai vv. 4-5 e 8-9) costituiscono una vera figura chiave del componimento e, creando una forte asimmetria tra ritmo metrico e andamento sintattico, suggeriscono un effetto di tensione drammatica. Questo effetto è potenziato dall'organizzazione sintattica. Un solo lungo periodo occupa le prime tre strofe e culmina nel v. 11. A questo segue un breve periodo conclusivo di tre versi. Alla sintassi complessa del primo periodo, che si snoda attraverso una serie di nessi relativi, dilatando progressivamente il discorso, si oppone la sintassi paratattica e veloce dell'ultima terzina, alla spinta dinamica si contrappone il tono asseverativo delle due ineluttabili affermazioni finali. Inoltre la negazione con cui si apre l'ultima terzina ("Tu non altro che il canto") richiama quella iniziale ("Né più mai toccherò"), riprendendo il tema dell'impossibile ritorno a Zacinto e chiudendo il componimento entro una struttura circolare.

2. Il livello retorico e linguistico

L'analisi di questo aspetto si effettua interrogandosi innanzitutto su quei luoghi del testo che è stato necessario modificare per avvicinarli all'uso comune. Più in generale, si tratta di valutare il tipo di lingua impiegato dal poeta. Lo stile invece potrà presentare periodi brevi o lunghi, una struttura ipotattica o paratattica, un ordine normale degli elementi logici oppure inversioni (anastrofi o iperbati). L'individuazione delle figure retoriche completa la ricognizione delle scelte stilistiche.

Sia lo stile che il lessico usati rispondono a una elevata elaborazione retorica. Ci sono numerose inversioni (l'aggettivo precede quasi sempre il sostantivo) e qualche termine letterario di spicco ("fatali", "esiglio", "illacrimata"). Il lessico presenta una particolare intensità semantica creando una trama di parallelismi e rimandi interni. Si veda per esempio la sequenza "sponde" (v. 1), "Zacinto", "specchi", "onde" (v. 3), "mar" (v. 4), "isole" (v. 5), "acque" (v. 8), dove non si descrive tanto un paesaggio, quanto la nascita del poeta nello stesso mare in cui è nata Venere, che è stato cantato da Omero e percorso da Ulisse.

4 Interpretazione complessiva e approfondimenti

Interpretare significa attribuire significato e valore agli elementi emersi in sede di analisi. Si tratta insomma di mettere in relazione tutti gli elementi individuati riflettendo sugli effetti espressivi del tessuto formale del testo e sul "di più" di significato che aggiungono rispetto a quello letterale.

1. Storicizzazione o contestualizzazione

Non si tratta di riferire meccanicamente l'opera a un determinato periodo, ma di giustificare tale riferimento attraverso l'analisi degli aspetti formali del testo, dell'ideologia e della poetica di un autore.

I temi essenziali a cui si ispira il sonetto di Foscolo (l'esilio, la poesia, la morte) si collegano a un aspetto fondamentale della poetica dell'autore, ovvero l'idealizzazione della grecità, e insieme anticipano quello che sarà il nucleo centrale dell'opera foscoliana. L'"illacrimata sepoltura" annuncia infatti l'idea dei *Sepolcri*, secondo cui la morte può ricevere senso solo dal ricordo dei superstiti. La nostalgia di un mondo ideale, la sacralità dell'antichità classica, il mito stesso della poesia come consolazione e unica possibilità di contatto con la civiltà, con cui la Grecia (Zacinto) è identificata, rimandano anche alla cultura neoclassica, di cui si nutre il giovane Foscolo. Il tema invece della sventura e del fato avverso permette di cogliere già in epoca preromantica il passaggio dal mito classico dell'eroe positivo alla versione romantica e moderna dell'eroe infelice.

2. Attualizzazione

Per attualizzare bisogna mettere a confronto il mondo del testo e il proprio, stabilire dei confronti e dei parallelismi fra il passato e il presente, segnare delle differenze e delle somiglianze.

La poesia di Foscolo è saldamente collocata in una fase storica e culturale ben definita e lontana da noi. Ciò che ci distanzia sono l'individualismo eroico, attraverso il quale l'autore tende a stabilire un rapporto con il mondo, e l'idea della poesia come creatrice di valori e a sua volta valore "assoluto". Altre sono le suggestioni che invece agiscono ancora nel profondo della sensibilità contemporanea: per esempio la nostalgia di un mondo altro, di una tensione ideale capace di dare senso allo squallore della vita presente o la ricerca del significato che può assumere la morte per chi non crede nell'aldilà, nel contesto cioè di una visione non religiosa della vita.

Laboratorio 2 — Guida all'analisi di un testo in versi

Attività

1 Leggi *Perché taccia il rumor di mia catena* di Ugo Foscolo e svolgi l'analisi del testo seguendo le indicazioni e rispondendo alle domande riportate in fondo. 3 ore

Perché taccia il rumor di mia catena
di lagrime, di speme,[1] e di amor vivo,
e di silenzio; ché pietà mi affrena[2]
se con lei parlo, o di lei penso e scrivo.

Tu sol mi ascolti, o solitario rivo, 5
ove ogni notte amor seco mi mena,
qui affido il pianto e i miei danni descrivo,
qui tutta verso del dolor la piena.

E narro come i grandi occhi ridenti
arsero d'immortal raggio il mio core, 10
come la rosea bocca, e i rilucenti

odorati capelli, ed il candore
delle divine membra, e i cari accenti[3]
m'insegnarono alfin pianger d'amore.

1 speme: *speranza.*
2 ché pietà mi affrena: *perché il rispetto [della donna amata, Isabella Roncioni] mi trattiene.*
3 accenti: *parole.*

Comprensione

1 Dopo una prima lettura, fai la parafrasi del testo e riassumine il contenuto informativo in non più di dieci righe.

Analisi

1 Individua la struttura metrica e il ritmo (osserva punteggiatura, pause, *enjambements*).

2 Analizza la lingua e lo stile:
– il lessico è prezioso, solenne, comune?
– i periodi sono brevi, complessi?

3 Chiarisci il significato della metafora contenuta nel v. 1.

4 Illustra le particolari caratteristiche foniche del v. 1.

5 La caratterizzazione della bellezza femminile (*occhi, bocca, capelli, membra*) contiene elementi innovativi o si inserisce nel solco della tradizione lirica?

6 Osserva la distribuzione dei periodi fra quartine e terzine. Quali considerazioni si possono fare al riguardo?

Interpretazione e approfondimenti

1 In molti testi foscoliani è presente – variamente caratterizzato – il tema della bellezza femminile. Individuali e ponili a confronto.

2 Ti sembra possibile rintracciare elementi "ortisiani" in questo testo? Quali?

3 Quale tipo di rapporto con la natura è possibile individuare nel testo?

Laboratorio 3

Guida all'analisi di un testo narrativo

OBIETTIVI

- Migliorare le competenze di analisi e interpretazione di un testo narrativo
- Rafforzare la sicurezza nel compiere atti di interpretazione

1 Lettura del testo

Alessandro Manzoni, *I Promessi Sposi*, capitolo III
Renzo e Azzecca-garbugli

«Sentite, figliuoli; date retta a me» disse, dopo qualche momento, Agnese. «Io son venuta al mondo prima di voi; e il mondo lo conosco un poco. Non bisogna poi spaventarsi tanto: il diavolo non è brutto quanto si dipinge. A noi poverelli le matasse paion più imbrogliate, perché non sappiam trovarne il bandolo; ma alle volte un parere, una parolina d'un uomo che abbia studiato... so ben io quel che voglio dire. Fate a mio modo, Renzo; andate a Lecco; cercate del dottor Azzecca-garbugli, raccontategli... Ma non lo chiamate cosí, per amor del cielo: è un soprannome. Bisogna dire il signor dottor... Come si chiama, ora? Oh to'! non lo so il nome vero: lo chiaman tutti a quel modo. Basta, cercate di quel dottore alto, asciutto, pelato, col naso rosso, e una voglia di lampone sulla guancia.»
«Lo conosco di vista» disse Renzo.
«Bene» continuò Agnese: «quello è una cima d'uomo! Ho visto io più d'uno ch'era più impicciato che un pulcin nella stoppa, e non sapeva dove batter la testa, e, dopo essere stato un'ora a quattr'occhi col dottor Azzecca-garbugli (badate bene di non chiamarlo cosí!), l'ho visto, dico, ridersene. Pigliate quei quattro capponi, poveretti! a cui dovevo tirare il collo, per il banchetto di domenica, e portateglieli; perché non bisogna mai andar con le mani vote da que' signori. Raccontategli tutto l'accaduto; e vedrete che vi dirà, su due piedi, di quelle cose che a noi non verrebbero in testa, a pensarci un anno.»
Renzo abbracciò molto volentieri questo parere; Lucia l'approvò; e Agnese, superba d'averlo dato, levò, a una a una, le povere bestie dalla stia, riunì le loro otto gambe, come se facesse un mazzetto di fiori, le avvolse e le strinse con uno spago, e le consegnò in mano a Renzo; il quale, date e ricevute parole di speranza, uscì dalla parte dell'orto, per non esser veduto da' ragazzi, che gli correrebber dietro, gridando: lo sposo! lo sposo! Così, attraversando i campi o, come dicon colà, i luoghi, se n'andò per viottole, fremendo, ripensando alla sua disgrazia, e ruminando il discorso da fare al dottor Azzecca-garbugli. Lascio poi pensare al lettore, come dovessero stare in viaggio quelle povere bestie, così legate e tenute per le zampe, a capo all'in giù, nella mano d'un uomo il quale, agitato da tante passioni, accompagnava col gesto i pensieri che gli passavan a tumulto per la mente. Ora stendeva il braccio per collera, ora l'alzava per disperazione, ora lo dibatteva in aria, come per minaccia, e, in tutti i modi, dava loro di fiere scosse, e faceva balzare quelle quattro teste spenzolate; le quali intanto s'ingegnavano a beccarsi l'una con l'altra, come accade troppo sovente tra compagni di sventura.
Giunto al borgo, domandò dell'abitazione del dottore; gli fu indicata, e v'andò. All'entrare, si sentì preso da quella suggezione che i poverelli illetterati provano in vicinanza d'un signore e d'un dotto, e dimenticò tutti i discorsi che aveva preparati; ma diede un'occhiata ai capponi, e si rincorò. Entrato in cucina, domandò alla serva se si poteva parlare al signor dottore. Adocchiò essa le bestie, e, come avvezza a somiglianti doni, mise loro le mani addosso, quantunque Renzo

▶

andasse tirando indietro, perché voleva che il dottore vedesse e sapesse ch'egli portava qualche cosa. Capitò appunto mentre la donna diceva: «date qui, e andate innanzi».
Renzo fece un grande inchino: il dottore l'accolse umanamente, con un «venite, figliuolo» e lo fece entrar con sé nello studio. Era questo uno stanzone, su tre pareti del quale eran distribuiti i ritratti de' dodici Cesari;[1] la quarta, coperta da un grande scaffale di libri vecchi e polverosi: nel mezzo, una tavola gremita d'allegazioni,[2] di suppliche,[3] di libelli,[4] di gride, con tre o quattro seggiole all'intorno, e da una parte un seggiolone a bracciuoli, con una spalliera alta e quadrata, terminata agli angoli da due ornamenti di legno, che s'alzavano a foggia di corna, coperta di vacchetta,[5] con grosse borchie, alcune delle quali, cadute da gran tempo, lasciavano in libertà gli angoli della copertura, che s'accartocciava qua e là. Il dottore era in veste da camera, cioè coperto d'una toga ormai consunta, che gli aveva servito, molt'anni addietro, per perorare,[6] ne' giorni d'apparato,[7] quando andava a Milano, per qualche causa d'importanza. Chiuse l'uscio, e fece animo al giovine, con queste parole: «figliuolo, ditemi il vostro caso.»
«Vorrei dirle una parola in confidenza.»
«Son qui» rispose il dottore: «parlate». E s'accomodò sul seggiolone. Renzo, ritto davanti alla tavola, con una mano nel cocuzzolo del cappello, che faceva girar con l'altra, ricominciò: «vorrei sapere da lei che ha studiato...»
«Ditemi il fatto come sta» interruppe il dottore.
«Lei m'ha da scusare: noi altri poveri non sappiamo parlar bene. Vorrei dunque sapere...»
«Benedetta gente! siete tutti così: in vece di raccontar il fatto, volete interrogare, perché avete già i vostri disegni in testa.»
«Mi scusi, signor dottore. Vorrei sapere se, a minacciare un curato, perché non faccia un matrimonio, c'è penale.»
– Ho capito –, disse tra sé il dottore, che in verità non aveva capito. – Ho capito –. E subito si fece serio, ma d'una serietà mista di compassione e di premura; strinse fortemente le labbra, facendone uscire un suono inarticolato che accennava un sentimento, espresso poi più chiaramente nelle sue prime parole. «Caso serio, figliuolo; caso contemplato. Avete fatto bene a venir da me. È un caso chiaro, contemplato in cento gride, e... appunto, in una dell'anno scorso, dell'attuale signor governatore. Ora vi fo vedere, e toccar con mano.»
Così dicendo, s'alzò dal suo seggiolone, e cacciò le mani in quel caos di carte, rimescolandole dal sotto in su, come se mettesse grano in uno staio.
«Dov'è ora? Vien fuori, vien fuori. Bisogna aver tante cose alle mani! Ma la dev'esser qui sicuro, perché è una grida d'importanza. Ah! ecco, ecco». La prese, la spiegò, guardò alla data, e, fatto un viso ancor più serio, esclamò: «il 15 d'ottobre 1627! Sicuro; è dell'anno passato: grida fresca; son quelle che fanno più paura. Sapete leggere, figliuolo?»
«Un pochino, signor dottore.»
«Bene, venitemi dietro con l'occhio, e vedrete.»
E, tenendo la grida sciorinata in aria, cominciò a leggere, borbottando a precipizio in alcuni passi, e fermandosi distintamente, con grand'espressione, sopra alcuni altri, secondo il bisogno:
«Se bene, per la grida pubblicata d'ordine del signor Duca di Feria ai 14 di dicembre 1620, et confirmata dall'Illustriss. et Eccellentiss. Signore il Signor Gonzalo Fernandez de Cordova, eccetera, *fu con rimedii straordinarii e rigorosi provvisto alle oppressioni, concussioni et atti tirannici che alcuni ardiscono di commettere contro questi Vassalli tanto divoti di S. M.*, ad ogni modo la frequenza degli eccessi, e la malitia, eccetera, *è cresciuta a segno, che ha posto in necessità l'Eccell. Sua*, eccetera. *Onde, col parere del Senato et di una Giunta*, eccetera, *ha risoluto che si pubblichi la presente.*
E cominciando dagli atti tirannici, mostrando l'esperienza che molti, così nelle Città, come nelle Ville... sentite? *di questo Stato, con tirannide esercitano concussioni et opprimono i più deboli in varii modi, come in operare che si facciano contratti violenti di compre, d'affitti...* eccetera: dove sei? ah! ecco; sentite: *che seguano o non seguano matrimonii.* Eh?»

1 dodici Cesari: gli imperatori romani da Cesare a Domiziano, a sottolineare la derivazione romana del diritto.
2 allegazioni: documenti attestanti prove e testimonianze.
3 suppliche: richieste di grazia.
4 libelli: esposti.
5 vacchetta: pelle di vacca conciata, cuoio.
6 perorare: sostenere una causa.
7 giorni d'apparato: giorni di dibattimento processuale, cosiddetti in quanto comportavano l'"apparato" della toga.

«È il mio caso» disse Renzo.

«Sentite, sentite, c'è ben altro; e poi vedremo la pena. *Si testifichi, o non si testifichi;*[8] *che uno si parta dal luogo dove abita,* eccetera; *che quello paghi un debito; quell'altro non lo molesti, quello vada al suo molino*: tutto questo non ha che far con noi. Ah ci siamo: *quel prete non faccia quello che è obbligato per l'uficio suo, o faccia cose che non gli toccano.* Eh?

«Pare che abbian fatta la grida apposta per me.»

«Eh? non è vero? sentite, sentite: *et altre simili violenze, quali seguono da feudatarii, nobili, mediocri, vili, et plebei*. Non se ne scappa: ci son tutti: è come la valle di Giosafat.[9] Sentite ora la pena. *Tutte queste et altre simili male attioni, benché siano proibite, nondimeno, convenendo metter mano a maggior rigore, S.E., per la presente, non derogando,* eccetera, *ordina e comanda che contra li contravventori in qualsivoglia dei suddetti capi, o altro simile, si proceda da tutti li giudici ordinarii di questo Stato a pena pecuniaria e corporale, ancora di relegatione*[10] *o di galera, e fino alla morte...* una piccola bagattella! *all'arbitrio dell'Eccellenza Sua, o del Senato, secondo la qualità dei casi, persone e circostanze. E questo ir-re-mis-si-bil-mente e con ogni rigore,* eccetera. Ce n'è della roba, eh? E vedete qui le sottoscrizioni: *Gonzalo Fernandez de Cordova;*[11] e più in giù: *Platonus;*[12] e qui ancora: *Vidit Ferrer.*[13] non ci manca niente.»

Mentre il dottore leggeva, Renzo gli andava dietro lentamente con l'occhio, cercando di cavar il costrutto chiaro,[14] e di mirar proprio quelle sacrosante parole, che gli parevano dover esser il suo aiuto. Il dottore, vedendo il nuovo cliente più attento che atterrito, si maravigliava. – Che sia matricolato[15] costui –, pensava tra sé. «Ah! ah!» gli disse poi: «vi siete però fatto tagliare il ciuffo. Avete avuto prudenza: però, volendo mettervi nelle mie mani, non faceva bisogno. Il caso è serio; ma voi non sapete quel che mi basti l'animo di fare, in un'occasione.»

Per intender quest'uscita del dottore, bisogna sapere, o rammentarsi che, a quel tempo, i bravi di mestiere, e i facinorosi d'ogni genere, usavan portare un lungo ciuffo, che si tiravan poi sul volto, come una visiera, all'atto d'affrontar qualcheduno, ne' casi in cui stimasser necessario di travisarsi, e l'impresa fosse di quelle, che richiedevano nello stesso tempo forza e prudenza. Le gride non erano state in silenzio su questa moda. *Comanda Sua Eccellenza* (il marchese de la Hynojosa) *che chi porterà i capelli di tal lunghezza che coprano il fronte fino alli cigli esclusivamente,*[16] *ovvero porterà la trezza,*[17] *o avanti o dopo le orecchie, incorra la pena di trecento scudi; et in caso d'inhabilità,*[18] *di tre anni di galera, per la prima volta, e per la seconda, oltre la suddetta, maggiore ancora, pecuniaria et corporale, all'arbitrio di Sua Eccellenza.*

Permette però che, per occasione di trovarsi alcuno calvo, o per altra ragionevole causa di segnale o ferita, possano quelli tali, per maggior decoro e sanità loro, portare i capelli tanto lunghi, quanto sia bisogno per coprire simili mancamenti e niente di più; avvertendo bene a non eccedere il dovere e pura necessità, per (non) *incorrere nella pena agli altri contraffacienti imposta.*

E parimente comanda a' barbieri, sotto pena di cento scudi o di tre tratti di corda da esser dati loro in pubblico, et maggiore anco corporale, all'arbitrio come sopra, che non lascino a quelli che toseranno, sorte alcuna di dette trezze, zuffi, rizzi, né capelli più lunghi dell'ordinario, così nella fronte come dalle bande, e dopo le orecchie, ma che siano tutti uguali, come sopra, salvo nel caso dei calvi, o altri difettosi, come si è detto. Il ciuffo era dunque quasi una parte dell'armatura, e un distintivo de' bravacci e degli scapestrati; i quali poi da ciò vennero comunemente chiamati ciuffi. Questo termine è rimasto e vive tuttavia, con significazione più mitigata, nel dialetto: e non ci sarà forse nessuno de' nostri lettori milanesi, che non si rammenti d'aver sentito, nella sua fanciullezza, o i parenti, o il maestro, o qualche amico di casa, o qualche persona di servizio, dir di lui: è un ciuffo, è un ciuffetto.

«In verità, da povero figliuolo, – rispose Renzo, – io non ho mai portato ciuffo in vita mia.»

«Non facciam niente» rispose il dottore, scotendo il capo, con un sorriso, tra malizioso e impaziente. «Se non avete fede in me, non facciam niente. Chi dice le bugie al dottore, vedete

---

8 Si testifichi, o non si testifichi: con testimonianze o meno.

9 valle di Giosafat: luogo del giudizio universale, per indicare la totalità degli uomini.

10 relegatione: confino.

11 Gonzalo Fernandez de Cordova: il governatore.

12 Platonus: si fa riferimento a Marcantonio Platone, segretario del Consiglio segreto.

13 Vidit Ferrer: visto di Antonio Ferrer, facente funzione di governatore.

14 di cavar il costrutto chiaro: di ricavarne un significato chiaro.

15 matricolato: schedato, dunque noto alla polizia.

16 fino alli cigli esclusivamente: fino alle ciglia ma escludendole.

17 trezza: treccia.

18 d'inhabilità: di impossibilità a pagare.

figliuolo, è uno sciocco che dirà la verità al giudice. All'avvocato bisogna raccontar le cose chiare: a noi tocca poi a imbrogliarle. Se volete ch'io v'aiuti, bisogna dirmi tutto, dall'a fino alla zeta, col cuore in mano, come al confessore. Dovete nominarmi la persona da cui avete avuto il mandato: sarà naturalmente persona di riguardo; e, in questo caso, io anderò da lui, a fare un atto di dovere. Non gli dirò, vedete, ch'io sappia da voi, che v'ha mandato lui: fidatevi. Gli dirò che vengo ad implorar la sua protezione, per un povero giovine calunniato. E con lui prenderò i concerti opportuni, per finir l'affare lodevolmente. Capite bene che, salvando sé, salverà anche voi. Se poi la scappata fosse tutta vostra, via, non mi ritiro: ho cavato altri da peggio imbrogli... Purché non abbiate offeso persona di riguardo, intendiamoci, m'impegno a togliervi d'impiccio: con un po' di spesa, intendiamoci. Dovete dirmi chi sia l'offeso, come si dice: e, secondo la condizione, la qualità e l'umore dell'amico, si vedrà se convenga più di tenerlo a segno con le protezioni, o trovar qualche modo d'attaccarlo noi in criminale, e mettergli una pulce nell'orecchio; perché, vedete, a saper ben maneggiare le gride, nessuno è reo, e nessuno è innocente. In quanto al curato, se è persona di giudizio, se ne starà zitto; se fosse una testolina, c'è rimedio anche per quelle. D'ogni intrigo si può uscire; ma ci vuole un uomo: e il vostro caso è serio, vi dico, serio: la grida canta chiaro; e se la cosa si deve decider tra la giustizia e voi, cosí a quattr'occhi, state fresco. Io vi parlo da amico: le scappate bisogna pagarle: se volete passarvela liscia, danari e sincerità, fidarvi di chi vi vuol bene, ubbidire, far tutto quello che vi sarà suggerito.»

Mentre il dottore mandava fuori tutte queste parole, Renzo lo stava guardando con un'attenzione estatica, come un materialone sta sulla piazza guardando al giocator di bussolotti, che, dopo essersi cacciata in bocca stoppa e stoppa e stoppa, ne cava nastro e nastro e nastro, che non finisce mai. Quand'ebbe però capito bene cosa il dottore volesse dire, e quale equivoco avesse preso, gli troncò il nastro in bocca, dicendo: «oh! signor dottore, come l'ha intesa? l'è proprio tutta al rovescio. Io non ho minacciato nessuno; io non fo di queste cose, io: e domandi pure a tutto il mio comune, che sentirà che non ho mai avuto che fare con la giustizia. La bricconeria l'hanno fatta a me; e vengo da lei per sapere come ho da fare per ottener giustizia; e son ben contento d'aver visto quella grida.»

«Diavolo!» esclamò il dottore, spalancando gli occhi. «Che pasticci mi fate? Tant'è; siete tutti cosí: possibile che non sappiate dirle chiare le cose?»

«Ma mi scusi; lei non m'ha dato tempo: ora le racconterò la cosa, com'è. Sappia dunque ch'io dovevo sposare oggi» e qui la voce di Renzo si commosse, «dovevo sposare oggi una giovine, alla quale discorrevo, fin da quest'estate; e oggi, come le dico, era il giorno stabilito col signor curato, e s'era disposto ogni cosa. Ecco che il signor curato comincia a cavar fuori certe scuse... basta, per non tediarla, io l'ho fatto parlar chiaro, com'era giusto; e lui m'ha confessato che gli era stato proibito, pena la vita, di far questo matrimonio. Quel prepotente di don Rodrigo...»

«Eh via!» interruppe subito il dottore, aggrottando le ciglia, aggrinzando il naso rosso, e storcendo la bocca, «eh via! Che mi venite a rompere il capo con queste fandonie? Fate di questi discorsi tra voi altri, che non sapete misurar le parole; e non venite a farli con un galantuomo che sa quanto valgono. Andate, andate; non sapete quel che vi dite: io non m'impiccio con ragazzi; non voglio sentir discorsi di questa sorte, discorsi in aria.»

«Le giuro...»

«Andate, vi dico: che volete ch'io faccia de' vostri giuramenti? Io non c'entro: me ne lavo le mani». E se le andava stropicciando, come se le lavasse davvero. «Imparate a parlare: non si viene a sorprender cosí un galantuomo.»

«Ma senta, ma senta» ripeteva indarno Renzo: il dottore, sempre gridando, lo spingeva con le mani verso l'uscio; e, quando ve l'ebbe cacciato, aprì, chiamò la serva, e le disse: «restituite subito a quest'uomo quello che ha portato: io non voglio niente, non voglio niente.»

Quella donna non aveva mai, in tutto il tempo ch'era stata in quella casa, eseguito un ordine simile: ma era stato proferito con una tale risoluzione, che non esitò a ubbidire. Prese le quattro povere bestie, e le diede a Renzo, con un'occhiata di compassione sprezzante, che pareva volesse dire: bisogna che tu l'abbia fatta bella. Renzo voleva far cerimonie; ma il dottore fu inespugnabile; e il giovine, più attonito e più stizzito che mai, dovette riprendersi le vittime rifiutate, e tornar al paese, a raccontar alle donne il bel costrutto della sua spedizione.

2 Comprensione

1. Il periodo di composizione, la storia e la collocazione del testo

Come nel caso di un racconto non è mai casuale la sua collocazione all'interno del libro da cui è stato estratto, allo stesso modo, nel caso di un romanzo, i singoli episodi vanno sempre posti in relazione con ciò che precede e ciò che segue. È importante, quindi, concentrarsi su ciò che si sta leggendo senza però perdere di vista l'intera struttura narrativa del romanzo.

> Nei *Promessi sposi* l'episodio dell'incontro di Renzo con l'avvocato Azzecca-garbugli si colloca nella seconda parte del capitolo III; nelle pagine precedenti è narrato l'antefatto per bocca di Lucia (l'incontro con don Rodrigo e il conte Attilio, il colloquio con fra Cristoforo), mentre la parte successiva è occupata da avvenimenti contemporanei alla spedizione di Renzo da Azzecca-garbugli (la visita di fra Galdino, il racconto del miracolo delle noci). L'episodio si colloca dunque tra un momento chiarificatore, con il racconto dell'ingiustizia subita da Lucia, e un racconto edificante, espressione di una fede popolare e non problematica.

2. Il significato letterale e il tema

Che cosa dice il testo? Per arrivare a una completa comprensione letterale, le operazioni necessarie da compiere sono:
— lettura delle note, se presenti;
— ricerca delle parole difficili sul vocabolario e svolgimento dei periodi più complessi;
— suddivisione del testo in sezioni o parti caratterizzate da un'autonoma ragione narrativa o da uno specifico motivo conduttore;
— individuazione del tema del racconto e del suo messaggio conclusivo;
— riassunto del testo in modo conciso.

> Il brano si articola in cinque sequenze narrative: la prima si svolge nella casa di Lucia e Agnese; la seconda racconta il viaggio di Renzo verso Lecco; nella terza la scena si sposta nella città e comprende l'ingresso di Renzo nello studio di Azzecca-garbugli; la quarta, che è la più lunga, contiene il colloquio di Renzo con l'avvocato e la nascita dell'equivoco per cui Renzo è scambiato per un bravo; la quinta è quella dello scioglimento dell'equivoco e della cacciata di Renzo. Nell'episodio di Azzecca-garbugli Renzo sperimenta ancora una volta l'opacità e l'ambiguità del linguaggio del potere (*il latinorum* di don Abbondio!), la caduta della trasparenza fra parole e cose. È un "mondo alla rovescia" tutt'altro che liberatorio quello in cui si trova invischiato Renzo, un mondo in cui la legge viene manipolata per proteggere i colpevoli, mentre gli innocenti passano per colpevoli. Questo è il vero tema dell'episodio e il suo principale nucleo ideologico.

L'individuazione del tema è utile perché permette di definire l'angolazione da cui leggere il testo e di motivare e far crescere l'interesse alla lettura. Inoltre permette di capire le ragioni storiche e culturali dell'autore.

> Il tema messo a fuoco in questo brano è quello della giustizia e della legge. *I Promessi Sposi* sotto la veste del romanzo storico rimandano continuamente all'Ottocento e ai problemi di modernizzazione che allora ci si poneva, primo fra tutti, quello dell'uguaglianza dei cittadini di fronte alla legge.

Laboratorio 3 — Guida all'analisi di un testo narrativo

3 Analisi

L'analisi degli aspetti stilistici e strutturali riguarda:
1. la distinzione tra fabula e intreccio;
2. l'individuazione del punto di vista narrativo e dello stile;
3. la considerazione del tempo, dello spazio, del cronotopo (cioè del rapporto tra tempo e spazio);
4. l'analisi del sistema dei personaggi.

1. Fabula e intreccio

Nel brano riportato fabula e intreccio coincidono, essendo quest'ultimo in gran parte costituito dal dialogo e dalla descrizione ambientale.

2. Il punto di vista

Nell'episodio di Azzecca-garbugli allo sguardo dall'alto del narratore onnisciente – che riferisce lo stato d'animo di Renzo, descrive lo studio dell'avvocato e spiega il contenuto delle gride – si alterna l'ottica straniata di Renzo, che assimila i discorsi di Azzecca-garbugli a quelli di un "giocator di bussolotti". Il punto di vista di Renzo, che non capisce, accentua l'impressione di un mondo capovolto, in cui i rapporti morali e il senso della giustizia sono stravolti. Per quanto riguarda lo stile, abbiamo in queste pagine un esempio di plurilinguismo e di pluristilismo: vi trovano spazio il linguaggio tecnico-giuridico (nelle parole di Azzecca-garbugli), quello secentesco delle gride, il linguaggio popolare (nelle similitudini di Renzo e nei discorsi di Agnese), il gergo dei prepotenti (ancora nelle parole di Azzecca-garbugli).

3. Tempo e spazio

L'episodio di Azzecca-garbugli avviene nel pomeriggio del giorno 8 novembre 1628. Lo scenario muta due volte: dallo spazio della casa di Lucia nel paese a quello esterno della strada per Lecco, fino a quello di un interno, lo studio cittadino dell'avvocato. Mentre troviamo Renzo al massimo della sicurezza e della combattività in presenza dello spazio della strada, negli interni il personaggio mostra più facilmente delle debolezze. Inoltre se nell'ambiente del paese Renzo è a proprio agio e mostra spirito di iniziativa, in città, in un luogo sconosciuto, egli appare impacciato e inadeguato. Questo dato sarà del resto confermato nei due viaggi di Renzo a Milano, nella circostanza dei tumulti e durante la peste.

4. Il sistema dei personaggi

Definire il sistema dei personaggi aiuta a capire come è costruito il racconto e quale sia il suo messaggio. I personaggi sono spesso ideati a coppie, per similarità o per opposizione, secondo un sistema binario.

In generale nei *Promessi sposi* gli otto personaggi principali si dispongono a coppie secondo uno schema di similarità/opposizione: Renzo, Lucia, padre Cristoforo, il cardinale Borromeo *vs* don Rodrigo, l'Innominato – fino alla "conversione" –, don Abbondio, Gertrude. Il sistema binario dei personaggi vale anche nel particolare per l'episodio di Azzecca-garbugli.
Dopo la breve apparizione di Agnese, infatti, dominano i personaggi contrapposti di Renzo e Azzecca-garbugli, espressione di due mondi inconciliabili. Già lo studio di Azzecca-garbugli, un misto di sfarzo e incuria, rispecchia le caratteristiche di questo personaggio. Il gusto del potere e la prospettiva del guadagno lo inducono ad assumere toni tali da accentuare la sua importanza, la sua capacità, il suo coraggio; dopodiché, al nome di don Rodrigo, la paura lo induce a rinunciare anche ai capponi offerti da

▶

Renzo. Il colloquio con Renzo procede interamente sotto il dominio del travisamento; lo scioglimento dell'equivoco ne provocherà l'interruzione. La comunicazione si dà solo in una forma rovesciata, dato che ciascuno dei due interlocutori ha un'idea sbagliata dell'altro: Renzo crede che Azzecca-garbugli sia un difensore degli innocenti, mentre Azzecca-garbugli pensa che il giovane sia un bravo.

4 Interpretazione complessiva e approfondimenti

1. Storicizzazione o contestualizzazione

Il testo va contestualizzato (si dice anche "storicizzato") in rapporto:
– all'autore (vita, poetica, ideologia, opera complessiva);
– alla tradizione letteraria precedente o coeva (confronto a livello di temi e di generi con testi di altri autori);
– al quadro storico, sociale o culturale.

Lo studio di Azzecca-garbugli è una vera stampa d'epoca e riflette la personalità dell'avvocato: pomposità esteriore congiunta a degrado morale. Attraverso questo personaggio l'autore trasmette una certa idea del Seicento. Il quadro che Manzoni, che vive e opera nei primi decenni dell'Ottocento, formatosi nella cultura illuminista, dà di questo secolo è quello di un mondo capovolto, in cui tutto è all'insegna del rovesciamento. L'equivoco per cui Renzo è scambiato per un bravo è in questo senso fortemente emblematico. In questo mondo le leggi sono usate per difendere i prepotenti, chi dice la verità al giudice è "uno sciocco", le vittime vengono trasformate in colpevoli, i fautori dell'ingiustizia si dicono "galantuomini" e le verità sono "fandonie". La cultura è usata come strumento di dominio e di oppressione sociale: non è un caso che Agnese e Renzo assimilino l'essere istruiti e dotti all'appartenenza a un ceto elevato e per ciò stesso depositario di un potere dispotico e cieco.

2. Attualizzazione

Consiste nel definire qual è per noi il significato di un testo. Per farlo, bisogna mettere a confronto il mondo del testo e il proprio, stabilire dei confronti e dei parallelismi fra passato e presente, segnare delle differenze e delle somiglianze.

Attraverso questo episodio Manzoni affronta una questione centrale nel mondo moderno, che si è affacciata proprio a partire dal Seicento, cioè quella dell'alterazione dei rapporti fra i nomi e i significati. Chi detiene il potere ha anche quello sul linguaggio e sulla cultura, che vengono stravolti e strumentalizzati, fino all'oppressione di chi è escluso dalla cultura. Tenere le masse nell'ignoranza e nell'inconsapevolezza significa non solo escluderle dalla gestione del potere, ma anche dalla possibilità di contrastarlo e di pensare a migliorare la propria condizione; il monopolio della cultura, dunque, serve a rendere l'obbedienza sempre più cieca. Nel Seicento, secolo attraversato da forti contraddizioni e caratterizzato da profondi dislivelli sociali, questo fenomeno è molto evidente. Ma l'ingiustizia e le forme di protezione dei (o la collusione con i) disonesti, la trasformazione della cultura in uno strumento di potere e di oppressione non mancano anche nel nostro presente. La grandezza di Manzoni è anche quella di averne mostrato, realisticamente e impietosamente, la manifestazione in un momento particolare, indicando al contempo la persistenza di questi problemi ben oltre il momento storico in cui è ambientato il romanzo. Azzecca-garbugli è, al medesimo tempo, una stampa d'epoca e un personaggio attuale. Se in qualche angolo del suo "stanzone", tra i ritratti dei dodici Cesari, riuscissimo a immaginare un televisore e sulla sua "tavola gremita d'allegazioni, di suppliche, di libelli, di gride" un computer, sapremmo forse più facilmente riconoscerlo.

Laboratorio 3 — Guida all'analisi di un testo narrativo

Attività

1 Leggi il seguente testo di Giacomo Leopardi tratto dalle *Operette morali* e svolgi l'analisi del testo seguendo le indicazioni e rispondendo alle domande riportate di seguito. ⟨3 ore⟩

Proposta di premi fatta dall'Accademia dei Sillografi

L'Accademia dei Sillografi[1] attendendo di continuo, secondo il suo principale instituto, a procurare con ogni suo sforzo l'utilità comune, e stimando niuna cosa essere più conforme a questo proposito che aiutare e promuovere gli andamenti e le inclinazioni

Del fortunato secolo in cui siamo,

come dice un poeta illustre;[2] ha tolto a considerare diligentemente le qualità e l'indole del nostro tempo, e dopo lungo e maturo esame si è risoluta di poterlo chiamare l'età delle macchine, non solo perché gli uomini di oggidì procedono e vivono forse più meccanicamente di tutti i passati, ma eziandio[3] per rispetto al grandissimo numero delle macchine inventate di fresco ed accomodate[4] o che si vanno tutto giorno[5] trovando ed accomodando a tanti e così vari esercizi, che oramai non gli uomini ma le macchine, si può dire, trattano le cose umane e fanno le opere della vita. Del che la detta Accademia prende sommo piacere, non tanto per le comodità manifeste che ne risultano, quanto per due considerazioni che ella giudica essere importantissime, quantunque comunemente non avvertite. L'una si è che ella confida dovere in successo di tempo[6] gli uffici e gli usi delle macchine venire a comprendere oltre le cose materiali, anche le spirituali; onde nella guisa che[7] per virtù di esse macchine siamo già liberi e sicuri dalle offese dei fulmini e delle grandini, e da molti simili mali e spaventi, così di mano in mano si abbiano a ritrovare, per modo di esempio (e facciasi grazia alla novità dei nomi), qualche parainvidia, qualche paracalunnie o paraperfidia o parafrodi, qualche filo di salute[8] o altro ingegno[9] che ci scampi dall'egoismo, dal predominio della mediocrità, dalla prospera fortuna degl'insensati, de' ribaldi e de' vili, dall'universale noncuranza e dalla miseria de' saggi, de' costumati[10] e de' magnanimi, e dagli altri sì fatti incomodi, i quali da parecchi secoli in qua sono meno possibili a distornare[11] che già non furono gli effetti dei fulmini e delle grandini. L'altra cagione e la principale si è che disperando la miglior parte dei filosofi di potersi mai curare i difetti del genere umano, i quali, come si crede, sono assai maggiori e in più numero che le virtù; e tenendosi per certo che sia piuttosto possibile di rifarlo del tutto in una nuova stampa, o di sostituire in suo luogo un altro, che di emendarlo;[12] perciò l'Accademia dei Sillografi reputa essere espedientissimo[13] che gli uomini si rimuovano dai negozi della vita il più che si possa,[14] e che a poco a poco dieno luogo, sottentrando le macchine in loro scambio.[15] E deliberata di concorrere con ogni suo potere al progresso di questo nuovo ordine delle cose, propone per ora tre premi a quelli che troveranno le tre macchine infrascritte.[16] L'intento della prima sarà di fare le parti e la persona di un amico, il quale non biasimi e non motteggi[17] l'amico assente; non lasci di sostenerlo quando l'oda riprendere o porre in giuoco; non anteponga la fama di acuto e di mordace, e l'ottenere il riso degli uomini, al debito dell'amicizia; non divulghi, o per altro effetto o per aver materia da favellare o da ostentarsi,[18] il segreto commessogli;[19] non si prevalga della familiarità e della confidenza dell'amico a soppiantarlo e sopramontarlo[20] più facilmente; non porti invidia ai vantaggi di quello; abbia cura del suo bene e di ovviare o di riparare a' suoi danni, e sia pronto alle sue domande e a' suoi bisogni, altrimenti che in parole.[21] Circa le altre cose nel comporre questo automato[22] si avrà l'occhio ai trattati di Cicerone e della Marchesa di Lambert sopra l'amicizia.[23] L'Accademia pensa che l'invenzione di questa così fatta macchina non debba essere giudicata né impossibile, né anche oltre modo difficile, atteso che,[24] lasciando da parte gli automati del Regiomontano, del Vaucanson[25] e di altri, e quello che in Londra disegnava figure e ritratti, e scriveva quanto gli era dettato da chiunque si fosse; più d'una macchina si è veduta che giocava agli scacchi per se medesima. Ora a giudizio di molti savi, la vita umana è un giuoco, ed alcuni affermano che ella è cosa ancora più lieve, e che tra le altre, la

▶

---

1 Sillografi: etimologicamente questa parola greca vale "autore di satire, di parodie".
2 Del fortunato… illustre: il verso è una citazione, riadattata, dal poema degli *Animali parlanti* (1802) di Giovan Battista Casti.
3 eziandio: anche.
4 accomodate: adattate.
5 tutto giorno: sempre; è un calco del francese *toujours*.
6 in successo di tempo: col passare del tempo.
7 onde nella guisa che: nello stesso modo in cui.
8 filo di salute: è il filo metallico attraverso cui si scarica a terra l'elettricità atmosferica.
9 ingegno: congegno, macchina.
10 costumati: nobili, ma la nobiltà a cui qui si fa riferimento è quella interiore dei 'costumi', non del sangue.
11 distornare: allontanare.
12 in una nuova… emendarlo: a parere dei Sillografi è più realistico pensare a una edizione integralmente nuova ("nuova stampa") del genere umano, piuttosto che a una edizione riveduta e corretta. La metafora assimila l'umanità a un libro che va riscritto piuttosto che corretto ("emendato") qua e là.
13 espedientissimo: utilissimo.
14 rimuovano… possa: si allontanino il più possibile dagli impegni e affari della vita.
15 dieno luogo… scambio: cedano il passo alle macchine, che prenderanno il loro posto.
16 infrascritte: successivamente descritte.
17 motteggi: derida.
18 materia… ostentarsi: occasione di chiacchiere e di vanto.
19 commessogli: affidatogli.
20 sopramontarlo: sopraffarlo.
21 altrimenti che in parole: non solo a parole.
22 automato: automa.
23 ai trattati… amicizia: il riferimento è al *Laelius, de amicitia* ciceroniano e al *Traité de l'amitié* di Anne de Lambert (1647-1733).
24 atteso che: visto che.
25 Regiomontano… Vaucanson: si tratta di due grandi matematici, Johann Müller, detto il Regiomontano (1436-1476), e Jacques de Vaucanson (1709-1782), che furono anche celebri inventori di automi.

forma del giuoco degli scacchi è più secondo ragione, e i casi più prudentemente ordinati che non sono quelli di essa vita. La quale oltre a ciò, per detto di Pindaro, non essendo cosa di più sostanza che un sogno di un'ombra, ben debbe esserne capace la veglia di un automato.[26] Quanto alla favella, pare non si possa volgere in dubbio che gli uomini abbiano facoltà di comunicarla alle macchine che essi formano, conoscendosi questa cosa da vari esempi, e in particolare da ciò che si legge della statua di Mennone e della testa fabbricata da Alberto Magno,[27] la quale era sì loquace, che perciò san Tommaso di Aquino, venutagli in odio, la ruppe. E se il pappagallo di Nevers,[28] con tutto che fosse una bestiolina, sapeva rispondere e favellare a proposito, quanto maggiormente è da credere che possa fare questi medesimi effetti una macchina immaginata dalla mente dell'uomo e construtta dalle sue mani; la quale già non debbe essere così linguacciuta come il pappagallo di Nevers ed altri simili che si veggono e odono tutto giorno, né come la testa fatta da Alberto magno, non le convenendo infastidire l'amico e muoverlo[29] a fracassarla. L'inventore di questa macchina riporterà in premio una medaglia d'oro di quattrocento zecchini di peso, la quale da una banda, rappresenterà le immagini di Pilade e di Oreste, dall'altra il nome del premiato col titolo: PRIMO VERIFICATORE DELLE FAVOLE ANTICHE.[30]

La seconda macchina vuol essere un uomo artificiale a vapore, atto e ordinato a fare opere virtuose e magnanime. L'Accademia reputa che i vapori, poiché altro mezzo non pare che vi si trovi, debbano essere di profitto a infervorare un semovente[31] e indirizzarlo agli esercizi della virtù e della gloria. Quegli che intraprenderà di fare questa macchina, vegga i poemi e i romanzi, secondo i quali si dovrà governare circa le qualità e le operazioni che si richieggono a questo automato.[32] Il premio sarà una medaglia d'oro di quattrocento cinquanta zecchini di peso, stampatavi in sul ritto qualche immaginazione significativa della età d'oro, e in sul rovescio il nome dell'inventore della macchina con questo titolo ricavato dalla quarta egloga di Virgilio, QUO FERREA PRIMUM DESINET AC TOTO SURGET GENS AUREA MUNDO.[33]

La terza macchina debbe essere disposta a fare gli uffici[34] di una donna conforme a quella immaginata, parte dal conte Baldassar Castiglione, il quale descrisse il suo concetto nel libro del Cortegiano,[35] parte da altri, i quali ne ragionarono in vari scritti che si troveranno senza fatica, e si avranno a consultare e seguire, come eziandio quello del Conte. Né anche l'invenzione di questa macchina dovrà parere impossibile agli uomini dei nostri tempi, quando pensino che Pigmalione[36] in tempi antichissimi ed alieni dalle scienze si poté fabbricare la sposa colle proprie mani, la quale si tiene che fosse la miglior donna che sia stata insino al presente. Assegnisi all'autore di questa macchina una medaglia d'oro in peso di cinquecento zecchini, in sulla quale sarà figurata da una faccia l'araba fenice del Metastasio[37] posata sopra una pianta di specie europea, dall'altra parte sarà scritto il nome del premiato col titolo: INVENTORE DELLE DONNE FEDELI E DELLA FELICITÀ CONIUGALE.

L'Accademia ha decretato che alle spese che occorreranno per questi premi, suppliscasi con quanto fu ritrovato nella sacchetta di Diogene,[38] stato segretario di essa Accademia, o con uno dei tre asini d'oro che furono di tre Accademici sillografi, cioè a dire di Apuleio, del Firenzuola e del Macchiavelli;[39] tutte le quali robe pervennero ai Sillografi per testamento dei suddetti, come si legge nella storia dell'Accademia.

26 Pindaro… automato: *secondo Pindaro (Pyth., VIII, 136) la vita non è che "il sogno di un'ombra"; dunque persino "la veglia di un automato", cioè di un essere meccanico e "programmato", sarà capace di gestirla.*

27 Mennone… Alberto Magno: *secondo la tradizione il "colosso di Memnone", cioè la statua colossale dell'eroe troiano Memnone innalzata a Tebe in Egitto, emetteva una musica melodiosa quando i primi raggi del sole la sfioravano. Si attribuisce ad Alberto Magno (1206?-1280), maestro di Tommaso d'Aquino, la costruzione di una testa meccanica parlante.*

28 pappagallo di Nevers: *in* Ver-Vert, *poemetto di J.B. Grasset (1709-1777), si parla di un pappagallo che, in un convento di Nevers, divertiva le monache ripetendo frasi pie.*

29 muoverlo: *indurlo.*

30 primo… antiche: *colui che per primo controlla e attesta la veridicità delle favole antiche [sulla possibilità di un'amicizia vera, disinteressata, totale].*

31 infervorare un semovente: *dare vita e movimento, attraverso il fuoco e il vapore, a un automa.*

32 vegga… automato: *il costruttore di questa seconda macchina, l'"automa virtuoso", dovrà trarre ispirazione dalle pagine di "poemi e romanzi" piuttosto che dalla storia e dalla cronaca; evidentemente perché – a parere dei Sillografi – è solo lì, nella letteratura e non nella realtà, che la virtù conserva un qualche precario diritto di cittadinanza.*

33 quo ferrea… mundo: *grazie al quale [: all'inventore di questo secondo automa] cesserà infine l'età del ferro e avrà inizio su tutta la terra l'età dell'oro.*

34 fare gli uffici: *svolgere le funzioni, comportarsi come.*

35 Cortegiano: *in questa opera Baldassar Castiglione (1478-1529) tratteggiò il ritratto del cortigiano e della "donna di palazzo" ideali.*

36 Pigmalione: *secondo la leggenda, Pigmalione, re di Cipro, si innamorò di una statua, da lui stesso scolpita, e chiese ad Afrodite di farla diventare una donna.*

37 l'araba… Metastasio: *l'araba fenice è il mitico uccello che rinasce dalle proprie ceneri; nei versi di Metastasio (1698-1782), a cui si fa qui riferimento, la fedeltà degli amanti viene paragonata alla fenice: "È la fede degli amanti / come l'araba fenice: / che vi sia, ciascun lo dice / dove sia, nessun lo sa" (*Demetrio*, atto II).*

38 sacchetta di Diogene: *Diogene è un filosofo cinico (IV secolo a.C.) il cui stile di vita sobrio era famoso nell'antichità; è evidente che nella sua bisaccia ("sacchetta") non si sarebbe potuto trovare neanche un quattrino.*

39 asini… Macchiavelli: *Apuleio (II sec. d.C.) scrisse un romanzo iniziatico,* Le metamorfosi *meglio noto col titolo* L'asino d'oro, *il cui protagonista, Lucio, viene trasformato in asino e solo dopo molte peripezie e l'iniziazione ai misteri di Iside riacquista le sue sembianze umane. L'opera di Apuleio venne tradotta e rielaborata nel Cinquecento da Agnolo Firenzuola; Machiavelli lavorò intorno al 1526-1527 al poema in terzine* l'Asino, *ma l'opera si interrompe prima della trasformazione del protagonista.*

Laboratorio 3 — Guida all'analisi di un testo narrativo

Comprensione

1 Riassumi il testo in dieci righe.

Analisi

1 Individua gli obiettivi polemici e i temi del testo leopardiano.
2 Analizza lo stile del brano mettendo in relazione la veste formale del "bando di concorso" scelta da Leopardi con il messaggio ideologico sostanziale che essa veicola.
3 Perché l'Accademia dei Sillografi "reputa espedientissimo" che le macchine sostituiscano gli uomini?
4 Rifletti sui premi proposti dall'Accademia per tre macchine, la prima delle quali sappia "fare le parti e la persona di un amico" (una medaglia d'oro di 400 zecchini di peso), la seconda sia "un uomo artificiale a vapore atto e ordinato a fare opere virtuose e magnanime" (una medaglia d'oro di 450 zecchini), la terza sia "disposta a fare gli uffici di una donna conforme a quella immaginata dal conte Baldassar Castiglione" (una medaglia d'oro di 500 zecchini). Quale giudizio sul presente, che Leopardi definisce profeticamente "l'età delle macchine", se ne può dedurre?
5 La vita è, a detta di Pindaro, "sogno di un'ombra", dunque anche "la veglia di un automato" sarà capace di gestirla. Quali considerazioni suggerisce l'antitesi sogno/veglia?

Interpretazione e approfondimenti

1 Quali sono le finalità del testo?
2 Il tema delle macchine – antropomorfe o no – è tipicamente novecentesco ed è stato declinato talora in positivo e, più spesso, in negativo. Ricostruisci una sintetica storia di questo tema.
3 L'"automato" leopardiano ha nel Novecento una lunga discendenza, nella letteratura e soprattutto nel cinema. Ricordi qualche film che ne parla?

Laboratorio 4

Guida all'analisi di un testo per il teatro

OBIETTIVI

- Consolidare le competenze necessarie per analizzare un testo teatrale
- Imparare a desumere dall'analisi delle battute e delle didascalie un'interpretazione del testo
- Migliorare le competenze di analisi del testo

  Lettura del testo

Carlo Goldoni, *La locandiera*, atto II, scene XVI e XVII

SCENA XVI

CAVALIERE (*solo*): Tutti sono invaghiti di Mirandolina. Non è maraviglia, se ancor io principiava a sentirmi accendere. Ma anderò via; supererò questa incognita forza... Che vedo? Mirandolina? Che vuole da me? Ha un foglio in mano. Mi porterà il conto. Che cosa ho da fare? Convien soffrire quest'ultimo assalto. Già da qui a due ore io parto.

SCENA XVII
Mirandolina con un foglio in mano, e detto.

MIRANDOLINA: Signore. (*Mestamente.*)
CAVALIERE: Che c'è, Mirandolina?
MIRANDOLINA: Perdoni. (*Stando indietro.*)
CAVALIERE: Venite avanti.
MIRANDOLINA: Ha domandato il suo conto; l'ho servita. (*Mestamente.*)
CAVALIERE: Date qui.
MIRANDOLINA: Eccolo. (*Si asciuga gli occhi col grembiale, nel dargli il conto.*)
CAVALIERE: Che avete? Piangete?
MIRANDOLINA: Niente, signore, mi è andato del fumo negli occhi.
CAVALIERE: Del fumo negli occhi? Eh! basta... quanto importa il conto? (*legge.*) Venti paoli? In quattro giorni un trattamento sì generoso: venti paoli?
MIRANDOLINA: Quello è il suo conto.
CAVALIERE: E i due piatti particolari che mi avete dato questa mattina, non ci sono nel conto?
MIRANDOLINA: Perdoni. Quel ch'io dono, non lo metto in conto.
CAVALIERE: Me li avete voi regalati?
MIRANDOLINA: Perdoni la libertà. Gradisca per un atto di... (*Si copre, mostrando di piangere.*)
CAVALIERE: Ma che avete?
MIRANDOLINA: Non so se sia il fumo, o qualche flussione di occhi.
CAVALIERE: Non vorrei che aveste patito, cucinando per me quelle due preziose vivande.
MIRANDOLINA: Se fosse per questo, lo soffrirei... volentieri... (*Mostra trattenersi di piangere.*)
CAVALIERE: Eh, se non vado via! (*Da sé.*) Orsù, tenete. Queste sono due doppie. Godetele per amor mio... e compatitemi... (*S'imbroglia.*)
MIRANDOLINA (*senza parlare, cade come svenuta sopra una sedia.*)
CAVALIERE: Mirandolina. Ahimè! Mirandolina. È svenuta. Che fosse innamorata di me? Ma così presto? E perché no? Non sono io innamorato di lei? Cara Mirandolina... Cara? Io cara ad una donna? Ma se è svenuta per me. Oh, come tu sei bella! Avessi qualche cosa per farla rinvenire. Io che non pratico donne, non ho spiriti, non ho ampolle. Chi è di là? Vi è nessuno? Presto?... Anderò io. Poverina! Che tu sia benedetta! (*Parte, e poi ritorna.*)

▶

23

Laboratorio 4 — Guida all'analisi di un testo per il teatro

> MIRANDOLINA: Ora poi è caduto affatto. Molte sono le nostre armi, colle quali si vincono gli uomini. Ma quando sono ostinati, il colpo di riserva sicurissimo è uno svenimento. Torna, torna. (*Si mette come sopra.*)
> CAVALIERE (*torna con un vaso d'acqua.*): Eccomi, eccomi. E non è ancor rinvenuta. Ah, certamente costei mi ama. (*La spruzza, ed ella si va movendo.*) Animo, animo. Son qui cara. Non partirò più per ora.

2 Comprensione

1. Il periodo di composizione, la storia, la collocazione del testo

Per prima cosa, si risponde ad alcune domande relative alla genesi del testo.
– Quando è stato scritto?
– In quale occasione e in quale momento della storia dell'autore?
– È un testo autonomo o fa parte di un'opera più ampia?

In questo caso, occorre ripercorrere la storia del teatro goldoniano e collocare questo testo all'interno dello sviluppo della poetica dell'autore.

Queste due scene non possono essere lette e comprese a prescindere dalla commedia di cui fanno parte, *La locandiera*, scritta da Goldoni nel 1752 e rappresentata nel gennaio 1753 al teatro Sant'Angelo di Venezia dalla compagnia Medebac. In questo periodo Goldoni scrive per la compagnia Medebac e lavora a stretto contatto con la scena e con gli attori. *La locandiera* è una delle maggiori commedie di Goldoni ed espressione compiuta della sua Riforma del teatro.

2. Il significato letterale e il tema

Per capire il passo occorre conoscere brevemente l'antefatto. Protagonista della commedia è Mirandolina, che con l'aiuto del cameriere Fabrizio gestisce una locanda (il titolo allude proprio a questo suo ruolo) ereditata dal padre a Firenze; qui è costantemente corteggiata dai clienti. Ne tiene abilmente sulla corda due: il marchese di Forlipopoli, nobile decaduto, e il conte di Albafiorita, mercante arricchito che ha acquisito il titolo nobiliare. In questo equilibrio, da cui Mirandolina trae vantaggio, irrompe il Cavaliere di Ripafratta, un burbero misogino che la locandiera si ripromette di sedurre. La commedia si conclude con il matrimonio tra Mirandolina e il cameriere Fabrizio.
Queste scene fanno parte del secondo atto. Siamo nel momento in cui il Cavaliere comincia a cedere al fascino di Mirandolina, la quale assesta il colpo finale con un finto svenimento proprio quando il Cavaliere sta pagando il conto per accingersi a partire.

3 Analisi

L'analisi delle battute permette di riconoscerne la funzionalità rispetto al messaggio.

1. Le battute e le didascalie

La prima delle due scene contiene un soliloquio del Cavaliere, che parla tra sé ed esprime la propria lotta interiore fra l'attrazione e l'avversione nei confronti della donna. Nella scena successiva troviamo un dialogo tra Mirandolina e il Cavaliere, un monologo di quest'ultimo che segue lo svenimento della donna, un breve soliloquio di Mirandolina durante la momentanea uscita di scena del Cavaliere e una battuta conclusiva dell'uomo che rientra in scena.

Dobbiamo osservare che le didascalie sono essenziali ma curate nei dettagli. Questa cura nella loro stesura va ricondotta sia alla riforma di Goldoni, che implica una grande rivalutazione del testo scritto rispetto all'improvvisazione degli attori nella preparazione dello spettacolo, sia alla sua conoscenza profonda della realtà teatrale, una conoscenza che va dalle tecniche della recitazione alla gestione degli spazi scenici.

2. Tempo e spazio

Il rapporto tra il tempo e lo spazio della storia e quelli della rappresentazione tendono a coincidere. Lo spazio è costantemente quello degli interni della locanda di Mirandolina, attorno alla cui figura ruotano le relazioni tra tutti gli altri personaggi. Una battuta del Cavaliere ("e i due piatti particolari che mi avete dato questa mattina") fa intendere che l'episodio si svolge nella seconda parte della giornata.

3. Il sistema dei personaggi

Al centro delle relazioni tra i personaggi è il potere di attrazione di Mirandolina. Mirandolina è un personaggio complesso, che rinvia al mondo conosciuto da Goldoni: è una figura protesa alla conquista del potere; è una mercante attenta ai propri interessi economici; è un'attrice particolarmente capace (come si vede bene nella simulazione dello svenimento).

Tutti i personaggi presentano uno spessore realistico: il Marchese e il Conte sono espressioni delle due varianti dell'aristocrazia settecentesca, quella di sangue e quella acquisita, mentre il Cavaliere, con i suoi modi alteri, incarna l'atteggiamento tipico della nobiltà nei confronti dei popolani (in questo caso Mirandolina, disprezzata anche perché ritenuta socialmente inferiore); Fabrizio è un cameriere che aspira a fare un salto sociale, diventando padrone (quando sposerà Mirandolina, per amore ma anche per interesse). I personaggi offrono dunque uno spaccato della società veneziana del Settecento, ma sono anche individui con una complessità che va oltre la caratterizzazione sociale. Qui sta una delle ragioni della grandezza di Goldoni.

Interpretazione complessiva e approfondimenti

1. Storicizzazione o contestualizzazione

La contestualizzazione di un'opera letteraria implica la sua considerazione all'interno del periodo storico in cui è stata scritta e il suo confronto sia con le altre opere dell'autore sia con i prodotti della cultura e dell'arte dello stesso periodo. Per quanto riguarda il testo teatrale, si può fare un'aggiunta, considerando anche quale sia la prassi scenica del periodo (uso e specializzazioni degli attori, tipo di recitazione, scrittura completa del copione o improvvisazioni, rapporto fra regista e capocomico ecc.).

Laboratorio 4 — Guida all'analisi di un testo per il teatro

Uno scrittore scrive sempre per una scena storicamente determinata: quella del proprio tempo. Goldoni presenziava alle prove e riscriveva i propri testi per migliorarne la resa scenica, tenendo spesso in considerazione le indicazioni degli interpreti. Può essere interessante sapere, per esempio, che il personaggio di Mirandolina è stato creato da Goldoni tenendo costantemente presenti le caratteristiche dell'attrice che l'avrebbe interpretato sulla scena (Maddalena Marliani). *La locandiera* risente, insomma, del fatto di essere stata scritta da un autore di compagnia, che lavorava a stretto contatto con gli attori; anche se alcune figure (quelle dei servi) e certe trovate (per esempio il finto svenimento) possono richiamare alla mente le maschere e i *cliché* della vecchia Commedia dell'Arte, *La locandiera* è senza dubbio espressione compiuta della riforma di Goldoni, per lo spessore psicologico dei personaggi e per il livello di elaborazione e di completezza (rispetto anche agli elementi scenici) del testo.

2. Attualizzazione

Nell'ultima fase della lettura di un testo teatrale, quella dell'attualizzazione, entra in gioco il rapporto con il teatro contemporaneo.

La locandiera è una delle commedie di Goldoni ancora oggi più rappresentate. Le innumerevoli messe in scena hanno offerto di volta in volta interpretazioni anche molto diverse tra loro, contribuendo al dibattito critico sull'opera. Così Mirandolina non viene più interpretata semplicemente come una donna civetta e maliziosa, ma soprattutto come una figura interessata ad avere il dominio sugli altri, volta a conquistare il potere più che il possesso.

Attività

1 Leggi questa scena del secondo atto della commedia *Le smanie per la villeggiatura* di Goldoni e svolgi l'analisi del testo seguendo le indicazioni e rispondendo alle domande riportate di seguito. 2 ore

Carlo Goldoni, "Amiche-nemiche", *Le smanie per la villeggiatura*, atto II, scena XII

VITTORIA Giacintina, amica mia carissima.
GIACINTA Buon dì, la mia cara gioia. (si baciano)
VITTORIA Che dite eh? È una bell'ora questa da incomodarvi?
GIACINTA Oh! incomodarmi? Quando vi ho sentita venire, mi si è allargato il core d'allegrezza.
VITTORIA Come state? State bene?
GIACINTA Benissimo. E voi? Ma è superfluo il domandarvi, siete grassa e fresca, il cielo vi benedica, che consolate.
VITTORIA Voi, voi avete una ciera che innamora.
GIACINTA Oh! cosa dite mai? Sono levata questa mattina per tempo, non ho dormito, mi duole lo stomaco, mi duole il capo, figurarsi che buona ciera ch'io posso avere.
VITTORIA Ed io non so cosa m'abbia, sono tanti giorni che non mangio niente: niente, niente, si può dir quasi niente. Io non so di che viva, dovrei essere come uno stecco.
GIACINTA Sì, sì, come uno stecco! Questi bracciotti non sono stecchi.
VITTORIA Eh! a voi non vi si contano l'ossa.
GIACINTA No, poi. Per grazia del cielo, ho il mio bisognetto.
VITTORIA Oh cara la mia Giacinta!
GIACINTA Oh benedetta la mia Vittorina! (si baciano) Sedete, gioia; via, sedete.
VITTORIA Aveva tanta voglia di vedervi. Ma voi non vi degnate mai di venir da me. (siedono)
GIACINTA Oh! caro il mio bene, non vado in nessun loco. Sto sempre in casa.
VITTORIA E io? Esco un pochino la festa, e poi sempre in casa.
GIACINTA Io non so come facciano quelle che vanno tutto il giorno a girone per la città.
VITTORIA (Vorrei pur sapere se va o se non va a Montenero,[1] ma non so come fare).
GIACINTA (Mi fa specie, che non mi parla niente della campagna).
VITTORIA È molto che non vedete mio fratello?[2]
GIACINTA L'ho veduto questa mattina.
VITTORIA Non so cos'abbia. È inquieto, è fastidioso.
GIACINTA Eh! non lo sapete? Tutti abbiamo le nostre ore buone e le nostre ore cattive.
VITTORIA Credeva quasi che avesse gridato con voi.
GIACINTA Con me? Perché ha da gridare con me? Lo stimo e lo venero, ma egli non è ancora in grado di poter gridare con me. (Ci gioco io, che l'ha mandata qui suo fratello).
VITTORIA (È superba quanto un demonio).
GIACINTA Vittorina, volete restar a pranzo con noi?
VITTORIA Oh! no, vita mia, non posso. Mio fratello mi aspetta.
GIACINTA Glielo manderemo a dire.
VITTORIA No, no, assolutamente non posso.
GIACINTA Se volete favorire, or ora qui da noi si dà in tavola.
VITTORIA (Ho capito. Mi vuol mandar via). Così presto andate a desinare?
GIACINTA Vedete bene. Si va in campagna, si parte presto, bisogna sollecitare.
VITTORIA (Ah! maledetta la mia disgrazia).
GIACINTA M'ho da cambiar di tutto, m'ho da vestire da viaggio.
VITTORIA Sì, sì, è vero; ci sarà della polvere. Non torna il conto rovinare un abito buono. (mortificata)
GIACINTA Oh! in quanto a questo poi, me ne metterò uno meglio di questo. Della polvere non ho paura. Mi ho fatto[3] una sopravveste di cambellotto di seta col suo cappuccietto, che non vi è pericolo che la polvere mi dia fastidio.
VITTORIA (Anche la sopravveste col cappuccietto! La voglio anch'io, se dovessi vendere de' miei vestiti).
GIACINTA Voi non l'avete la sopravveste col cappuccietto?
VITTORIA Sì, sì, ce l'ho ancor io; me l'ho fatta fin dall'anno passato.
GIACINTA Non ve l'ho veduta l'anno passato.
VITTORIA Non l'ho portata, perché, se vi ricordate, non c'era polvere.

---

[1] **a Montenero:** località di villeggiatura, presso Livorno.
[2] **mio fratello:** Leonardo, fratello di Vittoria innamorato di Giacinta, ha litigato con quest'ultima, poiché Guglielmo, suo rivale in amore, la accompagnerà in villeggiatura.
[3] **Mi ho fatto:** mi sono fatta fare.

Laboratorio 4 — Guida all'analisi di un testo per il teatro

Giacinta Sì, sì, non c'era polvere. (È propriamente ridicola).
Vittoria Quest'anno mi ho fatto un abito.
Giacinta Oh! io me ne ho fatto un bello.
Vittoria Vedrete il mio, che non vi dispiacerà.
Giacinta In materia di questo, vedrete qualche cosa di particolare.
Vittoria Nel mio non vi è né oro, né argento, ma per dir la verità, è stupendo.
Giacinta Oh! moda, moda. Vuol esser moda.[4]
Vittoria Oh! circa la moda, il mio non si può dir che non sia alla moda.
Giacinta Sì, sì, sarà alla moda. (sogghignando)
Vittoria Non lo credete?
Giacinta Sì, lo credo. (Vuol restare quando vede il mio mariage).
Vittoria In materia di mode poi, credo di essere stata sempre io delle prime.
Giacinta E che cos'è il vostro abito?
Vittoria È un mariage.
Giacinta Mariage! (maravigliandosi)
Vittoria Sì, certo. Vi par che non sia alla moda?
Giacinta Come avete voi saputo, che sia venuta di Francia la moda del mariage?
Vittoria Probabilmente, come l'avrete saputo anche voi.
Giacinta Chi ve l'ha fatto?
Vittoria Il sarto francese monsieur de la Réjouissance.
Giacinta Ora ho capito. Briccone! Me la pagherà. Io l'ho mandato a chiamare. Io gli ho dato la moda del mariage. Io che aveva in casa l'abito di madama Granon.
Vittoria Oh! madama Granon è stata da me a farmi visita il secondo giorno che è arrivata a Livorno.
Giacinta Sì, sì, scusatelo. Me l'ha da pagare senz'altro.
Vittoria Vi spiace ch'io abbia il mariage?
Giacinta Oibò, ci ho gusto.
Vittoria Volevate averlo voi sola?
Giacinta Perché? Credete voi ch'io sia una fanciulla invidiosa? Credo che lo sappiate, che io non invidio nessuno. Bado a me, mi faccio quel che mi pare, e lascio che gli altri facciano quel che vogliono. Ogni anno un abito nuovo certo. E voglio esser servita subito, e servita bene, perché pago, pago puntualmente, e il sarto non lo faccio tornar più d'una volta.
Vittoria Io credo che tutte paghino.
Giacinta No, tutte non pagano. Tutte non hanno il modo o la delicatezza che abbiamo noi. Vi sono di quelle che fanno aspettare degli anni, e poi se hanno qualche premura, il sarto s'impunta. Vuole i danari sul fatto, e nascono delle baruffe. (Prendi questa, e sappiatemi dir se è alla moda).
Vittoria (Non crederei che parlasse di me. Se potessi credere che il sarto avesse parlato, lo vorrei trattar come merita).
Giacinta E quando ve lo metterete questo bell'abito?
Vittoria Non so, può essere che non me lo metta nemmeno. Io son così; mi basta d'aver la roba, ma non mi curo poi di sfoggiarla.
Giacinta Se andate in campagna, sarebbe quella l'occasione di metterlo. Peccato, poverina, che non ci andiate in quest'anno.
Vittoria Chi v'ha detto che io non ci vada?
Giacinta Non so: il signor Leonardo ha mandato a licenziar i cavalli.
Vittoria E per questo? Non si può risolvere da un momento all'altro? E lo credete che non possa andare senza di lui? Credete ch'io non abbia delle amiche, delle parenti da poter andare?
Giacinta Volete venire con me?
Vittoria No, no, vi ringrazio.
Giacinta Davvero, vi vedrei tanto volentieri.
Vittoria Vi dirò, se posso ridurre una mia cugina a venire con me a Montenero, può essere che ci vediamo.
Giacinta Oh! che l'avrei tanto a caro.
Vittoria A che ora partite?
Giacinta A ventun'ora.
Vittoria Oh! dunque c'è tempo. Posso trattenermi qui ancora un poco. (Vorrei vedere questo abito, se potessi).
Giacinta Sì, sì ho capito. Aspettate un poco. (verso la scena)
Vittoria Se avete qualche cosa da fare, servitevi.
Giacinta Eh! niente. M'hanno detto che il pranzo è all'ordine, e che mio padre vuol desinare.

4 Vuol essere moda: *bisogna seguire la moda.*

VITTORIA Partirò dunque.
GIACINTA No, no, se volete restare, restate.
VITTORIA Non vorrei che il vostro signor padre si avesse a inquietare.
GIACINTA Per verità, è fastidioso un poco.
VITTORIA Vi leverò l'incomodo. (s'alza)
GIACINTA Se volete restar con noi, mi farete piacere. (s'alza)
VITTORIA (Quasi, quasi, ci resterei, per la curiosità di quest'abito).
GIACINTA Ho inteso; non vedete? Abbiate creanza. (verso la scena)
VITTORIA Con chi parlate?
GIACINTA Col servitore che mi sollecita. Non hanno niente di civiltà costoro.
VITTORIA Io non ho veduto nessuno.
GIACINTA Eh, l'ho ben veduto io.
VITTORIA (Ho capito). Signora Giacinta, a buon rivederci.
GIACINTA Addio, cara. Vogliatemi bene, ch'io vi assicuro che ve ne voglio.
VITTORIA Siate certa, che siete corrisposta di cuore.
GIACINTA Un bacio almeno.
VITTORIA Sì, vita mia.
GIACINTA Cara la mia gioia. (si baciano)
VITTORIA Addio.
GIACINTA Addio.
VITTORIA (Faccio de' sforzi a fingere, che mi sento crepare). (parte)
GIACINTA Le donne invidiose io non lo posso soffrire. (parte)

Comprensione

1 Che cosa spinge Vittoria a fare visita a Giacinta?

2 Riassumi il testo in non più di dieci righe.

Analisi

1 Le battute dei dialoghi sono brevi e sferzanti; quale ritmo ne deriva?

2 Il linguaggio usato nel testo è di uso medio, vicino al parlato. Per quanto si tratti di un testo settecentesco, puoi rintracciarvi espressioni vicine al parlato di oggi?

3 Sia Giacinta che Vittoria mentono l'una all'altra: elenca le finzioni di entrambe.

4 Indica i punti nel testo da cui puoi dedurre il vero pensiero di Vittoria e di Giacinta:
   a. allusioni;
   b. "a parte";
   c. gesti.

5 Quale delle due donne appare più intraprendente e aggressiva?

Interpretazione e approfondimenti

1 Ti sembra che l'autore voglia mettere in migliore luce una delle due donne? Perché?

2 Spiega come nel testo il tema della moda si leghi a quello del conformismo e delle apparenze sociali. Rifletti sul fenomeno della moda oggi: ti sembra che presenti caratteri analoghi a quelli descritti da Goldoni più di due secoli fa?

Laboratorio 5

Guida alla redazione di un saggio breve

OBIETTIVI

- Affinare la capacità di lettura e analisi di un dossier di documenti eterogenei
- Consolidare le competenze di analisi e di sintesi
- Consolidare le competenze argomentative
- Consolidare le competenze necessarie alla relazione di un saggio breve

1 Che cos'è il saggio breve

Il saggio breve è un genere di **scrittura argomentativa** che richiede di formulare e di motivare una tesi con argomentazioni logiche coerenti.
Nella prova d'esame è possibile scegliere tra quattro argomenti (e relativi dossier) appartenenti a quattro ambiti disciplinari. I primi due ambiti (artistico-letterario e storico-politico) corrispondono alle materie scolastiche della letteratura e della storia; gli ambiti socio-economico e tecnico-scientifico riguardano soprattutto argomenti legati all'attualità e alle discipline dell'area tecnica.
Seguiamo le fasi di lavoro necessarie alla redazione di un saggio breve, dalla lettura dei documenti alla stesura definitiva. Prendiamo, come esempio, un saggio breve di ambito tecnico-scientifico.

2 Il saggio breve di ambito tecnico-scientifico

1. Lettura del titolo, dei documenti e della consegna

Argomento

"Sensate esperienze" e "dimostrazioni certe": la nascita della scienza moderna
(Esame di Stato 2007)

Consegne

– Sviluppa l'argomento scelto in forma di "saggio breve", interpretando e confrontando i documenti e i dati forniti.
– Argomenta la tua trattazione, anche con opportuni riferimenti alle tue conoscenze ed esperienze di studio.
– Premetti al saggio un titolo coerente e, se vuoi, suddividilo in paragrafi.
– Non superare cinque colonne di metà foglio protocollo.

Dossier di documenti

I
La filosofia è scritta in questo grandissimo libro che continuamente ci sta aperto innanzi a gli occhi (io dico l'universo), ma non si può intendere se prima non s'impara a intender la lingua, e conoscer i caratteri, ne' quali è scritto. Egli è scritto in lingua matematica, e i caratteri son triangoli, cerchi, ed altre figure geometriche, senza i quali mezi è impossibile a intenderne umanamente parola; senza questi è un aggirarsi vanamente per un oscuro labirinto.
(da G. Galilei, *Il Saggiatore*, 1623)

II
Siamo in uno dei grandi momenti dello spirito umano. Galileo scopre le immense possibilità offerte dalla modellizzazione matematica della realtà fisica, traducendo la sua meraviglia in queste frasi rimaste celebri*. Il fatto che la natura si esprima in linguaggio matematico, o, per utilizzare termini meno immaginosi, che concetti matematici collegati tramite equazioni e calcoli possano permettere di riprodurre e di prevedere il comportamento di oggetti fisici nel mondo reale resta ancor oggi, quattro secoli dopo Galileo, una fonte inesauribile di stupore…
* Si fa riferimento alle frasi riportate nel brano precedente.
(da I. Ekeland, *Il migliore dei mondi possibili. Matematica e destino*, Torino 2001)

III
I tentativi intesi a decifrare il grande romanzo giallo della natura sono altrettanto antichi quanto il pensiero umano. Tuttavia sono trascorsi appena più di trecento anni dacché gli scienziati cominciarono a comprendere il linguaggio in cui quel romanzo è scritto. Da allora in poi, dall'epoca cioè di Galileo e di Newton, la sua lettura ha proceduto speditamente. Mezzi e metodi d'indagine, volti a scoprire e a seguire nuovi indizi, vennero sempre più accresciuti e perfezionati. Fu così possibile risolvere alcuni degli enigmi della natura; tuttavia in non pochi casi le soluzioni proposte inizialmente sono apparse effimere e superficiali, alla luce di ulteriori indagini.
(da A. Einstein-E.L. Infeld, *L'evoluzione della fisica*, 1938)

IV
Il progresso della civiltà non presenta una spinta uniforme verso le cose migliori. […] Le epoche nuove emergono relativamente improvvise, se consideriamo i millenni che la storia percorre. […] Il sedicesimo secolo della nostra era ha visto la scissione della cristianità dell'Occidente e l'avvento della scienza moderna. […] La Riforma fu un'insurrezione popolare e, per un secolo e mezzo, immerse l'Europa nel sangue. L'inizio del movimento scientifico non interessò invece che una minoranza dell'aristocrazia intellettuale. […] La tesi che intendo sviluppare è che il calmo sviluppo della scienza ha virtualmente dato un nuovo stile alla nostra mentalità, così che modi di pensare eccezionali in altri tempi sono ora diffusi in tutto il mondo civile. Ma il nuovo stile ha dovuto progredire lentamente per vari secoli tra i popoli europei prima di sbocciare nel rapido sviluppo della scienza, che quindi, con le sue sempre più esplicite applicazioni, lo ha ulteriormente consolidato. […] Questa nuova sfumatura dello spirito moderno sta appunto nell'interesse appassionato e risoluto nel ricercare le relazioni tra i princìpi generali e i fatti irriducibili e ostinati. Nel mondo intero e in tutte le epoche sono esistiti uomini di mentalità pratica, occupati nell'osservazione di tali fatti; nel mondo intero e in tutte le epoche vi sono stati uomini di temperamento filosofico intenti a tessere la trama dei princìpi generali. È proprio dall'unione dell'interesse appassionato per i particolari materiali con una non minor passione per le generalizzazioni astratte che scaturisce la novità caratteristica della nostra attuale società. […] Questo equilibrio dello spirito è ormai diventato una tradizione che caratterizza il pensiero colto. È il sale, il sapore della vita. […] L'altra caratteristica che distingue la scienza […] è la sua universalità. La scienza moderna è nata in Europa, ma il suo ambiente naturale è il mondo intero.
(da A.N. Whitehead, *La scienza e il mondo moderno*, 1926)

V

[…] Fare della fisica nel nostro senso del termine […] vuol dire applicare al reale le nozioni rigide, esatte e precise della matematica e, in primo luogo, della geometria. Impresa paradossale, se mai ve ne furono, poiché la realtà, quella della vita quotidiana in mezzo alla quale viviamo e stiamo, non è matematica. […] Ne risulta che volere applicare la matematica allo studio della natura è commettere un errore e un controsenso. Nella natura non ci sono cerchi, ellissi, linee rette. Il cavallo è senza dubbio più grande del cane e più piccolo dell'elefante, ma né il cane, né il cavallo, né l'elefante hanno dimensioni strettamente e rigidamente determinate: c'è dovunque un margine di imprecisione, di "giuoco", di "più o meno", di "pressappoco". […] Ora è attraverso lo strumento di misura che l'idea dell'esattezza prende possesso di questo mondo e che il mondo della precisione arriva a sostituirsi al mondo del "pressappoco".

(da A. Koyré, *Dal mondo del pressappoco all'universo della precisione*, Torino 1967)

VI

L'interrogazione della natura ha preso le forme più disparate. […] La scienza moderna è basata sulla scoperta di una forma nuova e specifica di comunicazione con la natura, vale a dire, sulla convinzione che la natura risponde veramente all'interrogazione sperimentale. […] In effetti, la sperimentazione non vuol dire solo fedele osservazione dei fatti così come accadono e nemmeno semplice ricerca di connessioni empiriche tra i fenomeni, ma presuppone un'interazione sistematica tra concetti teorici e osservazione. […] Arriviamo così a ciò che costituisce secondo noi la singolarità della scienza moderna: l'incontro fra tecnica e teoria. […] Il dialogo sperimentale con la natura, che la scienza moderna ha scoperto, non suppone un'osservazione passiva, ma una pratica. Si tratta di manipolare, di "fare una sceneggiatura" della realtà fisica, per conferirle un'approssimazione ottimale nei confronti di una descrizione teorica. […] La relazione fra esperienza e teoria viene dunque dal fatto che l'esperimento sottomette i processi naturali a un interrogatorio che acquista significato solo se riferito a un'ipotesi concernente i principî ai quali tali processi sono assoggettati.

(da I. Prigogine-I. Stengers, *La nuova alleanza, metamorfosi della scienza*, Torino 1981)

VII

Che la scienza sia una lenta costruzione non mai finita alla quale ciascuno, nei limiti delle sue forze e delle sue capacità, può portare il suo contributo; […] che la ricerca scientifica abbia come fine non il vantaggio di una singola persona o razza o gruppo, ma quello dell'intero genere umano; che in ogni caso lo sviluppo o la crescita della ricerca stessa sia qualcosa di più importante delle persone singole che la pongono in atto: queste, oggi diventate verità di senso comune, sono alcune fra le componenti essenziali di una considerazione della scienza che ha precise origini storiche. Essa è assente nelle grandi concezioni religiose dell'Oriente, nell'antichità classica, nella Scolastica medievale. Viene alla luce in Europa, come il più tipico prodotto della civiltà occidentale moderna, fra la metà del Cinquecento e la metà del Seicento.

(da P. Rossi, *I filosofi e le macchine* (*1400-1700*), Milano 1976)

2. Lettura e schedatura dei documenti

– **I. Galilei, Ekeland, Einstein-Infeld:** l'universo è scritto "in lingua matematica", dunque la proposta da cui nasce la scienza moderna è quella di una modellizzazione matematica della realtà fisica; i mezzi e metodi di indagine utilizzati a partire da questo assunto hanno reso possibile la risoluzione di alcuni degli enigmi della fisica, anche se le soluzioni proposte inizialmente sono apparse talvolta superficiali alle generazioni successive, che le hanno modificate e approfondite.
– **II. Whitehead, Rossi:** storicizzano e precisano le affermazioni del punto precedente. Non c'è una spinta uniforme nel progresso, anche se la "nuova sfumatura dello spirito moderno sta

appunto nell'interesse appassionato e risoluto nel ricercare le relazioni tra i princìpi generali e i fatti irriducibili e ostinati" in ogni caso (Whitehead). Il concetto che la scienza sia "una lenta costruzione non mai finita alla quale ciascuno, nei limiti delle sue forze e delle sue capacità, può portare il suo contributo" (Rossi) è una concezione di progressismo storico, tipico della civiltà occidentale moderna, nato fra la metà del Cinquecento e la metà del Seicento.
- **III. Koyré:** spiegazione più complessa. Applicare direttamente le leggi della matematica allo studio della natura, che è il regno del "pressappoco", è un paradosso. Il dialogo tra la teoria astratta e la realtà concreta è potuto avvenire solo con la mediazione di strumenti di misura, e con l'invenzione di strumenti di precisione adeguati, cosa che è avvenuta da Galileo in poi (per esempio il pendolo per la misurazione del tempo). Attraverso lo strumento, la precisione si incanala nel "mondo del pressappoco"; è nella costruzione degli strumenti che si afferma il pensiero tecnologico, radice della scienza moderna.
- **IV. Prigogine-Stengers:** la scienza moderna è basata su una forma nuova e specifica di comunicazione con la natura, vale a dire, sulla convinzione che la natura risponde veramente all'interrogazione sperimentale; sperimentare dunque non significa solo osservare i fenomeni o i loro collegamenti empirici, ma far costantemente dialogare il concetto teorico e l'osservazione ("l'esperimento sottomette i processi naturali a un interrogatorio che acquista significato solo se riferito a un'ipotesi concernente i princìpi ai quali tali processi sono assoggettati").

3. Analisi dei documenti e definizione della tesi da sostenere

È il momento di **interrogare e confrontare i dati emersi** nella schedatura per **individuare un nucleo tematico e concettuale** su cui fondare il saggio.

In questo caso, vista la richiesta del titolo, occorre semplicemente ricostruire – con la maggior precisione possibile – le diverse posizioni degli scienziati sulla nascita della scienza moderna: che cos'è, come e quando si è sviluppata, che cosa riguarda, in che cosa si differenzia dal passato, inserendo eventualmente esempi che conosciamo.

4. Prima ipotesi di titolo

Il titolo di un saggio deve indicare il tema centrale del testo in maniera chiara e precisa. Per esempio: *Osservazione sperimentale e modelli generali: nasce la scienza moderna.*

5. Stesura della scaletta

Introduzione

Tesi da dimostrare.

La scienza moderna nasce nel Seicento, quando avviene l'incontro tra tecnica e teoria.

Argomentazione a sostegno della tesi

- Nel *Saggiatore* Galileo Galilei afferma che il "libro" dell'universo "è scritto in lingua matematica"; senza conoscere i fondamenti di questa disciplina la natura appare "un oscuro labirinto".
- Secondo Ekeland la "modellizzazione matematica della realtà fisica" operata da Galilei provoca ancora oggi grande stupore: i concetti matematici permettono di riprodurre e di prevedere il comportamento di oggetti fisici nel mondo reale.

- Einstein e Infeld definiscono la natura un "romanzo giallo", che ha bisogno di strumenti per essere compreso e per spiegare gli "enigmi" che lo affollano.
- Whitehead sostiene che nel XVI secolo è nata la scienza moderna, che ha diffuso l'abitudine di indagare le relazioni tra i principi generali e i fatti concreti.
- Prigogine e Stengers affermano cha la scienza moderna è basata sull'"interazione sistematica tra concetti teorici e osservazione".
- Rossi sostiene che tra la metà del Cinquecento e la metà del Seicento in Europa si assiste alla diffusione di una nuova concezione della scienza come processo in divenire, nel quale ognuno può apportare un contributo.
- Koyré insiste sull'impossibilità di applicare la matematica e la geometria *direttamente* al mondo reale: questo è possibile solo tramite l'invenzione e la mediazione di strumenti precisi di calcolo e misura.

Conclusione

Grazie alle scoperte di Galileo e di Newton, nel XVI secolo nasce la scienza moderna, fondata sull'incontro tra "sensate esperienze" e "dimostrazioni certe", che permette di fornire strumenti adatti a indagare i fenomeni fisici e a stabilire principi generali sulla base di osservazioni sperimentali.

6. Stesura del testo

Il XVI secolo è un periodo ricco di grandi cambiamenti storici: la Riforma protestante scinde la cristianità occidentale in due grandi confessioni e scatena una lunga serie di sanguinose lotte tra i diversi fedeli. Nella stessa epoca, una nuova rivoluzione, molto più pacifica e ristretta, sconvolge la minoranza degli intellettuali: la nascita della scienza moderna, una disciplina basata sull'incontro tra la tecnica pratica e la teoria astratta.

Il precursore dei nuovi studi scientifici è il pisano Galileo Galilei, il quale, per la prima volta nella storia, afferma che la conoscenza della natura si basa su principi matematici e geometrici. Galilei sostiene che senza l'applicazione delle leggi matematiche all'universo la natura appare "un oscuro labirinto", nel quale l'uomo si aggira "vanamente".

La "modellizzazione matematica della realtà fisica" di Galilei amplia gli orizzonti della conoscenza umana dell'universo. Secondo Ekeland la consapevolezza che i concetti matematici permettono di riprodurre e di prevedere il comportamento di oggetti fisici nel mondo reale "resta ancor oggi, quattro secoli dopo Galileo, una fonte inesauribile di stupore".

Anche il grande fisico Albert Einstein, autore di altre rivoluzionarie scoperte in campo scientifico, riconosce a Galilei il merito di aver velocizzato il perfezionamento degli strumenti per indagare la realtà. Fin dall'origine della civiltà, il "romanzo giallo" della natura necessitava di un'indagine approfondita sugli "enigmi" che la affollano: in questo senso, gli studi di Galilei e di Newton hanno dato il via alla progettazione di strumenti idonei alla ricerca.

"Il calmo sviluppo della scienza" di cui parla Whitehead ha dato "un nuovo stile alla nostra mentalità". Il metodo scientifico contemporaneo nasce nel XVI secolo, quando ha origine l'abitudine di indagare le relazioni tra i principi generali e i fatti concreti. Molto lentamente, questo nuovo "stile" si è diffuso oltre i confini europei, e ha conferito alla scienza moderna ciò che lo studioso chiama "universalità".

"Arriviamo così a ciò che costituisce secondo noi la singolarità della scienza moderna: l'incontro fra tecnica e teoria": l'affermazione di Prigogine e Stengers costituisce il nucleo concettuale della rivoluzione scientifica avvenuta all'inizio del Seicento. La nuova comunicazione con la natura avviene tramite la "manipolazione" della realtà fisica, cioè attraverso l'"interazione sistematica tra concetti teorici e osservazione".

▶ Le riflessioni di Rossi convogliano l'attenzione sul carattere "in divenire" della scienza: le scoperte e le conquiste avvenute in campo scientifico costituiscono la base per quelle future, alle quali "ciascuno, nei limiti delle sue forze e delle sue capacità, può portare il suo contributo". Inoltre, il fine della scienza è il bene comune, "non il vantaggio di una singola persona o razza o gruppo", una considerazione che oggi, con l'enorme sviluppo di tecnologie belliche e armi di distruzione di massa, è ancora molto attuale.

Per Koyré, la compenetrazione di teoria e pratica che caratterizza la rivoluzione scientifica e tecnologica si fonda sulla realizzazione di strumenti di misurazione sempre più perfetti e la costruzione di macchine sempre più precise. L'applicazione della matematica e della geometria "astratte" al mondo reale si scontrava con evidenti difficoltà: "applicare al reale le nozioni rigide, esatte e precise della matematica" è un'"impresa paradossale […] poiché la realtà, quella della vita quotidiana in mezzo alla quale viviamo e stiamo, non è matematica". La realtà appare quindi dominata dall'inesattezza, da quella imprecisione che Koyré chiama il "pressappoco", finché non nasce un'idea specifica, quella di utilizzare strumenti in grado di fornire una misurazione univoca dei fenomeni. L'essenza dello strumento non è quella del semplice utensile, come prima di Galileo. Esso segue una necessità della teoria: l'amplificazione sensoriale o la precisione che esso ci garantisce costituiscono un nuovo modo di entrare in rapporto con la realtà e di comprenderla. In questo modo il "mondo della precisione" sostituisce il "margine d'imprecisione" che dominava prima dell'avvento della scienza moderna.

Le scoperte di Galileo e di Newton fondano la scienza moderna, basata sull'incontro tra "sensate esperienze" e "dimostrazioni certe". Il metodo scientifico elaborato nel XVI secolo permette ancora oggi di fornire strumenti adatti a indagare i fenomeni fisici e a stabilire principi generali grazie agli esiti di osservazioni sperimentali.

7. Revisione finale del testo e perfezionamento del titolo

Dopo aver completato la stesura, è importante procedere a una revisione attenta del testo ed eventualmente anche del titolo, per perfezionarlo. In questo caso potrebbe essere: *Osservazione, principi, strumenti: nuovi rapporti alla base della scienza moderna.*

Attività

Proviamo a scrivere

1 Leggi attentamente l'argomento, il dossier, la schedatura e la scaletta proposti per un saggio breve di ambito artistico-letterario, quindi procedi alla stesura del testo e alla revisione, attribuendo un titolo adeguato. `3 ore`

Argomento: Letteratura e Risorgimento

Dossier di documenti

I
Durante la Restaurazione si formarono e si rivelarono compiutamente i migliori intellettuali, artisti, scrittori, uomini politici italiani. Furono gli anni dell'incontro tra letteratura, poesia, politica e storia. […] L'educazione sentimentale e ideologica di questi uomini, la loro resistenza, è all'origine dell'intuizione, del desiderio di un risorgimento nazionale che nel corso di alcuni decenni se non conquistò masse entrò nell'anima di cittadini e di sudditi di ogni parte d'Italia e di ogni ceto sociale. Foscolo, Leopardi, Manzoni, Hayez, Verdi, Cavour, Mazzini, Garibaldi, De Sanctis, D'Azeglio, Nievo, Pisacane sono maturati all'interno di un sistema conservatore […] Con un'angoscia di fondo: che l'Italia rischiasse di perdersi per sempre. […] Bisognava reagire, agire. Ora o mai più. Sarà un vettore non secondario della lotta politica e delle guerre combattute nel Risorgimento.

(da L. Villari, *Bella e perduta*, Laterza, Roma-Bari 2009)

II
Una gente che libera tutta,
o fia serva tra l'Alpe ed il mare,
una d'arme, di lingua, d'altare
di memorie, di sangue e di cor
[…]
Ecco alfin dal tuo seno sboccati, [sic]
stretti intorno a' tuoi santi colori,
forti, armati de' propri dolori,
i tuoi figli son sorti a pugnar.

(da A. Manzoni, *Marzo 1821*)

Laboratorio 5 — Guida alla redazione di un saggio breve

III
L'anima di padre Carmelo strideva.
Vorrebbe essere uno di noi, per lanciarsi nell'avventura col suo gran cuore, ma qualcosa lo rattiene dal farlo.
– Venite con noi, vi vorranno tutti bene.
– Non posso.
– Forse perché siete frate? Ce n'abbiamo già uno. Eppoi altri monaci hanno combattuto in nostra compagnia, senza paura del sangue.
– Verrei, se sapessi che farete qualche cosa di grande davvero: ma ho parlato con molti dei vostri, e non mi hanno saputo dir altro che volete unire l'Italia.
– Certo; per farne un grande e solo popolo.
– Un solo territorio…! In quanto al popolo, solo o diviso, se soffre, soffre; ed io non so che vogliate farlo felice.
– Felice! Il popolo avrà libertà e scuole.
– E nient'altro! – interrupe il frate – perché la libertà non è pane, e la scuola nemmeno. Queste cose basteranno forse per voi piemontesi: per noi qui no.
– Dunque che ci vorrebbe per voi?
– Una guerra non contro i Borboni, ma degli oppressi contro gli oppressori grandi e piccoli, che non sono soltanto a Corte, ma in ogni città, in ogni villa.

(da G.C. Abba, *Noterelle di uno dei Mille*, in AA.VV., *Memorialisti dell'Ottocento*, cit.)

IV
Italia, Italia! – E il popolo de' morti
surse cantando a chiedere la guerra;
e un re[1] a la morte nel pallor del viso
sacro e nel cuore
trasse la spada. Oh anno de' portenti,
oh primavera de la patria, oh giorni,
ultimi giorni del fiorente maggio,
oh trionfante
suon de la prima italica vittoria
che mi percosse il cuor fanciullo! […]

[1] *Carlo Alberto*

(da G. Carducci, da *Piemonte* [*Rime e ritmi*, 1899], in *Poesie*, Zanichelli, Bologna 1955)

V
Volge la nostra età per via funesta;
[…]
La libertà che idoleggiasti l'hanno
i tribuni e liberti;
e i liberi davver mutoli stanno
d'infingardia coperti.
Così nell'Arte!… oh! eran belli i tuoi tempi,
Goethe, Foscolo… Porta!
Una falange di sublimi esempi,
una olimpica scorta!
Noi vaghiam nell'Ignoto. I figli siamo
del Dubbio (oh i grandi estinti!), […]

(da E. Praga, *Manzoni, 1873*, in *Lirici della Scapigliatura*, Mondadori, Milano 1965)

VI
In quel crocicchio […] c'erano due soldati di marina, col sacco in spalla e le teste fasciate, che tornavano in congedo. Intanto si erano fermati dal barbiere a farsi dare un bicchierino d'erbabianca. Raccontavano che si era combattuta una grande battaglia di mare[1] e si erano annegati dei bastimenti grandi come Aci Trezza, carichi zeppi di soldati; insomma un mondo di cose che parevano quelli che raccontano la storia d'Orlando e dei paladini di Francia alla Marina di Catania, e la gente stava ad ascoltare con le orecchie tese, fitta come le mosche.
– Il figlio di Maruzza la Longa ci era anche lui sul Re d'Italia – osservò don Silvestro, il quale si era accostato per sentire.
[…]
– Dicono che è stato un brutto affare; abbiamo perso una gran battaglia, – disse don Silvestro.
Padron Cipolla era accorso anche lui a vedere cos'era quella folla.
– Voi ci credete? – sogghignò egli alfine. – Son chiacchiere per chiappare il soldo del giornale.
– Se lo dicono tutti che abbiamo perso!
– Che cosa? – disse lo zio Crocifisso mettendosi la mano dietro l'orecchio.
– Una battaglia.
– Chi l'ha persa?
– Io, voi, tutti insomma, l'Italia; – disse lo speziale.
– Io non ho perso nulla! – rispose Campana di legno stringendosi nelle spalle […].

[1] *La battaglia di Lissa nel 1866, durante la terza guerra d'indipendenza.*

(da G. Verga, *I Malavoglia* [1881], Il Polifilo, Milano 1995)

VII
"Parto, zione, parto fra un'ora[1]. Sono venuto a dirti addio." Il povero Salina si sentì stringere il cuore. "Un duello?" "Un grande duello, zio. Un duello con Franceschiello Dio Guardi. Vado nelle montagne a Ficuzza; […]." Il Principe ebbe una delle sue solite visioni improvvise: una scena crudele di guerriglia, schioppettate nei boschi, ed il suo Tancredi per terra, sbudellato come quel disgraziato soldato. "Sei pazzo figlio mio. Andare a mettersi con quella gente. Sono tutti mafiosi e imbroglioni. Un Falconeri dev'essere con noi, per il Re." Gli occhi ripresero a sorridere. "Per il Re, certo, ma per quale Re?" Il ragazzo ebbe uno di quei suoi accessi di serietà che lo rendevano impenetrabile e caro. "Se non ci siamo anche noi, quelli ti combinano la repubblica. Se vogliamo che tutto rimanga come è, bisogna che tutto cambi."

[1] *per unirsi ai garibaldini.*

(da G. Tomasi di Lampedusa, *Il Gattopardo*, Feltrinelli, Milano 1959)

Schedatura e analisi dei documenti
– I documenti di Manzoni e Villari presentano una visione eroica del Risorgimento, che diventa mitica in Carducci, cantore della terza Italia sull'onda del nascente nazionalismo.
– La letteratura è il collante che tiene insieme una nazione più pensata che vissuta, come mostra il passo di Cesare Abba: il giovane garibaldino, entusiasta di portare la libertà e l'unità in Sicilia, è costretto a scoprire che la libertà non è pane.

- La patria non fu fatta solo da giovani generosi e idealisti, ma anche e soprattutto da astuti maneggi politici. Dopo l'unificazione la letteratura stessa denuncia la delusione. Praga e i giovani scapigliati si ribellano contro la patria. L'ideale risorgimentale appare problematico soprattutto al Sud, dove la pur gloriosa impresa garibaldina non fu esente da macchie (si veda la repressione sanguinosa delle rivolte contadine).
- Verga nei *Malavoglia* mostra la totale estraneità dei contadini e pescatori di Aci Trezza alle battaglie del Risorgimento (la rievocazione della sconfitta di Lissa sprofonda in una lontananza favolosa e tocca solo le vittime del naufragio).
- La riflessione di Tomasi di Lampedusa ci offre, insieme al testo di Abba, la chiave del mancato riscatto delle popolazioni meridionali. È la vecchia classe dirigente, nel Sud, a prendere le redini del nuovo corso, pronta a cambiare bandiera per rimanere al potere e non cambiare niente.
- Quale problema pongono i documenti?
  La spaccatura tra ideale e reale, la spaccatura tra due Italie, quella delle minoranze eroiche e quella delle masse popolari.
- Quale ipotesi di interpretazione emerge?
  Fin dalle sue origini l'Italia unita presenta una contraddizione, è duplice.
- Che cosa posso aggiungere?
  Questa contraddizione non è mai stata sanata e rende problematica la nostra attuale identità.

Scaletta

Introduzione
La patria, meta sospirata per mezzo secolo da scrittori e giovani idealisti, una volta unificata l'Italia, piacque meno e in certi casi fu anche avversata.

Argomentazione
1. La libertà e l'ansia di giustizia (dal liberale Manzoni, al democratico Mazzini) anima l'impegno civile e politico di un'intera generazione di intellettuali e spinge giovani coraggiosi a combattere contro i vecchi regimi.
2. Ma sulla baldanza dei volontari (Garibaldi) prevalsero le manovre e i calcoli politici (Cavour).
3. D'altra parte sia i liberali che i democratici non riuscirono a comprendere i bisogni reali delle masse popolari e a coinvolgerle nel processo risorgimentale. È ciò che padre Carmelo cerca di far capire al garibaldino.
4. Questo spiega perché le masse contadine rimasero estranee agli ideali patriottici (si allearono con i Borboni contro Pisacane e i Fratelli Bandiera o si ribellarono per la fame di terra. (Si ricordi la rivolta di Bronte repressa da Ninio Bixio.)
5. Verga mostra l'indifferenza e la sorda ostilità dei pescatori e contadini di Aci Trezza di fronte alle battaglie risorgimentali. Quanto si legge nel *Gattopardo*, che denuncia la continuità tra vecchio e nuovo, attraverso la continuità della stessa classe dirigente feudale, ci aiuta a capirne le ragioni.
6. La letteratura fa da collante nazionale, ma la delusione non tarda a manifestarsi anche al Nord dove i giovani scapigliati protestano contro la patria malnata, così come le avanguardie ribelli del primo Novecento ripudieranno il mito patriottico carducciano, ripreso invece più tardi dal nazionalismo fascista.

Conclusione
La patria fin dalle origini appare doppia, divisa, una contraddizione che non è mai stata sanata e oggi riesplode con nuovi particolarismi e tendenze separatiste. L'Italia c'è, ma non sa riconoscere la sua identità.

2 Leggi attentamente l'argomento, il dossier, la schedatura e la scaletta proposti per un saggio breve di ambito socio-economico, quindi procedi alla stesura del testo e alla revisione, attribuendo un titolo adeguato. 3 ore

Argomento: Le trasformazioni provocate dai mutamenti sociali degli ultimi decenni nella struttura della famiglia italiana

Dossier di documenti
I
Alla base della formazione e della sopravvivenza di una famiglia "tradizionale" tutta pervasa dalla morale cristiana, come era la famiglia italiana fino agli anni Cinquanta, vi erano due regole fondamentali: 1) rapporti sessuali consentiti solo tra coniugi; 2) matrimonio considerato una unione per la vita. Ad esse si dovevano aggiungere: l'asimmetria fra i due sessi riguardo ai ruoli nella famiglia; l'atteggiamento *childoriented* (orientato verso il bambino) della coppia per il grande valore attribuito ai figli; il forte legame con tutta la parentela […]. Lo straordinario incremento dell'istruzione e una grande crescita politica e ideologica hanno portato le donne ad una diffusa e radicata presa di coscienza dei propri diritti e del proprio status (il che ha comportato fra l'altro, una loro larghissima immissione nelle forze del lavoro che ha modificato gli stereotipi dei ruoli dei due sessi) e una conseguente crescita di identità e di autoconsiderazione fuori del quadro familiare. Tutto ciò ha contribuito a modificare fortemente la struttura asimmetrica della unione coniugale, spingendola sempre più verso una struttura simmetrica.

(da A. Golini, "Profilo demografico della famiglia italiana", in *La famiglia italiana dall'Ottocento a oggi*, Laterza, Bari 1988)

II
La famiglia moderna è oggigiorno in una situazione di crisi: si stanno mettendo gradualmente in discussione i suoi lati positivi come pure la sua validità all'interno della società occidentale e ciò avviene in modo più radicale, come si può immaginare, tra i giovani […]. La famiglia è comunque senza dubbio l'istituzione più importante della sfera privata […]. Si è avuto un sostanziale mutamento nella posizione sociale complessiva della famiglia. Ciò comporta una conseguenza degna di nota, vale a dire un'enorme differenza nel rapporto microcosmo e macrocosmo […]. Oggi, nelle società moderne, la barriera tra il microcosmo della famiglia e il macrocosmo della società è in genere molto marcata e palese, ne consegue che l'individuo, dalla sua nascita

Laboratorio 5 — Guida alla redazione di un saggio breve

alla maturità, varca una serie di soglie sociali chiaramente definite. Il varcare queste soglie molto frequentemente lo conduce ad estraniarsi dalla famiglia dove ha iniziato la sua carriera nella società.

(da P.L.-B. Berger, *La dimensione sociale della vita quotidiana*, il Mulino, Bologna 1987)

III

I figli del 2000: cresce il numero dei bambini da 0 a 13 anni con ambedue genitori occupati (39,3); diminuisce il numero dei bambini con padre occupato e madre casalinga (41,3); aumentano i bambini senza fratelli (26,7) o con un fratello (52, 6); diminuiscono i bambini con 2 o più fratelli (20,6) […]. Aumentano le persone sole (21,3); aumentano le coppie senza figli (20,8); aumentano le famiglie di 2 componenti (26,4) […]. Nasce "la coppia pendolare": sono 2 milioni e mezzo di persone, il 4,5% della popolazione che vive per lunghi periodi fuori dalla dimora abituale, per motivi di studio o di lavoro. Tra questi però anche partner che preferiscono mantenere due abitazioni. Pendolari per scelta o per necessità. Ci sono poi nuovi tipi di famiglie: quelle costituite da single, genitori soli non vedovi, le libere unioni e le famiglie ricostituite: 3 milioni e mezzo di nuclei familiari, il 10,4 della popolazione italiana.

(dal «Corriere della Sera», 30 marzo 1999)

Schedatura e analisi dei documenti

– Prima degli anni Cinquanta domina la famiglia tradizionale:
- rapporti sessuali solo tra coniugi;
- matrimonio indissolubile;
- la donna è madre e casalinga.

– Dopo gli anni Cinquanta la famiglia cambia:
- le donne entrano nel mondo del lavoro;
- lottano per l'uguaglianza dei diritti;
- il rapporto tra coniugi diventa paritario.

(Golini)

– La famiglia è messa oggi in discussione:
- resta l'istituzione più importante nella vita privata;
- si indebolisce il suo ruolo nella società;
- frattura tra privato e pubblico: inserirsi nella società significa estraniarsi dalla famiglia.

(Berger)

– Dai dati riportati si ricava che:
- aumentano le madri che lavorano;
- aumentano i figli unici o con un solo fratello;
- aumentano i genitori senza figli, le persone sole, i genitori single ecc.;
- nascono nuovi tipi di famiglia (libere unioni, coppie pendolari…).

(Corriere della Sera)

L'argomento richiede di stabilire un rapporto tra due ordini di fattori: trasformazioni della famiglia e mutamenti sociali. Il contesto: ultimi decenni. I testi concordano nel rilevare i mutamenti intervenuti nella famiglia moderna. Il primo li collega a fattori sociali positivi (emancipazione della donna); il secondo lamenta la crisi della famiglia e il suo abbandono da parte dei giovani che entrano nella società; il terzo documenta, dati alla mano, le principali trasformazioni nella struttura dei legami familiari.
Integrazioni: anche i movimenti giovanili di fine anni '60, ribellandosi all'autoritarismo dei padri contribuiscono al cambiamento dei rapporti tra genitori e figli.
Emergono due punti di vista: uno sottolinea il processo di democratizzazione che ha investito la struttura della famiglia, l'altro ne sottolinea, negativamente, l'indebolimento. Il terzo offre dati che possono essere utilizzati in entrambi i casi.

Scaletta

Introduzione (tesi da dimostrare)
Con lo sviluppo in senso laico e democratico della società la vecchia famiglia entra in crisi lasciando spazio a rapporti più liberi e uguali tra i suoi membri.

Argomentazione (argomenti a sostegno)
– La famiglia tradizionale si ispirava a una concezione repressiva e autoritaria dei rapporti privati (indissolubilità del matrimonio, autorità indiscussa del capofamiglia, subordinazione della donna alla casa). Fare un esempio tratto da letture, film e/o dall'esperienza diretta.
– Negli anni Sessanta la vecchia famiglia entra in crisi:
- con l'avvento di una società laica (divorzio) e più libera;
- con l'entrata delle donne nel mondo del lavoro;
- con i movimenti di emancipazione femminile (parità dei diritti tra i sessi);
- con i movimenti di contestazione giovanile.
– Conseguenze: a) riduzione del numero dei figli, crescita delle separazioni, nascita di nuovi tipi di unione, aumento dei single; b) nuovo diritto di famiglia; rapporti più liberi tra genitori e figli.

Obiezioni
Che cosa significa oggi l'allentamento dei legami familiari? Esempi.
– Le coppie oggi sono instabili, i figli viziati o fragili?
– Gli anziani sono abbandonati a se stessi?

Confutazione
– La famiglia oggi è più fragile perché si basa su legami affettivi più liberi e autentici, quindi più dinamici e movimentati.
– L'allentamento dei legami familiari non è di per sé negativo: può favorire un maggiore senso della collettività e della solidarietà sociale.
– Ci sono, è vero, nuovi problemi (per esempio l'aumento della solitudine), ma nella famiglia tradizionale esistevano problemi più gravi (per esempio la violenza e l'esclusione).

Conclusione
È in crisi il vecchio modello di famiglia. Si sperimentano oggi nuove forme di unione, più consone al bisogno diffuso di una più alta qualità della vita. Opinione personale: la mia esperienza diretta e indiretta (film, romanzi, documentari) conferma il quadro tracciato (esempi).

Laboratorio 6

Il tema di argomento storico e il tema di ordine generale

OBIETTIVI
- Consolidare la capacità di rielaborare le conoscenze acquisite in forma scritta
- Migliorare le abilità di organizzazione e scrittura relative alle tipologie di testo C e D nella prima prova scritta dell'esame di Stato

1 Che cos'è il tema

Questo tipo di esercitazione sopravvive ancora nella prima prova dell'esame di Stato soltanto in due forme: il tema storico e quello di attualità.

Il tema in generale si distingue dal saggio breve perché:
- rielabora conoscenze acquisite nel corso di studio e attinenti al programma di storia, oppure letture ed esperienze personali su argomenti che riguardano il dibattito culturale in corso;
- può avere carattere sia informativo che argomentativo;
- può presentare digressioni o commenti assolutamente personali;
- unico destinatario è l'insegnante a cui lo studente si rivolge per dimostrare la propria preparazione e abilità espressiva.

2 Le tappe della scrittura

Nella scrittura del tema, sia di storia che di ordine generale, ci sono delle tappe da seguire:
- analizzare il titolo e comprenderne a fondo le indicazioni di lavoro;
- non scrivere di getto, ma raccogliere tutte le idee e le informazioni che si possiedono in materia;
- stendere uno schema grafico ordinato per punti che sviluppi l'idea-guida;
- passare alla scaletta, che dovrà prevedere sempre un'introduzione, uno sviluppo e una conclusione;
- procedere alla stesura del testo sviluppando i punti della scaletta in diversi paragrafi;
- prestare costante attenzione al linguaggio, affinché risulti corretto ed efficace;
- revisionare infine il testo prodotto, controllando in particolare l'aderenza alla traccia, la coerenza e la coesione interne, il rispetto dell'ortografia e delle regole grammaticali, l'uso di una sintassi corretta e di un lessico adeguato.

Laboratorio 6 — Il tema di argomento storico e il tema di ordine generale

3 Esempio: il tema di storia

L'argomento dell'esempio che segue è *I cambiamenti nel modo di produrre, ma anche di vivere e di pensare, introdotti tra Sette e Ottocento in Europa dalla rivoluzione industriale.*

È un tema di argomento storico, che richiede attenzione alla cronologia (quando, dove e in che ordine avvengono i fatti) e accuratezza nella descrizione dei rapporti di causa-effetto.

Il tema di ordine generale va costruito seguendo gli stessi passaggi, ricordando che anche questo tipo di svolgimento esige una conoscenza precisa del problema da trattare, se non si vuole cadere in luoghi comuni noiosi e poco efficaci. In entrambi i casi è importante motivare sempre le nostre affermazioni, interpretazioni e prese di posizione, stando attenti a non creare contraddizioni.

Attenzione

Bisogna ricordare che nel tema:
- manca un destinatario;
- l'argomentazione deve essere consequenziale e non può essere suddivisa in paragrafi autonomi;
- in assenza di documenti, si è forniti solo del bagaglio delle proprie conoscenze.

Il titolo chiede di caratterizzare e spiegare un fenomeno, la rivoluzione industriale, individuando le trasformazioni introdotte dalle macchine nell'organizzazione del lavoro e collegandole ai mutamenti sociali.

Raccogliamo le idee in uno schema (o in una semplice lista):

- La rivoluzione industriale meccanizza i processi di produzione e sfrutta nuove fonti di energia.
- Dai telai azionati a mano si passa alla filanda a vapore.
- Il lavoro svolto dai contadini nelle loro case è sostituito dal lavoro concentrato nella fabbrica, situata nei centri urbani.
- L'aumento vertiginoso della produzione innesca la rivoluzione dei trasporti (ferrovia).
- Il rapporto uomo-natura è sempre più mediato dalle macchine.
- Inizia il fenomeno dell'urbanesimo.
- Cambia la condizione di vita e di lavoro dei lavoratori, l'artigiano è sostituito dal salariato.
- Lo sradicamento dalla campagna e dalle abitudini contadine trasforma il rapporto con il tempo.
- Si impone il tempo della fabbrica, basato sulla dittatura dell'orologio.
- L'operaio deve adattarsi alla macchina, all'uniformità e alla costrizione degli orari.
- La disciplina del tempo di lavoro è subordinata unicamente alla produzione. Il tempo è denaro.
- L'orario di lavoro (16 ore) assorbe l'intera vita giornaliera e impone ritmi veloci e uniformi anche fuori della fabbrica.
- Cambia anche il rapporto con il passato: la tradizione perde valore dinanzi ai nuovi comportamenti richiesti dall'economia capitalista.
- Proprio il tempo (l'orario di lavoro) diventa ben presto terreno di lotta per conquistare condizioni di vita più umane.
- Gli operai, dapprima ridotti a semplici macchine, furono poi spinti dall'esperienza collettiva e alienata del lavoro industriale a pensare e a esigere una società moderna più libera e più giusta.

Una volta elaborate le idee è possibile organizzarle in una mappa concettuale.

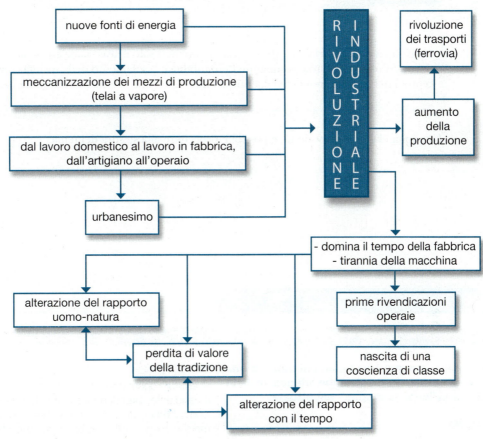

A questo punto possiamo stendere la scaletta.

| Introduzione |

La rivoluzione industriale, cambiando il sistema di produzione e di lavoro, provoca mutamenti sociali e culturali fondamentali nell'età moderna.

| Argomentazione |

- Le macchine azionate dall'energia a vapore aumentano enormemente la produttività e la produzione.
- A ciò si collega la rivoluzione dei trasporti: tutto subisce un'accelerazione. Il centro della vita industriale diventa la città.
- Cambia il rapporto con il tempo: dal tempo circolare della natura al tempo del mutamento e della storia.
- La gestione del tempo diventa essenziale nella produzione industriale.
- La subordinazione del lavoratore alla macchina esige la tirannia dell'orologio. Il tempo di vita è fagocitato dal tempo di lavoro, l'uomo è subordinato alle esigenze dell'economia.
- Il tempo diventa anche il primo terreno di lotta dei lavoratori per la conquista di una condizione più umana.

> **Conclusione**
>
> La rivoluzione industriale tende a meccanizzare non solo il lavoro, ma anche la vita sociale e interiore dell'uomo. Tuttavia, rompendo l'immobilità e l'isolamento della società contadina, stimola la presa di coscienza politica della nuova classe operaia e la lotta per il cambiamento collettivo.

Una volta elaborata la scaletta, è possibile procedere alla stesura del tema.

Attività

Proviamo a scrivere

1 Ti proponiamo due tracce, una di storia e una di ordine generale. Per entrambe elenca la lista delle idee e sviluppa la mappa concettuale.

▶ **a** 30 min.

Cittadinanza femminile e condizione della donna nel divenire dell'Italia del Novecento. Illustra i più significativi mutamenti intervenuti nella condizione femminile sotto i diversi profili (giuridico, economico, sociale, culturale) e spiegane le cause e le conseguenze. Puoi anche riferirti, se lo ritieni, a figure femminili di particolare rilievo nella vita culturale e sociale del nostro Paese. (*Esame di Stato 2008*)

▶ **b** 30 min.

«*Nel futuro ognuno sarà famoso al mondo per quindici minuti*». Il candidato, prendendo spunto da questa "previsione" di Andy Warhol, analizzi il valore assegnato alla "fama" (effimera o meno) nella società odierna e rifletta sul concetto di "fama" proposto dall'industria televisiva (*Reality* e *Talent show*) o diffuso dai *social media* (*Twitter*, *Facebook*, *YouTube*, *Weblog*, ecc.). (*Esame di Stato 2011*)

2 Ora procedi alla stesura di entrambi i temi. 4 ore

Sezione 2

Scritture per l'esame e per il mondo del lavoro

In questa sezione troverai:	
Laboratorio 7	L'e-mail
Laboratorio 8	Il blog
Laboratorio 9	La relazione tecnica
Laboratorio 10	L'abstract
Laboratorio 11	Il dépliant
Laboratorio 12	Il brief
Laboratorio 13	Laboratorio in situazione

Laboratorio 7

L'e-mail

OBIETTIVI

- Scrivere correttamente un'e-mail
- Sviluppare la capacità di scrivere una e-mail efficace

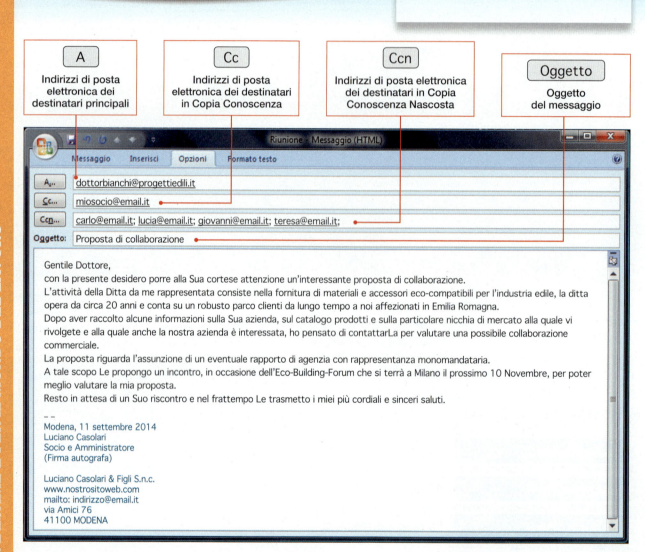

Avete letto un esempio di e-mail formale.

1 Che cos'è una e-mail

L'e-mail (*electronic mail* = posta elettronica) è un servizio che permette di scambiarsi messaggi ai quali è possibile allegare materiali di diverso tipo (file di testo, immagini, file audio, ecc.). Per ricevere e inviare e-mail sono necessari una connessione a Internet e un account di posta elettronica. L'accesso al servizio di posta elettronica può essere di due tipi:

- Pop mail: (spesso a pagamento) permette di leggere i messaggi dal computer, dallo smartphone o dal tablet nel quale è stato installato il programma scelto per l'invio della posta, che è chiamato solitamente "client" (ad esempio Outlook Express, Mozilla Thunderbird, ecc.);
- Web mail: (di solito gratuito) consente di crearsi un account direttamente su Internet tramite servizi di posta elettronica quali Gmail, Hotmail, ecc.

Per inviare e ricevere messaggi di posta elettronica serve un account, ovvero un insieme di funzionalità fornite da un provider che consentono di usufruire del servizio. È possibile anche utilizzare più account, ad esempio uno per i messaggi personali, un altro per quelli di lavoro. Un account si crea scegliendo e registrando sulla pagina del servizio di posta elettronica:
– **username** (nome utente): che può essere il vero nome, una sigla, un soprannome;
– **password** (parola chiave): una sequenza alfanumerica e priva di spazi che rappresenta un codice d'accesso.
L'username comparirà nella prima parte dell'indirizzo e-mail, quella che precede l'@ (*at* o chiocciola), mentre la seconda parte sarà identificata dal nome del provider utilizzato, ad esempio **mariorossi@yahoo.it**.

1. A che cosa serve l'e-mail

Chiunque possiede un indirizzo e-mail può:
- inviare messaggi a un altro utente tramite Internet, anche se in quel momento il destinatario non è connesso alla rete (il messaggio potrà infatti essere letto successivamente);
- inviare e ricevere allegati (*attachment*) come file di testo, grafici, presentazioni, immagini, file audio e video, permettendo ad esempio a persone che lavorano allo stesso progetto di ricevere il medesimo materiale contemporaneamente;
- archiviare i messaggi/materiali inviati e ricevuti memorizzandoli in cartelle. Questo permetterà di reperirli con molta facilità grazie alla funzione "cerca". Le e-mail possono essere indicizzate in base alla data, al mittente, all'ordine alfabetico o al destinatario;
- creare una rubrica dei contatti per conservare gli indirizzi di posta elettronica;
- creare mailing list in cui raggruppare più indirizzi e-mail a cui poter inviare uno stesso messaggio di posta elettronica contemporaneamente. Un'azienda può ad esempio creare una mailing list con gli indirizzi di posta dei propri clienti per inviare loro informazioni su un nuovo prodotto, oppure impostare un servizio di **newsletter** per tenerli informati sulle attività e le novità che riguardano l'impresa;
- comunicare in tempo reale: i messaggi raggiungono destinatari molto lontani nel giro di alcuni secondi.

2. Come si scrive una e-mail

Per scrivere un'e-mail è necessario compilare innanzitutto i campi vuoti, alcuni dei quali obbligatori, e cioè:
– l'indirizzo del destinatario (A…);
– gli indirizzi di eventuali destinatari da aggiungere in copia (Cc…). Gli indirizzi inseriti in questa sezione saranno visibili a tutti i destinatari;
– gli indirizzi di eventuali destinatari da aggiungere in copia nascosta (Ccn…). In questo caso gli indirizzi non saranno visibili ai destinatari;
– l'oggetto dell'e-mail, che deve essere preferibilmente breve e conciso ed esprimere nel minor numero di parole possibile qual è il motivo per il quale è stato inviato il messaggio;
– il corpo dell'e-mail, contente il messaggio che si vuole comunicare.

3. Che cosa fare quando si riceve un'e-mail

Se siamo noi i destinatari di una e-mail, una volta letta possiamo compiere le seguenti operazioni:

- **Rispondere al destinatario**, selezionado questa opzione il messaggio ricevuto sarà contenuto nel testo della nuova e-mail sotto forma di citazione, l'oggetto della e-mail resterà invariato, ma preceduto dalla sigla "Re:";
- **Rispondere a tutti**, si può scegliere di inviare la propria risposta, oltre che al mittente, anche agli eventuali altri desinatari da lui inseriti in copia;
- **Inoltrare l'e-mail**, questa funzione consente di inviare a un terzo destinatario il contenuto di una e-mail ricevuta, anche in questo caso l'oggetto resterà invariato, ma preceduto dalla sigla "Fw:";
- **Cancellare** l'e-mail.

4. Registro e linguaggio

Il registro da utilizzare cambia a seconda del tipo di e-mail che vogliamo inviare (personale, formale o per il marketing) e a chi sono i destinatari.

È importante avere ben presente che l'e-mail è sì un mezzo di comunicazione molto efficace, ma se usato in modo inadeguato può rivelarsi controproducente.

Ecco dunque alcuni consigli da seguire riguardo lo stile e il linguaggio da usare.

Occorre in primo luogo **essere sintetici**. È buona norma che il testo non occupi più di una schermata, così da permettere al destinatario di leggere la comunicazione in tempi brevi senza stancare la vista. Spesso l'e-mail è preceduta o seguita da una telefonata, quindi è nutile dilungarsi in particolari, sarà il ricevente a chiedere ulteriori chiarimenti se li riterrà necessari.

Se si tratta di **comunicazioni formali** il registro e il linguaggio non variano rispetto a quanto già suggerito per la compilazione di una lettera formale (cfr. Laboratorio *La lettera formale*) fatta eccezione per la data, l'ora e l'indirizzo che nel caso dell'e-mail vengono inserite automaticamente al momento della compilazione.

Della marketing e-mail parleremo tra poco.

Per quanto concerne le e-mail personali di carattere informale il messaggio può essere personalizzato con l'uso di immagini e di emoticon o smiley, "faccine" usate per comunicare le nostre emozioni.

Le regole di Netiquette

Tra i fruitori di Internet sono circolate nel tempo dieci regole di comportamento che prendono il nome di "regole di Netiquette" (*Net Etiquette* = regole della Rete):

1. Se ti registri in un newsgroup o in una lista di distribuzione leggi i messaggi per due settimane prima di inviare i tuoi.
2. Invia messaggi brevi, definendo chiaramente problema e oggetto.
3. Non inviare i tuoi messaggi a tutti i destinatari della tua rubrica (*broadcast*).
4. Quando rispondi a un messaggio sintetizza o cita le parti importanti senza riportare interamente il messaggio originale.
5. Non usare la rete per diatribe personali o guerre di opinione (con botta e risposta), ma risolvi la controversia in corrispondenza privata.
6. Non pubblicare il contenuto di e-mail senza il permesso dell'autore.
7. Nell'ambito di un forum o di una discussione non inviare messaggi non pertinenti, ma informati, leggendo prima le FAQ (*Frequently Answered Questions*).
8. Non inviare mai messaggi pubblicitari a chi non li ha espressamente richiesti.
9. Non commettere errori grammaticali o sintattici, pretendi che il testo sia chiaro e corretto.
10. Non inviare allegati troppo "pesanti" o con estensioni non comuni.

In sintesi

Consigli per scrivere una e-mail

☺ Compila sempre il campo "oggetto";
☺ se hai bisogno di approfondire l'argomento scrivi più messaggi;
☺ se il messaggio si presta a più interpretazioni usa gli smiley (ma solo nell'ambito di una comunicazione informale);
☺ non scrivere in caratteri maiuscoli (nella comunicazione web equivale a urlare);
☺ non utilizzare caratteri accentati o speciali: potrebbero non essere visualizzati correttamente dal destinatario;
☺ chiudi sempre l'e-mail salutando il destinatario in modo cortese ed apponendo la tua firma.

2 La marketing e-mail e la posta certificata

1. Che cos'è una marketing e-mail

Ecco un esempio di marketing e-mail di una nota azienda di moda italiana:

L'e-mail è uno strumento molto efficace per pubblicizzare un'azienda, un sito o dei particolari prodotti. Spesso le aziende di piccole/medie dimensioni programmano operazioni di e-mail marketing per promuovere le proprie offerte, utilizzando un database di clienti. C'è un settore del marketing che affida la creazione e il mantenimento della relazione con il cliente all'invio di e-mail per favorire il contatto o stimolare un'azione (per esempio scaricare un allegato o cliccare su un link).

Anche in questo caso, però, ci sono errori da evitare affinché la strategia sia efficace. Di seguito alcuni suggerimenti :

- <u>sincerità</u>: può sembrare un consiglio inopportuno per chi deve il convincere un cliente del valore del prodotto che gli sta offrendo, ma saper promuovere un prodotto significa soprattutto puntare sulla sua qualità, con l'ausilio di una comunicazione sintetica, veritiera e convincente. Promesse esagerate ottengono solo il risultato di insospettire i possibili clienti;
- <u>sintesi e precisione</u>: l'oggetto della mail deve essere indicato in modo sintetico e preciso per invogliare il destinatario alla lettura del contenuto, il testo deve essere breve e conciso e deve ben disporre a una lettura integrale;

- curare il sommario: è consigliato inserire all'inizio dell'e-mail poche righe di sommario dove sono riepilogate le caratteristiche del prodotto o del servizio che si vuole promuovere. Si passa poi al corpo della mail che deve contenere un'efficace presentazione della ditta o del prodotto (4-5 righe). La lunghezza della comunicazione non deve essere eccessiva: 25 righe da 60 battute l'una sono di solito il massimo consentito;
- saper concludere: il successo di una campagna di e-mail marketing dipende dalla qualità del prodotto/servizio pubblicizzato, ma anche dall'efficacia della comunicazione che si mette in atto. Dopo la firma, ad esempio, è bene inserire (anche in modo automatico) tutti i dati che riguardano la ditta: ragione sociale, indirizzo completo di CAP e di sigla della nazione (nel caso di abituali contatti con l'estero), telefono, fax, e-mail, PEC e sito Internet, numero di cellulare, ecc.

Ecco alcune formule e abbreviazioni utili quando si scrive una e-mail formale, indirizzata a un privato, a un'azienda o a un Ente pubblico.
– "Spett. le + il nome dell'azienda o dell'Ente", è l'abbreviazione dell'aggettivo "spettabile" che significa "rispettabile";
– "Alla cortese attenzione di …" che può anche essere abbreviato in "Alla C.A. di… o Alla C. Att. ne di…";
– prima del nome della persona a cui ci stiamo rivolgendo, scriviamo anche il suo titolo, per esempio: Avv. (avvocato); Ing. (ingegnere); Dott. (dottore). Se non conosciamo il titolo, possiamo utilizzare un generico Sig./Sig.ra/Sig.na (signore – signora – signorina).
Nella prima riga scriveremo dunque: "Alla cortese attenzione del + titolo e nominativo della persona". Oppure, "Egr. (egregio) – Gent.le (gentile) – Gent. mo (gentilissimo) – Gent.ma (gentilissima) + il titolo della persona o un generico Sig. – Sig.ra – Sig – na".
– Le scrivo perché…, Le scrivo per… → "In risposta alla Sua / Vostra lettera – mail": se si tratta di una risposta a una precedente comunicazione; → "Come da accordi", "Come anticipato via telefono/mail/fax": se ci si era accordati in precedenza sull'invio di una lettera/mail; → "In riferimento alla Sua/Vostra richiesta": se si tratta di rispondere a una richiesta fatta in precedenza; → "Con la presente si comunica quanto segue"; → "In allegato invio": se insieme alla lettera dobbiamo spedire un documento in allegato;
– "Per eventuali comunicazioni, contattare il sottoscritto (nome e cognome) al numero di telefono/indirizzo e-mail";
– "RingraziandoLa anticipatamente per l'attenzione" … "La ringrazio anticipatamente per l'attenzione" … "Nell'attesa di una Sua/Vostra gentile risposta … Attendo una Sua/Vostra risposta", "Le porgo Distinti saluti. … La saluto cordialmente. Cordiali saluti, Cordialmente, Firma".

(adattamento da http://www.slideshare.net/)

2. La posta elettronica certificata

La Posta Elettronica Certificata (PEC) è il sistema che – come stabilito dalla normativa D.P.R. 11 febbraio 2005 n. 68 – consente di inviare un'e-mail con lo stesso valore legale di una raccomandata con ricevuta di ritorno. Pur presentando molte somiglianze con il servizio tradizionale di Posta Elettronica, la PEC garantisce agli utenti la certezza dell'invio e della consegna al destinatario.

Un'altra importante garanzia per il mittente sta nell'impossibilità di modificare il contenuto sia per quanto concerne il testo del messaggio sia degli allegati. La certificazione offerta dal gestore della PEC con data ed ora convalida, attraverso vere e proprie ricevute, che il messaggio è stato inviato e consegnato e che non è stato alterato. Un errore riguardante una delle fasi del processo viene immediatamente segnalato all'utente. Il gestore, inoltre, conserva per un mese la traccia informatica dell'operazione, consentendo al mittente di riprodurla in caso di smarrimento delle ricevute.

Attività

1 La seguente e-mail presenta un'offerta a dei potenziali clienti. Leggila e poi compi le seguenti operazioni: 15 min

– riscrivi le parti scorrette e/o poco chiare, controlla registro, sintassi ed ortografia
– completa le parti mancanti

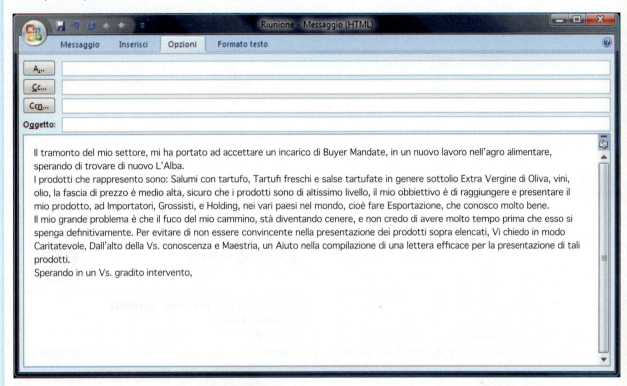

(da www.iopc.it)

2 Prepara una e-mail da inviare ad un/una amico/a sulle "regole di Netiquette", indica l'oggetto e inserisci nel testo una breve spiegazione delle regole. Invia il messaggio, inventa poi alcuni messaggi ricevuti e dai loro una risposta. 45 min

3 Compi le seguenti operazioni: 45 min

– apri il tuo account di posta elettronica;
– componi un messaggio per invitare al cinema i tuoi amici;
– definisci l'oggetto;
– scegli il film che vuoi andare a vedere, il cinema e l'orario;
– scarica da internet una recensione del film, leggila e riassumila in un file word da allegare all'e-mail;
– crea una mailing list "Amici del cinema" e invia il messaggio;
– supponi di ricevere da uno degli amici invitati la richiesta di spostamento di orario e invia a tutti i destinatari la nuova proposta.

4 Compi le seguenti operazioni: 45 min

– componi un messaggio di avviso da inviare ai condomini circa una possibile riunione;
– scrivi l'oggetto: Convocazione assemblea;
– salva il messaggio nella cartella "Bozze";
– allega al messaggio il file relativo alle spese condominiali;
– stabilisci la data dell'incontro, mettila bene in evidenza nel corpo del messaggio e poi invia il messaggio alla mailing list "Condomini";
– invia in copia nascosta il messaggio al precedente amministratore del condominio.

5 Invia una mail formale con la quale comunichi ad un gruppo di lavoro da te individuato: 45 min

– la convocazione per una riunione di lavoro che si terrà il giorno 13 dicembre 2015;
– l'informazione relativa ad un Convegno che si terrà il giorno 20 settembre 20.

Laboratorio 8

Il blog

OBIETTIVI
- Saper distinguere i vari tipi di blog
- Acquisire le basi per gestire un blog di successo

1. Che cos'è un blog

Il **blog** è un "diario in rete" (**web** + **log**, in inglese 'diario'); è una pagina web in cui si trovano contenuti di vario genere – testi, video, immagini, musica, ecc. – disposti in modo cronologico come in un diario. Ogni contenuto reca infatti la data di pubblicazione. Il blog è gestito da un autore (**blogger**) che in genere "lancia" uno spunto di discussione, detto **post**.

Lo spunto fornito dal blogger solitamente determina un **forum di discussione** in rete in cui l'apporto dei vari lettori fa nascere uno spazio di approfondimento. Come spesso accade su Internet, sia l'autore sia i partecipanti al blog possono registrarsi col loro nome e cognome o, nella maggior parte dei casi, con degli pseudonimi.

In alcuni blog, i commenti dei lettori sono abilitati solo previa iscrizione, per iscriversi è necessario fornire indirizzo e-mail e dati anagrafici. Allo stesso modo, anche la sola lettura dei contenuti, a seconda delle tipologie di blog, può essere aperta a chiunque o a gruppi ristretti.

Per evitare commenti offensivi o dai contenuti poco attinenti, il gestore del blog può operare un controllo preventivo prima che questi vengano pubblicati e scartare gli interventi che non ritiene adeguati. Si intende così evitare che disturbatori, definiti **troll**, rovinino il blog con commenti compulsivi e, spesso, offensivi.

Blog Scuola
PER CHI SUONA LA CAMPANELLA

L'italiano nel mondo, questo (s)conosciuto

21 ottobre 2014 • SCUOLA PUBBLICA

{0} COMMENTI   Pin it   Tweet 12   g+1 7   Recommend 133

E' la quarta lingua più studiata nel mondo, ma in forte calo in Europa. La scelgono gli adulti, interessati all'arte e alla letteratura (e alla cucina, perché no). Ma nella lista delle lingue da far imparare ai propri figli, resta in fondo (con un misero 2 per cento, contro il 79 dell'inglese). Se ne parla oggi e domani a Firenze, agli Stati generali della lingua italiana nel mondo, nell'ambito della XIV Settimana della lingua italiana nel mondo, organizzata dall'Accademia della Crusca e dal Ministero degli Esteri.

Perché il punto è: si potrebbe fare di più, e tanto, per far conoscere la nostra lingua. In Italia, attirando gli studenti europei con un "Erasmus delle arti e della musica", come ha proposto il sindaco di Firenze, Dario Nardella. Ma soprattutto all'estero: solo il 2 per cento degli europei dichiara di conoscere bene l'italiano e di comprendere le news presentate in tv nella nostra lingua. In epoca di tagli, le scuole italiane all'estero soffrono, con personale sempre più precario (servirebbero 150 docenti di ruolo), mentre gli istituti di cultura chiudono i battenti. La situazione è difficile.

Dunque, fermo restando che la lingua di Dante ha poco a che fare con il business e che al di fuori dei nipoti degli emigrati nessuno o quasi la parla, vale la pena di studiarla ancora? Naturalmente sì. In Russia, per esempio, molti sessantenni decidono di dare un tocco speciale alla loro cultura, e si lanciano sulla Divina Commedia. Non si pongono grandi obiettivi linguistici, ci provano per passione, per avvicinarsi al Rinascimento con qualche conoscenza in più. "Siamo realisti: non possiamo competere in ambito scolastico con l'inglese, lo spagnolo e neanche il cinese"; dice Marco Griffa, direttore generale di Loescher Editore. "L'italiano si comincia a studiare all'università, o dopo, perché serve, come dicono, per lo sviluppo personale. I più interessati sono gli europei dell'Est, che vengono a lavorare in Italia. E in Sudamerica i discendenti degli emigrati, che hanno sentito la lingua dei nonni, e vorrebbero saperne di più".

L'importante è non scadere nello stereotipo, la lingua del Padrino, della commedia all'italiana. Conoscere quella di oggi, che si parla realmente. E il modo più rapido (oltre che gratuito) per avvicinarsi è quello delle risorse online. Per gli stranieri che arrivano in Italia, c'è tra gli altri il corso della Rai, a tutti i livelli, o quello di Zanichelli.

Per loro, ma anche per chi vuole studiare l'italiano all'estero, una risorsa digitale interessante è il portale della Loescher, italianoperstranieri, con giochi, video ed esercizi che piacciono molto agli studenti che si collegano dal Brasile, dagli Stati Uniti, dall'Argentina e dalla Russia (Il maggior successo? Il gioco sulle preposizioni, davvero ben fatto). "In questi giorni abbiamo organizzato eventi a Rio de Janeiro, San Paolo del Brasile ma anche in Polonia" continua Griffa. "E settimana prossima ne discuteremo a Firenze nel convegno su L'italiano competente. C'è ancora molto da fare per valorizzare la nostra lingua".

Gli utenti possono inoltre esprimere o meno il loro gradimento tramite l'uso di pulsanti/icone di vario tipo (smiles, pollici in alto, ecc.); è infine possibile condividere i contenuti dei blog sui principali **social network**. Molte condivisioni significano molte visualizzazioni e, di conseguenza, molti nuovi lettori per il blog.

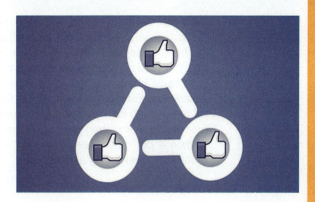

1. Molti tipi di blog

Esistono blog molto diversi in base alla tipologia e agli scopi che si prefiggono. Possiamo distinguere:

- **Blog personali**: lo scopo prevalente è quello di esprimere pensieri o opinioni individuali. A volte si descrivono esperienze giornaliere o punti di vista originali. Spesso le foto, **fotoblog**, o i video, **vlog**, prevalgono sulla scrittura e possono essere pubblicati anche tramite strumenti mobili, **moblog**, come gli smartphone. I blog personali sono quasi sempre aperti all'apporto di tutti e i commenti degli utenti non risentono di particolari censure in quanto il desiderio del blogger è quello di avere più partecipanti e lettori possibili. Più lettori e commenti ci sono, più il blog è di successo. Il linguaggio dei post e dei commenti è di conseguenza colloquiale, molto vicino al parlato.

- **Blog tematici**: in questo caso prevale il contenuto rispetto al blogger: in primo piano c'è l'argomento di discussione. Si può costruire un blog per parlare di cucina, ma anche di pesca a mosca, di come dipingere al meglio le unghie o di come distrarre i professori durante i compiti in classe, il tutto è di solito corredato da immagini e video attinenti il tema trattato.

Il cavoletto di Bruxelles è uno dei blog più visitati in Italia, si occupa prevalentemente di cucina, alternando contenuti originali e divertenti a ricette appetitose.

- **Blog politici**: servono a propagandare le idee degli esponenti politici e a sondare le opinioni della gente attraverso i commenti. In genere la loro lettura è aperta a tutti (è importante avere molta visibilità) mentre i commenti vengono di solito controllati prima di essere pubblicati. Chi apre un blog politico, tuttavia, deve riuscire mantenere un equilibrio ed evitare di cancellare tutti i commenti negativi in modo da non manovrare troppo i dibattiti e le opinioni degli utenti, che altrimenti risulterebbero falsate e dunque poco interessanti.

- **Blog aziendali**: definiti **corporateblog**, sono aperti a gruppi selezionati di dipendenti o clienti di un'azienda. Servono a informare su tematiche inerenti alle strategie aziendali o ai prodotti. Il linguaggio è di conseguenza più formale e ricco di termini tecnici.

- **Blog giornalistici**: in questo caso, soprattutto nelle pagine dei quotidiani on line, possiamo trovare vari blog aperti a tutti su argomenti di attualità o su temi in cui gli opinionisti che li gestiscono sono degli esperti. Lo scopo perseguito è quello di aver il maggior seguito possibile per far girare le notizie e per offrire maggiore appetibilità alle inserzioni pubblicitarie.

2. Perché scrivere un Blog?

Le motivazioni possono essere varie e dipendono molto dal tipo di blog, come abbiamo visto.

La più frequente è la ricerca di una visibilità personale da parte del blogger, il desiderio di approfondire una tematica o di costruire delle relazioni. Il blog tende a sostituire e allargare, attraverso il mezzo Internet, le chiacchiere da bar, il pettegolezzo e la discussione fra esperti su un determinato argomento.

A ben vedere va incontro a un desiderio profondo presente in ognuno di noi: **quello di non sentirci isolati e poterci confrontare con le opinioni degli altri**.

3. Rischi e opportunità del blog

Divenire blogger richiede impegno. La difficoltà non sta tanto nel crearne uno, in rete sono infatti disponibili molti siti sui quali è possibile impostare velocemente un layout e creare uno spazio virtuale con pochi parametri di configurazione, anche senza avere nozioni di linguaggio Html. Il difficile inizia dopo, è necessario **aggiornare e tenere attivo il blog** almeno settimanalmente, arricchendolo costantemente di nuovi post e spunti di discussione, così da tenere sempre viva l'attenzione dei lettori.

Il principale rischio quando si apre un blog è costituito dalla possibilità di venire strumentalizzati dalle aziende interessate ad inserire al suo interno la loro pubblicità. Quando una pagina diventa famosa, infatti, in molti traggono vantaggio dal porvi i propri banner pubblicitari. Ecco allora che, tramite algoritmi calcolati dai principali motori di ricerca, se siamo assidui lettori di un blog che parla di viaggi in moto, ci ritroveremo pubblicità di agenzie di viaggio o ditte di motociclette anche nelle altre pagine internet che visiteremo.

Tra i vantaggi del blog c'è quello di poter condividere con migliaia di persone le nostre riflessioni e i nostri dubbi. Possiamo così ricevere suggerimenti, indicazioni o soluzioni innovative a cui non avremmo pensato da soli.

Se ci pensiamo bene l'organizzazione del blog assomiglia molto alla struttura dei neuroni che costituiscono il cervello e la mente dell'uomo. Le capacità intellettive derivano dal numero enorme di collegamenti fra ogni neurone con milioni di altri. Allo stesso modo l'intelligenza diffusa e potenziale presente in un blog stimola la creatività e le opportunità.

Attività

1 Immagina di voler costruire un blog, completa sul quaderno una scaletta rispondendo alle domande che trovi di seguito. Fatto ciò, confronta le tue risposte con quelle dei tuoi compagni di classe e stabilite insieme quale argomento è il più "quotato". Infine, andate in rete ed effettuate una ricerca per assicurarvi che non esista già un blog sulla tematica scelta, scegliete uno dei tanti siti dove è possibile creare un blog e aprietene uno a nome di tutta la classe, nell'immagine vi diamo uno spunto. `120 min.`

– Quale argomento suscita il tuo particolare interesse?
– Quale argomento, secondo te, potrebbe interessare anche la maggior parte dei tuoi compagni?
– Quale argomento potrebbe interessare alla maggior parte dei ragazzi Italiani di età compresa tra tre anni in meno e tre anni in più della tua?
– Quale argomento potrebbe essere utile affrontare, anche se interessa meno di altri, perché attraverso la discussione potrebbero emergere soluzioni innovative?

2 Guarda l'immagine e rispondi alle domande. `15 min.`

– Di che tipo di blog si tratta?
– A tuo avviso, qual è lo scopo del blog?
– In che modo il blogger cerca di rendere i suoi argomenti appetibili ai lettori?

3 Immagina di essere un giornalista di un quotidiano nazionale on-line. Scrivi un post di 10 righe sull'argomento: "La scuola che vorrei".

4 Osserva il blog riprodotto nell'immagine e rispondi alle domande. `30 min.`

– Quanto spazio è dedicato ai contenuti del blog e quanto a quelli pubblicitari?
– Le pubblicità sono attinenti al contenuto del blog o non hanno con esso alcuna relazione?
– Fino a che punto, secondo te, i banner pubblicitari possono condizionare il lettore inducendolo a prendere in considerazione l'acquisto dei prodotti reclamizzati?
– Fino a che punto può essere condizionato il blogger a scrivere post che non attacchino o denigrino i prodotti commercializzati nelle pubblicità?

Laboratorio 9

La relazione tecnica

OBIETTIVI
- Conoscere le operazioni necessarie da effettuare per la stesura di una relazione tecnica
- Saper scrivere e valutare una relazione tecnica

intestazione	**Il collasso degli argini del fiume Secchia** *Relazione tecnico-scientifica sulle cause del collasso dell'argine del fiume Secchia avvenuto il giorno 19 gennaio 2014 presso la frazione San Matteo.* *Autori: ing. A. Verdi, geom. M. Rossi.*
sommario o abstract	Sommario. Gli eventi di piena che si sono verificati sul fiume Secchia nel gennaio 2014 sono stati esaminati al fine di valutare le possibili cause del collasso arginale, avvenuto il giorno 19 presso la frazione San Matteo in destra idrografica. 
Introduzione	Sono stati raccolti e analizzati i **dati idrometeorologici** e le evidenze derivate da osservazione rilevanti ai fini della determinazione dei **flussi idrici** e della loro interazione con l'argine collassato. Sono state altresì eseguite indagini di laboratorio e in sito al fine di caratterizzare le proprietà idrauliche e geotecniche dei terreni costituenti gli argini arginali e i relativi terreni di fondazione. Sono stati poi implementati alcuni modelli idraulico-idrologici e geotecnici, considerando: (1) **la geometria dell'argine**, ottenuta, per la parte collassata, utilizzando un modello digitale del terreno a elevata risoluzione, (2) **le proprietà idrauliche dei terreni** arginali rilevate – durante la presente indagine – in una sezione posta circa 600 m a valle di quella del collasso, e ▶

▶	(3) **le proprietà geotecniche dei terreni** arginali e di fondazione determinate – sempre nel corso della presente indagine – in sezioni adiacenti al tratto d'argine interessato dal collasso. Sono stati infine presi in esame i possibili meccanismi di collasso del corpo arginale. Attenzione particolare è stata dedicata alle evidenze, alle testimonianze raccolte e alla documentazione fotografica che indicano, nel tratto di argine in esame, la presenza di tane di animali selvatici con spiccata capacità di scavare cunicoli. In tale ottica, sono state analizzate le relazioni fra le tane osservate nelle foto aeree a elevata risoluzione, riprese nel 2010 e 2012, e l'evoluzione dei limiti della breccia, desunta dalle fotografie scattate da elicottero nella mattina del giorno 19 gennaio 2014.
corpo del testo	Le analisi hanno evidenziato che sono stati possibili **due fenomeni d'innesco del cedimento della difesa arginale**, che possono aver agito anche congiuntamente. **Un primo tipo** d'innesco, riconducibile a **processi di erosione interna**, è del tutto analogo a quello documentato da quanto osservato sull'argine destro del fiume Panaro nel pomeriggio dello stesso 19 gennaio 2014. Si tratta di un fenomeno che si sviluppa inizialmente mediante un processo di progressiva erosione interna coinvolgente il sistema di tane, eventualmente indebolito dalle precipitazioni piovose dirette al suolo. Una volta asportato un sufficiente quantitativo di materiale, la parte dell'argine sovrastante la cavità crolla, provocando un notevole abbassamento della sommità arginale. **Un secondo fenomeno** d'innesco può essere ricondotto alla **progressiva instabilità del corpo arginale**, localmente indebolito dalla presenza delle menzionate cavità, favorita da condizioni di parziale saturazione indotte dalla piena e dalle precipitazioni dirette sul corpo arginale. La riduzione di resistenza a taglio dei terreni, indotta dalla loro saturazione anche locale, può causare una significativa diminuzione del grado di sicurezza della struttura arginale nei confronti della stabilità. Entrambi i fenomeni d'innesco comportano un sensibile ribassamento della sommità arginale e il conseguente superamento della struttura da parte della corrente idrica, animata da velocità in uscita particolarmente sostenute. Una volta attivato il superamento, la breccia evolve rapidamente, sia approfondendosi sia allargandosi, per effetto dell'erosione prodotta dalla corrente in uscita.
conclusioni	In entrambi i casi si ritiene che, con riferimento all'evento specifico, la presenza di un sistema articolato di tane sia stata determinante ai fini del collasso arginale.

La relazione tecnica che hai appena letto (adattata dall'originale) parla della rottura dell'argine del fiume Secchia ed esprime in dettaglio le osservazioni al riguardo. Per visualizzare la versione completa, corredata di fotografie, mappe, schemi e modelli, collegati a internet e scarica il pdf dal seguente indirizzo: http://ambiente.regione.emilia-romagna.it/geologia/archivio_pdf/notizie-eventi/rapporto-fiume-secchia/at_download/file/rf-secchia-v3.1-con-copertina_.pdf

1 Che cos'è la relazione tecnica

La relazione tecnica è un **testo informativo-espositivo** che viene predisposto per presentare un progetto o, dopo lo sviluppo del progetto, per rendere conto di come si è lavorato, di quali procedure si sono utilizzate e di quali risultati si sono ottenuti. La relazione tecnica può anche riferire gli esiti di una ricerca sul campo o l'analisi di una situazione, tutto questo in un vasto repertorio di ambiti: scientifico, economico, amministrativo, tecnico, sportivo.

In ambito lavorativo la relazione serve sia al committente sia agli organi incaricati di approvare il lavoro sia a chi deve poi tradurre in pratica il progetto realizzando l'opera.

Laboratorio 9 — La relazione tecnica

1. Lo scopo della relazione tecnica

Una relazione tecnica è prodotta per diversi scopi, ma ne riconosciamo soprattutto due:
– scopo prevalentemente informativo;
– scopo informativo-persuasivo.

In una relazione a **scopo prevalentemente informativo** un disegnatore/progettista spiegherà ad esempio al proprio cliente perché ha pensato a una determinata forma per l'oggetto che ha disegnato (in funzione della lavorazioni meccaniche, oppure con attenzione al design, ecc.) e motiverà le scelte tecnologiche (in funzione dell'affidabilità, dei costi, ecc.).

In una relazione a **scopo informativo-persuasivo**, ad esempio quella che ha per oggetto il parere di un tecnico su un oggetto da acquistare, dovranno essere considerate le varie possibilità che si presentano e si dovranno avanzare una serie di proposte utili per quella situazione o proporre la scelta che sembra rispondere nel modo migliore alle esigenze del cliente.

Una ulteriore utilità dalle relazioni è il valore di documentazione certa su situazioni, decisioni e processi.

2. L'aspetto comunicativo

Come per ogni testo professionale si devono porre alcune attenzioni preliminari alla situazione comunicativa e cioè:

- **Il destinatario del messaggio**
  - Chi legge la relazione?
  - Che livello di istruzione ha?
  - Quanto sa dell'argomento e da quale punto di vista lo conosce?
  - Perché la deve leggere e a che cosa gli serve?
  - Deve prendere decisioni in merito?
  - È una comunicazione interna diretta ad altri uffici/centri di lavoro o all'amministrazione?
  - È una comunicazione esterna diretta a singoli cittadini o a tutti gli interessati?

- **L'obiettivo**
  - Informare *Dal sopralluogo effettuato sul cantiere risulta...*
  - Spingere il lettore ad agire *Come da accordi, la documentazione dei materiali deve essere inoltrata entro il...*
  - Richiesta *Attendiamo le informazioni richieste entro...*
  - Valutazione *Sono soddisfatto della performance del suo team in quanto...*
  - Prescrivere *È vietata la combustione di rifiuti e scarti di lavorazione di qualsiasi genere...*
  - Motivare un'azione già compiuta *Considerata la situazione attuale, abbiamo deciso di non rilasciare il permesso...*

3. Il contenuto e la struttura

Per produrre una buona relazione si deve:
– tenere conto del tempo (nel caso di una esposizione orale) o dello spazio (nel caso di una relazione scritta) a disposizione;
– raccogliere una documentazione adeguata e schedarla;
– raccogliere le idee o in una lista o in un grappolo per visualizzare tutti gli elementi che ci interessano;
– predisporre l'elenco dei documenti che si andranno a citare e la fonte;
– organizzare la scaletta o l'indice della relazione;
– scegliere un titolo efficace per definire l'argomento trattato.

Fatto ciò si può procedere a definire la **struttura della relazione** che sarà così ripartita:

- **Intestazione**, è la copertina e comprende:
  - il nome dell'autore/degli autori della relazione;
  - il titolo della relazione;
  - l'indice, utile soprattutto in una relazione molto estesa.
- **Introduzione**, che comprende:
  - lo scopo/la motivazione del lavoro;
  - l'oggetto, l'argomento trattato e i suoi riferimenti tecnici;
  - il metodo utilizzato;
  - gli strumenti o i materiali;
  - le fonti dell'informazione, sia oggettive (grafici, tabelle, dati numerici) sia soggettive (opinioni).
- **Corpo del testo**, è la sezione che, in base allo schema predisposto, tratta l'argomento secondo le finalità della relazione.
  Si richiedono contenuti esaustivi, pertinenti e organizzati in una struttura coerente, si consiglia la ricerca della massima leggibilità sia nel contenuto sia nell'aspetto grafico.
  Una buona organizzazione visiva prevede pagine ben scandite in parti e paragrafi, con poche e significative evidenziature, caratteri tradizionali chiari e ben leggibili per dimensione. Grafici, tabelle ed eventuali fotografie contribuiscono all'efficacia dell'esposizione.
- **Conclusione**, questa parte finale si riaggancia a quella iniziale; le conclusioni devono infatti essere in perfetto collegamento con il titolo della relazione: si fa il bilancio di quanto già esposto. Può comparire la valutazione finale dei risultati raggiunti e l'esposizione di eventuali difficoltà incontrate. Questo è anche lo spazio per proposte di attività successive.

4. Lo stile

Ricorrono le solite regole valide per i testi professionali:
- ricerca di uno stile adeguato al contenuto e ai destinatari e sempre uguale dall'inizio alla fine del testo;
- chiarezza di contenuto e di forma;
- sintassi semplice;
- attenzione al soggetto, che deve essere sempre espresso;
- uso del tempo presente;
- uso di parole semplici e concrete, ma anche di termini tecnici se richiesti dall'argomento trattato;
- ricerca della sintesi che si ottiene sfrondando senza paura il testo;
- efficacia del messaggio come obiettivo centrale;
- cura dell'aspetto visivo: pagina ben scandita in parti e paragrafi, con poche e significative evidenziature, caratteri tradizionali chiari e leggibili per dimensione.

2 Come scrivere una relazione tecnica

1. La parte iniziale

È consigliabile dedicarsi al **titolo** da assegnare alla relazione a fine lavoro, quando l'argomento trattato e gli obiettivi prefissati saranno ben chiari. È importante investire molte energie nella scelta del titolo: rappresenta il primo step per attrarre il lettore/ascoltatore.

Fa parte della sezione iniziale anche l'**abstract**, un testo breve – di cento o duecento parole al massimo – posto all'inizio di ogni capitolo, è il sommario del documento senza l'aggiunta di interpretazioni.

2. Le tecniche di esposizione

Durante l'esposizione degli argomenti è utile ricorrere ad alcune tecniche tipiche della relazione:
- l'elenco;
- il confronto;
- l'esempio;
- la citazione;
- la descrizione, o il riassunto.

Ipotizziamo che l'azienda in cui lavorate abbia svolto dei corsi di formazione presso le associazioni di categoria per selezionare impiegati da assumere.

Se dovete illustrare gli argomenti di ogni corso, ricorrerete alla lista per punti con relativi sottolivelli (tecnica dell'**elenco**).

Se dovete dare un giudizio di qualità sulla preparazione finale dei partecipanti, potete citare il voto medio raggiunto nella precedente edizione e il voto medio di esperienze simili in altre associazioni (tecnica del **confronto**).

Se volete riportare le osservazioni dei partecipanti sulla qualità della docenza, potete citare esattamente le frasi che avete ascoltato da loro (tecnica della **citazione**).

Se volete riportare il giudizio complessivo sulle classi da parte di docenti, potete riassumere in un paio di paragrafi il loro pensiero, tenendo presente degli indicatori precisi, altrimenti il resoconto sarà confuso (tecnica del **riassunto**).

(da www.carlalattanzi.it la relazione tecnica)

Il software
Molti siti offrono software per la stesura di relazioni tecniche; sta a chi deve scrivere la relazione scegliere l'offerta più funzionale al proprio scopo.

3. La rilettura

La rilettura di quanto creato è un momento importante e va scandita in:
- verifica di ortografia, grammatica e sintassi;
- controllo della coerenza tra le parti: le informazioni del corpo del testo devono essere in rapporto logico con l'introduzione;
- controllo della coerenza generale: le conclusioni devono risultare linea con il titolo e l'abstract iniziale;
- verifica della leggibilità delle pagine.

4. L'uso delle slides

Ogni relazione può giovarsi di una presentazione con le slides (cfr. Laboratorio *La presentazione con slides*), a patto che se ne faccia buon uso: **un percorso misto di immagini e testi riesce a convincere meglio l'uditorio**.

Le slides possono:
- semplificare in modo efficace un insieme di elementi complessi;
- esporre dei dati permettendo che il confronto sia immediato "a colpo d'occhio";
- semplificare l'analisi dei risultati;
- mostrare con chiarezza meccanismi e relazioni tra elementi (concetti, fasi, azioni, ecc.).

Attività

1 leggi la relazione che segue e ricostruiscine la struttura in una scaletta che evidenzi, se possibile, l'impianto proprio della relazione (titolo, introduzione, corpo, conclusioni). `60 min`

– riscrivi le parti scorrette e/o poco chiare, controlla registro, sintassi ed ortografia
– completa le parti mancanti

Comune di Modena
Riqualificazione architettonica di Piazza Roma
RELAZIONE TECNICO ILLUSTRATIVA

Il progetto per la manutenzione straordinaria di Piazza Roma rientra nel programma di riqualificazione degli spazi pubblici e negli interventi di ampliamento della zona a traffico limitato (ZTL) del centro storico di Modena in attuazione del piano della sosta approvato nel 2006.

Il suolo della piazza oggi è occupato da 180 stalli per la sosta a pagamento e spazi per la sosta disabili, mentre in allineamento al Palazzo Ducale si trova una carreggiata stradale per la libera circolazione di autoveicoli e trasporto pubblico, tra cui la linea filoviaria.

In corrispondenza dell'innesto con largo Sana Giorgio si apre lo spazio soggetto a traffico limitato con controllo elettronico degli accessi autorizzati "Citypass".

La circolazione pedonale in sede propria è distribuita principalmente ai margini della piazza, lungo marciapiedi e portici, con l'eccezione dei percorsi segnati dai listoni di pietra posti in diagonale per l'attraversamento della piazza verso San Domenico e il centro del Palazzo Ducale.

Il suolo è formato per ampia parte da sottofondo in acciottolato ricoperto da un manto di asfalto, da camminatoi costituiti da lastre di granito posate "a correre", da una doppia corsia carrabile parallela al Palazzo Ducale pavimentata in asfalto su massetto stradale.

Una rete di cavi attraversa la piazza all'altezza di circa 5m dal suolo, quali ancoraggio per i fili elettrici della linea filoviaria e delle lampade a sospensione per la pubblica illuminazione.

L'illuminazione della facciata monumentale è garantita da fari posti alla sommità dei palazzi sul fronte opposto.

Lo stato generale dei sottoservizi è prevalentemente in cattivo stato sia di conservazione che funzionale, dovuto alla vetustà delle reti e agli eccessivi carichi provocati dal costante transito autoveicolare sulla piazza.

L'opera di manutenzione straordinaria della piazza si configura quale riqualificazione architettonica finalizzata al misurato adeguamento dell'assetto morfologico, incentrato alla memoria della presenza dell'acqua nei canali sottostanti e sulle mutate modalità di fruizione dello spazio, nel rispetto dell'interesse storico ed architettonico del contesto.

La facciata seicentesca del Palazzo Ducale costituisce la vasta quinta architettonica che caratterizza lo spazio della piazza, palcoscenico della storia di Modena Capitale e Risorgimentale; il progetto abbraccia la vista del Palazzo, con le due liste diagonali che si aprono verso i limiti estremi dei torrioni di ponente e di levante, e al contempo rimarca la monumentale architettura con la pedana centrale, impronta sulla piazza della partizione di facciata del corpo centrale.

La città si inserisce dunque nella piazza con lo sguardo e con una fascia di pavimentazione continua lungo i portici delimitata da una lista di pietra che, dal suolo indistinto di largo San Giorgio, filtra i due diversi ambiti.

A corredo della nuova architettura di suolo, il progetto esprime la volontà di riaprire una pagina di storia urbana richiamando la presenza dell'acqua dei canali coperti all'epoca della formazione della piazza.

In corrispondenza del sottostante corso del Canale Naviglio che attraversa trasversalmente la piazza e il Palazzo, il progetto prevede la formazione di un velo d'acqua sul piano della vasca a sfioro (172 mq), ricavata tra le due liste di pietra della pavimentazione centrale, dal limite carrabile in estensione perpendicolare verso Largo San Giorgio.

▶

Laboratorio 9 — La relazione tecnica

▶

Con la stessa soluzione tecnica si forma un velo d'acqua longitudinale nella parte est della piazza, in allineamento alla Fonte D'Abisso e agli altri canali sottostanti, con una superficie di 140 mq, in due parti separate dal camminatoio in pietra.

Due fontane con nove getti d'acqua modulabili e luminosi per ciascuna, si pongono come quinte laterali al corpo centrale del Palazzo Ducale.

Le superfici occupate dalle fontane e bagnate dall'acqua sono pavimentate in pietra, semplicemente delimitate da feritoie senza dislivelli significativi; arrestando il flusso di acqua sono praticabili pedonalmente ove necessario per iniziative o manifestazioni, in particolare le tradizionali parate militari e il Festival delle Bande Militari.

La riqualificazione prevede una superficie d'intervento di circa 9.400 mq, cioè il perimetro dell'intera piazza dai limiti delle strade laterali, Corso Accademia, via Modonella, via De Lovoleti, Largo San Domenico, via Tre Febbraio, compreso Largo San Giorgio sino a via Farini; quest'ultima parte dell'intervento ricompone la continuità spaziale della piazza con il Largo, spazi oggi separati con pavimentazioni distinte e dalle diverse modalità di traffico e sosta.

Sono previste una generale revisione, rinnovo e sostituzione delle reti tecnologiche, in particolare di fognature e rete idrica, per costituire la distribuzione e i recapiti lungo il perimetro della piazza; in superficie la totale ripavimentazione e la realizzazione delle installazioni degli elementi d'acqua secondo il progetto.

Nella riorganizzazione spaziale sono significativi lo spostamento di circa 4 m dal fronte del Palazzo Ducale della corsia carrabile dedicata al trasporto pubblico, la realizzazione dei "trottatoi" con liste di pietra adatte alla circolazione di pedoni e cicli, la continuità della pavimentazione tra Piazza Roma e Largo San Giorgio e la sopracitata proposizione di tracciati d'acqua.

Arch. Giovanni Cerfogli

La relazione tecnica di un progetto edilizio

Com'è

Come sarà

2 La vostra scuola vuole dotarsi di una nuovo laboratorio di scienze e chiede anche il parere degli studenti. Stilate una relazione seguendo le fasi suggerite. `120 min`

- <u>Fase 1</u> All'interno del gruppo (5/6 studenti) svolgete le opportune ricerche attraverso Internet, i cataloghi che vi siete procurati, il rapporto con possibili fornitori.
- <u>Fase 2</u> Predisposto il materiale, curate il confronto con il supporto di un docente esperto sul tema.
- <u>Fase 3</u> Predisponete ora una relazione tecnica che motivi:

  a. la vostra richiesta;
  b. la vostra scelta.

- <u>Fase 4</u> ogni relazione sarà distribuita alla classe che esprimerà la propria valutazione in base a questa scheda:

  a. struttura della relazione (introduzione, svolgimento e conclusione);
  b. coerenza del testo;
  c. correttezza grammaticale e sintattica;
  d. ricchezza dei materiali predisposti.

3 In un piccolo gruppo (5/6 studenti) predisponete una relazione tecnica da presentare al Comune e alla Provincia sul servizio di trasporti urbani ed extraurbani per gli studenti della vostra scuola. Per svolgere il lavoro seguite le seguenti fasi. `120 min`

- <u>Fase 1</u> Il lavoro preliminare sarà un'indagine sul servizio esistente che metta a fuoco attraverso diversi metodi d'indagine:
   a. il numero degli studenti e delle classi coinvolte nel problema (indagine in segreteria);
   b. i problemi degli studenti che risiedono fuori città (interviste a compagni);
   c. i limiti del servizio urbano rispetto agli orari di lezione (interviste ai compagni);
   d. le difficoltà dei docenti per gli ingressi in ritardo e le uscite anticipate (questionario per docenti sul tema);
   e. gli orari dei trasporti urbani ed extraurbani;
   f. il quadro normativo di riferimento e il parere del preside.
- <u>Fase 2</u> Conclusa la ricerca e la raccolta di materiali elaborate una proposta di miglioramento della situazione.
- <u>Fase 3</u> Predisponete la vostra relazione secondo lo schema classico:
   a. intestazione
   b. introduzione
   c. corpo del testo
   d. conclusione.
- <u>Fase 4</u> Arricchite la vostra presentazione con delle slides.
- <u>Fase 5</u> Uno studente del gruppo presenta la relazione oralmente alla classe, al termine i compagni daranno una valutazione in base a:
   a. struttura della relazione;
   b. cura e qualità della presentazione;
   c. coerenza dell'argomentazione;
   d. ricchezza dei materiali predisposti.

Laboratorio 10

L'abstract

OBIETTIVI
- Saper distinguere le varie parti di cui è composto un abstract
- Sviluppare le capacità per scrivere un buon abstract

Titolo e autori	**VALUTAZIONE SOCIO-ECONOMICA DELLA PERCEZIONE DEL RISCHIO DI INCIDENTE STRADALE** Autori C. Sartini (1), V. Giovanardi (1), P. Lauriola (1), M. Gambini (1), S. Ansaloni (2), M. Gianotti (2), F. Tosatti (3) (1) ARPA Emilia-Romagna - Struttura tematica di Epidemiologia Ambientale, Modena (2) Comune di Modena (3) Provincia di Modena
Introduzione	In questo studio si è analizzata la percezione del rischio di incidente stradale di un campione di giovani del comune di Modena prima e dopo il conseguimento della patente di guida, indagando il piano cognitivo, quello emotivo e quello comportamentale.
Metodologia	Il disegno dello studio ha previsto, per i giovani che si apprestavano a frequentare le lezioni di guida, la somministrazione di un questionario ed un Driver Test (batteria computerizzata di test psicoattitudinali). Il questionario è stato somministrato all'inizio dei corsi teorici nelle autoscuole in modo da valutare il livello percettivo nei confronti del rischio di soggetti che non avevano mai guidato l'auto. Ad un anno di distanza, i rispondenti sono stati nuovamente intervistati telefonicamente, ma con un numero di domande ridotto, con l'obiettivo di individuare un'eventuale variazione della percezione del rischio tra i giovani dopo l'esperienza della scuola guida. I dati sono stati elaborati attraverso l'utilizzo di particolari tecniche statistiche di analisi.
Risultati ottenuti	Risultati statisticamente significativi emergono dal confronto tra le risposte fornite dai giovani prima e dopo l'esperienza della scuola guida. Ad un anno di distanza la loro percezione del rischio risulta chiaramente cambiata: ad esempio attribuiscono meno importanza all'estetica, agli accessori e alla marca dell'automobile mentre assegnano circa la stessa importanza ai dispositivi di sicurezza. Associano sempre più il concetto di "velocità" a quello di "pericolo". È stato anche possibile individuare categorie di soggetti più a rischio di incidente stradale rispetto ad altre.
Conclusioni	Sebbene le campagne di sensibilizzazione sull'argomento abbiano raggiunto i destinatari, dai risultati dello studio sembra emergere la necessità di un maggiore investimento sull'educazione, possibilmente nelle scuole medie e superiori, per incidere maggiormente sul livello di consapevolezza e percezione del rischio dei futuri patentati.

Hai appena letto l'abstract di una relazione sui rischi di incidente stradale condotta dall'Agenzia Regionale per la Protezione Ambientale Emilia Romagna.

Che cos'è l'abstract

La parola inglese *abstract* deriva dal latino *abtrahere*, letteralmente 'estrarre da', e indica "l'estratto", cioè la sintesi di un documento più lungo. Corrisponde al termine italiano *estratto*, usato però solo in poche accezioni per indicare una sintesi (estratto conto, estratto dell'atto di nascita, ecc.).

L'abstract può essere definito come una «Breve e accurata sintesi del contenuto di un documento, generalmente senza note aggiuntive di interpretazione o critica. L'autore si limita in pratica a condensare fedelmente, in un certo numero di parole, gli aspetti sostanziali del documento esaminato» (G. Vigini, *Glossario di biblioteconomia e scienza dell'informazione*).

1. Lo scopo

L'abstract è tradizionalmente usato in ambito accademico e scientifico con l'obiettivo di portare all'iscrizione a un convegno o di aiutare una ricerca. Poiché negli ultimi anni il numero di informazioni presenti sul web è sempre più rilevante, l'abstract può servire a selezionare le informazioni di interesse. Internet ha dato quindi nuova vita all'abstract, che condensa il contenuto di articoli in poche righe nella home page di quotidiani e riviste online o sintetizza la presentazione di un libro di cui si propone l'acquisto su siti come Amazon o portali web di case editrici: qualcuno lo ha definito un «invitante porta d'ingresso nella rete» (www.ilmestierediscrivere.com).

2. Le tipologie

Nella pratica dell'abstract si possono individuare **due tipologie:** abstract **informativo** e abstract **indicativo**.

L'**abstract informativo** sintetizza le idee essenziali di un documento così come le ha esposte l'autore, senza alcun intervento personale. Cita lo scopo, i metodi, i risultati, le conclusioni e le raccomandazioni ed è utilizzato di solito per documenti strutturati, come un articolo, un romanzo, una relazione di ricerca, una tesi di laurea o di dottorato.

L'**abstract indicativo** riguarda invece i testi discorsivi (p.es. una conferenza) o molto diversificati nei contenuti (una ricerca bibliografica, gli atti di un convegno con molte comunicazioni diverse, una raccolta di opere diverse di uno stesso autore). In questo caso l'abstract consisterà piuttosto in una scaletta, o in un indice, o in un inquadramento generale. In ogni caso fornisce al lettore una guida e un primo orientamento.

 ## Come scrivere un abstract

Per scrivere un abstract bisogna naturalmente leggere e comprendere il documento di partenza in modo da averne un'idea complessiva: si deve prestare attenzione ai punti salienti, che negli articoli scientifici e nelle relazioni tecniche sono di solito posti all'inizio o al termine dei capitoli o dei paragrafi. Quando presenti, è utile concentrarsi sui paragrafi del testo di partenza, che sintetizzano essi stessi le informazioni o le tesi principali.

Mentre si studia il documento è opportuno stilare una lista di argomenti e redigere una scaletta del testo. Sulla base degli appunti, si passa quindi a redigere una prima stesura dell'abstract prestando attenzione alla forma e alla struttura.

1. La struttura

La struttura tipica dell'abstract di una relazione o di una ricerca scientifica sperimentale è la seguente:

- <u>obiettivi</u>: scopi, motivi e ipotesi alla base del documento;
- <u>metodologia</u>: metodi, tecniche e fonti utilizzate;
- <u>risultati</u>: risultati ottenuti e loro interpretazione;
- <u>conclusioni</u>: elementi significativi che emergono da esperienze, riflessioni e indagini esposte nel testo;
- <u>informazioni eventuali</u>: appendici, bibliografie, fonti, carte, questionari.

Testi di tipo diverso, per esempio un romanzo, suggeriscono abstract con strutture diverse (è infatti ovvio che un romanzo non ha precisamente un "obiettivo", una "metodologia", ecc.)

2. Lo stile

Lo stile dell'abstract si caratterizza per **brevità, chiarezza, concisione e oggettività**.

Lessico e sintassi devono essere in linea con quelli del testo originario e comunque si privilegia l'uso di periodi brevi e forme verbali attive.

È poco consigliabile riportare nell'abstract tabelle, grafici, formule; tuttavia può essere utile segnalarne la presenza nel documento.

Chi scrive un abstract deve sempre rimanere fedele al documento originario, evitando ogni interpretazione o commento personale.

3. Consigli per la scrittura

Lunghezza: la lunghezza media è di 200/250 parole, nel caso di abstract brevi non si dovrebbero superare le 100 parole (per contare le parole al computer si utilizza l'opzione "conteggio parole" sotto la voce "strumenti" del menu). La prima frase dovrebbe consentire al lettore di farsi un'idea del contenuto complessivo.

Parole chiave: sono le parole che definiscono il contenuto concettuale del documento. Spesso compaiono nel titolo o in altra parte del documento. Le parole chiave risultano utili per la visibilità sul web e sono indispensabili in un archivio informatizzato per il recupero del documento stesso.

Rilettura: ultimo ma decisivo passaggio è quello della rilettura. Controlla il numero delle parole, la struttura delle frasi e la presenza delle parole chiavi.

Se si tratta di un abstract informativo, controlla che sia chiaro e conciso e che si legga in modo simile all'articolo. Se si tratta di un abstract informativo, che sia riassunto con rigore.

Valuta infine il linguaggio utilizzato: probabilmente i lettori saranno persone che conoscono l'ambito trattato e il suo linguaggio specifico, ma è comunque bene che la lettura sia il più semplice possibile.

Nel suo "<u>vademecum per redattori</u>" il sito exibart.com presenta queste indicazioni:
- l'abstract deve essere **accattivante**, deve utilizzare un linguaggio semplice, diretto, anche provocatorio e stuzzicante, magari pubblicitario o televisivo;
- deve contenere almeno tre o quattro periodi;
- deve avere ritmo e dev'essere di **200 parole**;
- deve **far venir voglia** a chi lo legge di andare avanti e di leggere tutto l'articolo. Deve contenere delle "esche";
- sono assolutamente **da evitare** gli abstract che ripetono i titoli.

Attività

1 Esamina il seguente abstract di una tesi di laurea e poi completa lo schema seguente in base a quanto studiato in questo Laboratorio.

L'associazionismo delle donne senegalesi fra Dakar e Bologna: un'analisi antropologica

Questa tesi di laurea tratta l'argomento dell'associazionismo delle donne senegalesi nel nuovo ambiente urbano d'immigrazione, con particolare riferimento a due associazioni, ovvero la *tontine* e la *dahira*, in quanto è una strategia socio-culturale, la quale rispecchia il modo di affrontare le esigenze della quotidianità incontrate dalle donne.

L'associazione si colloca nella sfera informale del tessuto urbano ed è creata da un gruppo di persone che si incontra regolarmente e su base volontaria. Ad alcuni membri sono affidati diversi compiti, come per esempio il ruolo della tesoriera o della segretaria e ciò lascia intravedere una struttura gerarchica all'interno con la presidentessa come figura più autorevole per garantire la trasparenza delle azioni. L'associazione si basa sull'amicizia dei suoi membri, i quali hanno allargato la loro rete sociale alla quale possono attingere in caso di necessità.

In questo senso la fiducia e il legame sociale fra i membri sono fondamentali e creano il vincolo della reciprocità, in quanto ogni membro può essere debitore o creditore verso le altre partecipanti.

Questi due elementi producono la base per il controllo sociale e perciò per il funzionamento dell'associazione. In questo modo tale comportamento socialmente condiviso e trasmesso si è trasformato in aspetto culturale e si inserisce nella nozione di cultura dell'antropologo Clifford Geertz, il quale la descrive come modo di vita.

Tale aspetto, in quanto bagaglio culturale accompagna necessariamente le protagoniste nei loro spostamenti e ciò giustifica il fatto di dedicare il primo capitolo alla situazione delle donne senegalesi nel loro luogo d'origine, Dakar. L'associazionismo fiorente in Senegal presenta un investimento socio-culturale di sopravvivenza e di affermazione sociale e femminile e si inserisce in tutti i contesti della vita quotidiana. In questo senso si tenta di trarre un collegamento fra spazio urbano e spazio sociale, mostrando come alcune pratiche sociali e associative abbiano influenzato il primo, trasformandolo in spazio informale, il quale presenta il terreno fertile dell'economia informale, che si può descrivere come fatto sociale totale.

Per tale motivo si fa riferimento alle diverse associazioni all'interno della famiglia estesa per poi passare alla sfera pubblica delle associazioni economiche dei diversi mestieri e dei quartieri e a quella religiosa con due esempi: uno si riferisce all'associazionismo muride e l'altro al legame fra guaritore e paziente.

Obiettivo	
Metodo	
Conclusioni	
Parole chiave	

Laboratorio 10 — L'abstract

2 Leggi con attenzione il testo che segue, si tratta di una lettera inviata al Presidente del Consiglio Enrico Letta nel 2013 da Associazioni ambientaliste e di categoria, ordini professionali, sindaci, tecnici ed esperti del settore, per fermare le tragedie causate dal dissesto idrogeologico. Scrivi poi due abstract: uno di 100 parole e uno di 250.
Data l'attualità del tema, decidi tu quale potrebbe essere la destinazione dei tuoi lavori.

Oggetto: La mitigazione del rischio idrogeologico, una priorità per l'Italia

Egregio presidente,
anche l'autunno 2013 ha drammaticamente riportato all'attualità il problema del rischio idrogeologico, a partire da quanto avvenuto in Sardegna nei giorni scorsi. Un'immensa tragedia per cui purtroppo non ci saranno mai interventi o risorse economiche sufficienti a colmare il vuoto delle vittime e il disagio umano e sociale che ha colpito i cittadini di Olbia e degli altri territori sardi. Prima di quest'ultimo caso però, anche altri fenomeni, sempre purtroppo con vittime, avevano colpito altre regioni come la Toscana, la Liguria, la Puglia e la Basilicata, la Calabria, la Sicilia, le Marche e l'Umbria. Ma quanti altri territori dovranno essere ancora interessati? Quanto dovremo aspettare perché il dissesto idrogeologico e il rischio connesso con le frane e le alluvioni diventi nel nostro Paese una priorità, la prima vera grande opera pubblica da mettere in campo?

Precipitazioni sempre più intense e frequenti per i cambiamenti climatici in atto, un territorio che ogni anno è reso più vulnerabile dal consumo di suolo, una politica di mitigazione del rischio idrogeologico che continua a basarsi su pochi interventi di somma urgenza invece che su un'azione di prevenzione e manutenzione diffusa su tutto il territorio, sono le cause del problema. Purtroppo, nonostante i disastri e le tragiche conseguenze di questi fenomeni su tutto il territorio nazionale, si continuano a favorire progetti di occupazione di suoli naturali o agricoli, invece che salvaguardarne la destinazione d'uso. Occorre allora scongiurare interventi normativi che prevedano la costruzione di nuovi milioni di metri cubi di case, uffici, alberghi in aree oggi inedificabili o persino sottoposte a vincolo idrogeologico e archeologico, quali proposte che ancora vengono avanzate in parlamento persino nel dibattito sulla legge di stabilità. Interventi che aggraverebbero ancora di più un rischio che già oggi è estremamente diffuso, riguardando l'82% dei Comuni italiani e oltre 6 milioni di cittadini che ogni giorno vivono o lavorano nelle aree considerate ad alto rischio idrogeologico.

La difesa del suolo e le politiche di prevenzione del rischio sono urgenti, come ricordato anche nelle recenti risoluzioni approvate al Senato e alla Camera – in cui si impegnava il Governo a considerare questo tema una priorità del Paese, in quanto finalizzata a garantire la sicurezza dei cittadini – e dal suo stesso discorso programmatico in cui affermava che *"abbiamo un impegno alla prevenzione, con un piano di manutenzione contro il dissesto idrogeologico"*. Alla luce di tutto questo è dunque evidente che quanto previsto dalla legge di stabilità su questo tema sia assolutamente inadeguato. L'articolo 5 infatti prevede come nuovi fondi solo 30 milioni per l'anno 2014, 50 milioni per l'anno 2015 e euro 100 milioni per l'anno 2016 contro il dissesto idrogeologico. Eppure, per l'autotrasporto sono previsti 330 milioni di euro in discussione nella legge di stabilità.

Per questo, in quanto rappresentanti delle principali associazioni ambientaliste e di categoria, dei Consigli nazionali degli ordini professionali del settore, dei Sindaci e del mondo dei tecnici e della ricerca, le scriviamo affinché a partire dalla legge di stabilità, le politiche per la prevenzione e la mitigazione del rischio idrogeologico, diventino la prima grande opera pubblica per l'Italia. A partire da due richieste puntuali:

– la deroga al patto di stabilità per consentire alle amministrazioni locali di mettere in campo gli interventi previsti dai Piani di bacino (PAI - Piani di assetto idrogeologico, ecc.) e dalla pianificazione di settore per la mitigazione del rischio idrogeologico nei loro territori. Azione questa prioritaria e richiamata a gran voce anche in questi giorni. Infatti, le spese di Regioni e Comuni relative alla mitigazione del rischio idrogeologico vanno considerate come veri e propri investimenti, in quanto più efficaci di qualsiasi intervento in emergenza e in grado di prevenire danni per cifre ben superiori a quelle così investite.

– aumentare la somma prevista dall'attuale legge di stabilità (che prevede 180 milioni di euro per i prossimi tre anni) stanziando almeno 500 milioni di euro all'anno da destinare ad un'azione nazionale di difesa del suolo che rilanci la riqualificazione fluviale, la manutenzione ordinaria e la tutela del territorio come elementi strategici delle politiche di prevenzione, abbandonando la logica del ricorso a sole opere strutturali e di somma urgenza, coerentemente con gli obiettivi della direttiva comunitaria 2007/60/CE sulla gestione del rischio alluvioni.

Dopo anni di risorse virtuali e di finanziamenti erogati sulla base di schemi emergenziali, occorre oggi una scelta politica forte. Con l'auspicio che Lei voglia rispondere alla nostra sollecitazione e consapevoli che oggi non è più possibile rimandare le azioni necessarie a fermare i disastri e le tragedie che ogni anno si ripetono nel nostro Paese a causa di frane e alluvioni, le porgiamo cordiali saluti.

I presidenti delle seguenti associazioni ambientaliste e di categoria
e consigli nazionali degli ordini professionali
Legambiente, Coldiretti, Anci, Consiglio nazionale dei geologi, Consiglio nazionale degli architetti, Consiglio nazionale dei dottori agronomi e forestali, Consiglio nazionale degli ingegneri, Consiglio nazionale dei geometri, Inu, Ance, Anbi, WWF, Touring Club Italiano, Slow Food Italia, Cirf, Aipin, Sigea, Tavolo nazionale dei contratti di fiume Ag21 Italy, Federparchi, Gruppo183, Arcicaccia, Alta Scuola, FAI, ItaliaNostra, CTS, Società italiana dei territorialisti, Lipu, Cai, Aiab, Federazione nazionale Pro Natura

La città di Messina alluvionata

Laboratorio 11
Il dépliant

OBIETTIVI
- Saper distinguere i vari tipi di dépliant
- Acquisire la capacità di creare contenuti visuali e testuali per un dépliant

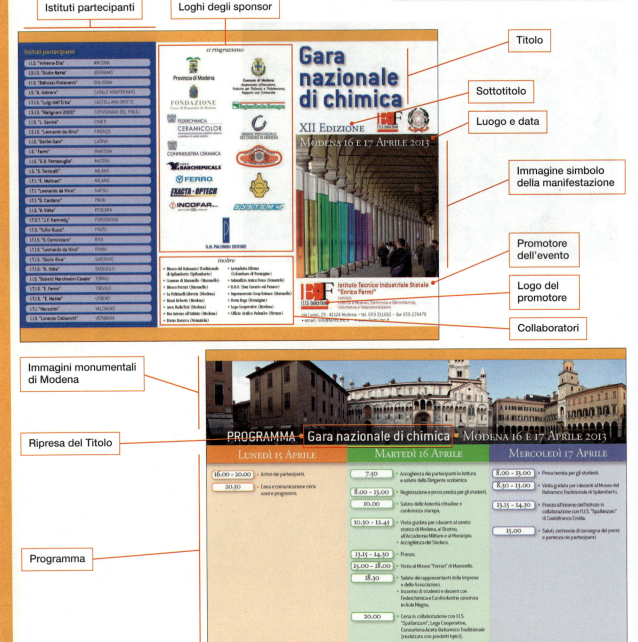

SCRITTURE PER L'ESAME E PER IL MONDO DEL LAVORO

1 Che cos'è il dépliant

Il dépliant (parola francese che significa 'pieghevole') è un **foglio di carta o cartoncino a più facce, che può essere di varie dimensioni e si piega in due o più parti**. Contiene una comunicazione scritta, arricchita da illustrazioni e/o immagini. La redazione di un dépliant può avere diversi scopi, tra i più frequenti ci sono:

– **scopo pubblicitario**, per propagandare prodotti o informare in merito ad attività di vario genere, commerciali aziendali;

– **scopo di comunicazione sociale o istituzionale**, per sensibilizzare i cittadini su temi e problemi sociali, modificarne i comportamenti in senso positivo, spingerli a partecipare ad iniziative di tipo ambientale, a cui fa riferimento l'immagine del dépliant che segue:

– **scopo culturale**, per promuovere eventi, mostre e manifestazioni culturali in generale, di interesse sia locale sia nazionale, sui temi più disparati: rassegne cinematografiche, festival musicali, mostre pittoriche, ecc.

2 A che cosa serve e come è fatto un dépliant

Il dépliant è uno **straordinario strumento di divulgazione**. Nonostante le sue piccole dimensioni (di solito in formato tascabile) è uno strumento in grado di comunicare una grande quantità di informazioni in modo sintetico ed efficace e – se ben realizzato – di stimolare interesse e curiosità.

La stesura di un dépliant richiede abilità e competenza a livello sia grafico sia testuale. Il messaggio che si intende comunicare deve essere sintetico e chiaro, immediatamente comprensibile dal lettore, tramite immagini, grafica e testi adatti alle finalità. I destinatari (*target*) cambiano a seconda dello scopo e sono spesso individuati attraverso sondaggi e ricerche di mercato. A differenza di altri strumenti di comunicazione come il manifesto o la locandina, il dépliant, e quindi il suo stile comunicativo, è più "tarato" su un particolare tipo di destinatario: sarà raffinato se reclamizza un prodotto di lusso; più "urlato" e popolare per un prodotto di massa. Tanto più che il dépliant si rivolge alla singola persona ed è pensato per essere letto individualmente e conservato.

1. Come si scrive

Uno dei pregi del dépliant è quello di riuscire a combinare in modo interessante e originale, seppure in uno spazio piuttosto limitato, sia immagini sia testi che risultino significativi ai fini della comunicazione.

I pieghevoli, pur cambiando a seconda del contenuto, dell'oggetto e dello scopo, presentano nella struttura alcune caratteristiche comuni generali:

– una <u>copertina accattivante</u>, commisurata al target;
– l'<u>indicazione del referente</u>, cioè il prodotto, la manifestazione, l'attività commerciale o culturale che si intende promuovere;
– l'<u>illustrazione delle specificità e dei punti di forza</u> che caratterizzano il referente (oggetto, prodotto o evento);
– l'<u>uso mirato delle immagini</u>, per stimolare e incuriosire il target, portandolo a soffermarsi sulle didascalie.

2. Com'è organizzato

La buona riuscita comunicativa del dépliant dipende, in larga misura, dal livello di gradevolezza, chiarezza e fruibilità che si riuscirà a realizzare, dosando sapientemente la parte testuale con quella grafica, fatta anche di grafici e illustrazioni.

Non bisogna dimenticare, inoltre, che le informazioni contenute in un dépliant vincolano chi lo produce a precise responsabilità normative. Ad esempio, in un dépliant turistico-informativo occorre sia fornire informazioni precise, sia non ingannare il potenziale turista sulla natura dei luoghi o sulle caratteristiche delle strutture alberghiere proposte, ecc.

In particolare, si presterà attenzione a:

- La **disposizione** e la **strutturazione** del testo che, secondo criteri di logica e coerenza, deve contenere informazioni, supportate da news, dati, tabelle ed elementi persuasivi per convincere il lettore della qualità dell'oggetto, dell'evento e dell'attività che si intende promuovere.
- La **chiarezza** e la **sintesi** delle parti testuali, che devono essere scritte all'insegna della brevità, della pertinenza e della rispondenza alle attese del target.
- L'**articolazione testuale** che dovrà essere così organizzata:
  - <u>titolo</u> (*headline*), molto importante perché dall'inizio può suscitare un'impressione favorevole. Generalmente è scritto in caratteri grandi e sintetizza il messaggio che si vuole trasmettere. Gli esperti suggeriscono di usare uno slogan (dal gaelico antico *slaughghaim*, letteralmente 'grido di guerra') affinché colpisca l'immaginazione dell'utente, lo incuriosisca e gli fornisca fin da subito una sintesi delle informazioni e dei contenuti che troverà all'interno del dépliant;
  - <u>corpo del testo</u> (*body copy*), di solito posto subito dopo il titolo, rappresenta la parte descrittiva del dépliant e ha come scopo principale quello di spiegare il messaggio contenuto nel titolo. Questa parte informativa o esplicativa è scritta in caratteri più piccoli rispetto al titolo. In alcuni casi può anche non esistere, la lunghezza consigliata si è via via ridotta negli anni ed ora, di solito, non supera le due-tre righe;
  - <u>chiusura</u>, la frase riassuntiva, sintetica che caratterizza il messaggio del dépliant condensando in poche parole le informazioni che si vogliono trasmettere agli utenti.
- Il **prospetto informativo**, che deve illustrare in modo dettagliato le caratteristiche del referente mediante dati di qualità tecnica (affidabilità del prodotto, del servizio, ecc.) o relativi ad informazioni commerciali (offerte, promozioni, punti vendita, ecc.).
- La **grafica** e l'**iconografia**, parte del pieghevole cui è affidato il compito di proporre uno stile vincente, che differenzi quella proposta rispetto alle altre. È importante utilizzare foto e immagini in alta qualità. Anche i colori devono essere appropriati, così come gli sfondi. Una grafica vincente conferisce al dépliant un'identità, e lo fa attraverso l'uso di:
  - <u>marchi e loghi</u>, e cioè simboli (che possono esser costituiti da un nome, un acronimo, un disegno, una parola, una sigla, una lettera) che identificano il referente, sia esso una manifestazione, un evento, un prodotto o un'azienda. Lo scopo di questi elementi grafici è quello di far riconoscere anche a colpo d'occhio il referente;
  - <u>font</u>, cioè i caratteri tipografici. Un pieghevole ben riuscito limita il numero dei caratteri e, soprattutto, non presenta font astrusi o eccessivamente ricercati che possono distogliere l'attenzione dai contenuti.
- Il **formato** e la **piegatura**, a cui è dedicato un paragrafo a parte.

Oltre agli elementi appena elencati, su cui è importante focalizzare in particolar modo l'attenzione, ci sono poi una serie di altre scelte che aiutano a creare un messaggio significativo e personalizzato (soprattutto quando si tratta di dépliant rivolti a pubblicizzare attività commerciali o imprenditoriali):

- il **bordo pagina**, inserire un bordo aggiunto alla pagina dà al dépliant un aspetto più attraente e professionale;
- il **messaggio personalizzato** rivolto al cliente come ad esempio "Visita il mio negozio per trovare altri oggetti interessanti e usufruire di un'accoglienza clienti affidabile e competente";
- gli **oggetti in evidenza**, può essere utile evidenziare fino a quattro oggetti, utilizzando immagini a colori;

- le **promozioni**, un'altra possibilità (soprattutto per attività commerciali o Imprese) è quella di includere spazi per presentare le promozioni create per promuovere l'attività o il negozio;
- i **materiali**, si va dalla carta, anche riciclata, molto raffinata ed ecologica, alla plastica e altri materiali innovativi.

> **Differenza tra volantini, brochure e dépliant**
> Spesso tendiamo a confondere tra loro i diversi tipi di supporto cartaceo promozionale: è abbastanza comune che una brochure sia scambiata per un volantino o un dépliant e viceversa. Facciamo chiarezza:
> – il **volantino**, come suggerisce il vocabolo, è un foglio di carta "volante" formato da una sola pagina, stampata su una o entrambe le facciate. Si usa per informare il pubblico in maniera veloce e mirata su un evento, un'idea, un progetto, una campagna pubblicitaria, offerte promozionali, ecc. Viene distribuito spesso all'uscita di luoghi dove si trovano grandi agglomerati di persone come scuole, supermercati, teatri, discoteche, ecc.
> – la **brochure**, questa parola deriva dal francese e significa 'opuscolo'. Non è altro che il classico **booklet**, ovvero un libretto composto da una serie limitata di pagine, molto curate, anche rilegate. Di solito viene usata carta di buona qualità e il prodotto grafico è raffinato e professionale. Si usa spesso per pubblicizzare oggetti di arredamento, automobili, viaggi, ecc.
> – il **dépliant**: sappiamo già che è il classico pieghevole, ovvero un foglio unico piegato in più parti.

3. Il formato

I possibili **formati** del dépliant sono numerosissimi, vediamo nel dettaglio alcuni dei più usati:
- **mini dépliant**, estremamente apprezzato, è considerato molto pratico per il suo formato tascabile, ha le dimensioni di una carta di credito;
- **standard**, di dimensioni simili a quelle di una busta, questo formato è adatto a dépliant che devono sponsorizzare prodotti e eventi in cui è necessario inserire immagini di grandi dimensioni. Si può facilmente allegare a fatture, listini prezzi o a biglietti augurali (10 x 20 cm);
- **UNI**, questo formato permette di creare originali soluzioni grafiche e di inserire immagini molto grandi su sfondi insoliti (21 x 29,7 cm);
- **medium**, formato a pagine doppie, che tende a differenziarsi dal formato standard, ma senza risultare impegnativo come quello UNI (14,5 x 21 cm).

Per quanto riguarda invece la **piegatura**, osserva l'immagine proposta in cui sono mostrati alcuni possibili esempi.

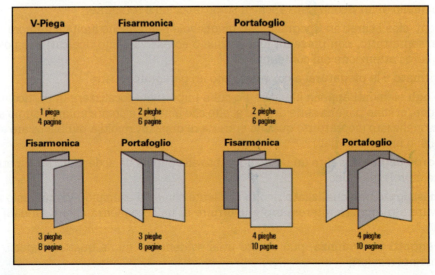

4. Lo stile e il linguaggio

Lo **stile comunicativo** è molto importante e va definito in relazione al target di riferimento. Se ci rivolgiamo ad un pubblico giovane il registro può essere informale, mentre dovrà essere formale se il destinatario è un professionista adulto. È importante che le scelte linguistiche e lessicali siano incisive, così da essere ricordate e fatte proprie dal pubblico di riferimento.

Il **linguaggio** deve essere coerente con il settore e con il destinatario, ma è importante ricordare che abbreviazioni, allusioni e lessico troppo specialistico non aiutano nella comunicazione. I periodi devono essere brevi, ben circostanziati e diversificati per formattazione (colori, grassetti, dimensioni, ecc.). Luoghi comuni, emozioni, domande devono essere usati in modo pertinente, così come prefissi, suffissi, proverbi, metafore, giochi di parole, rime, molto efficaci, ma solo se impiegati senza eccedere.

Altre strategie e usi linguistici che troviamo molto comunemente sono:

– uso non neutrale dell'aggettivazione (aggettivi nella forma superlativa, aggettivazione enfatica), con l'obiettivo di esaltare e valorizzare l'oggetto descritto affinché non risulti anonimo;
– termini molto variati e ricchi, per trasmettere un'immagine accattivante e piacevole;
– uso di frasi brevi, per una maggiore chiarezza della descrizione;
– uso di indicatori spaziali e temporali (avverbi, preposizioni, locuzioni, ecc.), necessari per la descrizione di un luogo o per la definizione delle parti che compongono l'oggetto descritto;
– uso frequente di forme verbali impersonali e passive (si può ammirare…, si trova…, è chiamata…, può essere gustato…, ecc.).

In sintesi

Come realizzare un buon dépliant

☺ **Stabilire l'obiettivo**: scegli i punti di forza del prodotto/evento che vuoi promuovere in riferimento al target: metti a fuoco 1-2 (max 4) prodotti/servizi dei quali darai un'immagine positiva;

☺ **Essere sintetici**: punta su un'immagine mirata, chiara, sincera, professionale, evitando di dare troppe informazioni. L'obiettivo è quello di essere persuasivi senza confondere;

☺ **Scegliere cosa evidenziare**: punta su servizi, offerte, qualità di eccellenza, accoglienza, professionalità e, soprattutto, sui benefici;

☺ **Usare un linguaggio pertinente**: pensa sempre al target, usa un linguaggio semplice e ben strutturato sul piano ortografico e sintattico. Prefissi, suffissi, metafore, giochi di parole sono efficaci solo se usati in modo adeguato, senza eccedere;

☺ **Inserire testimonianze reali**: fai riferimento a testimoni reali per rendere più credibile l'offerta. Nel caso si tratti di prodotti aziendali può essere utile citare commenti, brand, riferimenti ai lavori svolti e soprattutto foto di clienti soddisfatti;

☺ **Offrire un vantaggio immediato**: una buona tecnica per evitare che il dépliant sia cestinato è quella di offrire un omaggio o porre chiari riferimenti a consulenze gratuite, mini guide, numeri verdi, buoni sconto, ecc. Altra strategia è quella della *call to action* (un invito a partecipare, scrivere, visitare, chiamare) per avvalersi delle offerte o per ricevere informazioni sulle proposte;

☺ **Consigli finali**: coinvolgi il cliente o la persona a cui vuoi che arrivi il tuo messaggio, trattalo come un amico. Gli esperti consigliano di suscitare empatia entrando nei panni e nelle attese dell'utente, con l'ausilio di un dépliant accattivante che cura la grafica, i materiali, i contenuti e le immagini.

Laboratorio 11 — Il dépliant

Attività

1 Crea un dépliant informativo per l'Ufficio del turismo. La finalità è promuovere il Parco nazionale dell'Appennino Tosco-emiliano, informando e consigliando itinerari, servizi, curiosità. Prendi spunto dalle informazioni che trovi sul sito del turismo appenninico http://www.parcoappennino.it/. Svolgi il lavoro concentrandoti in particolare sulla veste grafica del documento: immagini, mappe, cartine, ecc. `90 min`

2 Crea un dépliant per promuovere l'offerta formativa, il piano di studi, i progetti e le attività della tua Scuola (rivolto al target di studenti dell'ultimo anno delle scuole medie). Stendi prima una bozza del progetto compilando una scheda come quella che segue. Raccogli poi tutti i materiali, le immagini e le informazioni utili e realizza il pieghevole. `120 min`

Disposizione e strutturazione del testo	
Titolo e sottotitolo, logo	
Stile comunicativo	
Corpo del testo (offerta formativa, il piano di studi ecc.)	
Chiusura	
Font	
Formato e piegature	
Immagini e grafica	
Eventuali messaggi personalizzati	
Materiale	

3 Ripeti l'esercizio numero 2, rivolgendoti però ad un nuovo target, e cioè i genitori di quegli stessi studenti. Metti poi a confronto i due dépliant e annota somiglianze e differenze. Quale realizzazione pensi che sia meglio riuscita e per quali motivi? `120 min`

4 Crea un depliant a tre ante con chiusura a portafoglio sulle attività di una fattoria didattica. Per farlo seguendo il modello proposto. `90 min`

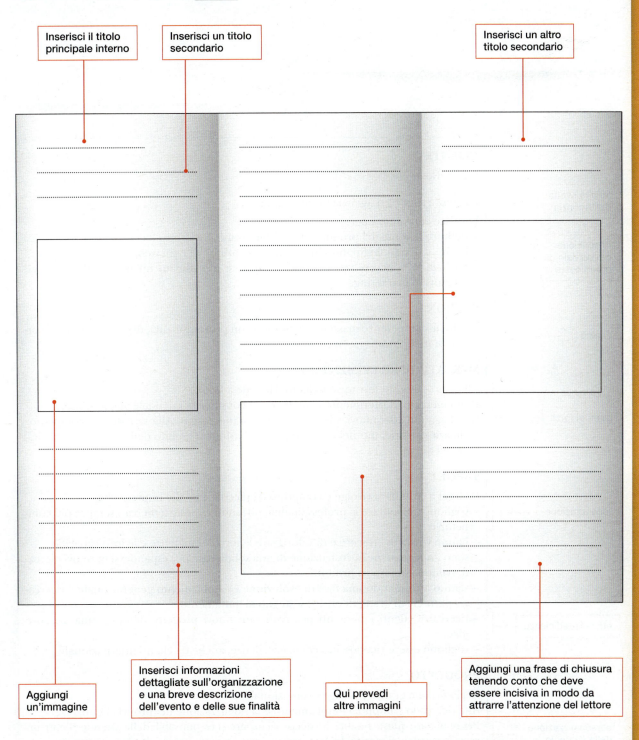

Laboratorio 12

Il brief

OBIETTIVI
- Saper leggere e utilizzare correttamente un brief
- Acquisire le competenze per redigere un brief

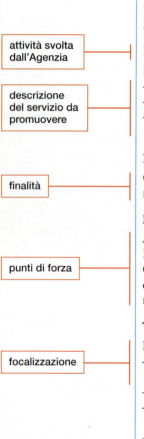

CLIENTE

Signor Rossi

L'agenzia Alfa è un'agenzia pubblicitaria.

Fornisce consulenza per:
- definire il nome del prodotto da pubblicizzare;
- creare il design, loghi, brochure, cataloghi aziendali e siti web;
- analizza la concorrenza, definisce i target e individuato un budget definisce gli obiettivi di marketing.

MISSION

Offrire le competenze massime, lavorando con professionalità, dedizione, senza ricorrere a pratiche sleali.

MERCATO DI RIFERIMENTO

Alfa è presente sul territorio italiano. Ha sede a Roma.
Il suo mercato di riferimento è quello della consulenza aziendale alle imprese.
Con l'aggiunta dei nuovi servizi, relativi al brand design, Alfa sarà diretto competitor delle aziende operanti nel mercato pubblicitario nell'ambito della grafica pubblicitaria e del design.

TARGET

Il target a cui Alfa si rivolge è composto da piccole e medie imprese che:
- vogliono aumentare la professionalità, offrendo risposte a mercati sempre più competitivi;
- hanno voglia di crescere e di valorizzare le loro competenze e le loro capacità;
- sono impegnate nella costruzione di una solida base per espandersi in nuovi mercati, sviluppando nuovi prodotti;
- stanno affrontando una fase di evoluzione e cambiamento generazionale e ricercano partners in grado di offrire sostegno al mutamento;
- ricercano talenti emergenti per realizzare nuovi progetti, dando forma a nuove idee;
- vogliono essere riconosciuti come eccellenze, anche da clienti internazionali.

PROGETTO

Realizzazione grafica package promozionale.
Alfa ricerca lo sviluppo, l'ampliamento e la fidelizzazione dei propri clienti.
Per realizzare queste finalità ha deciso di inviare ai responsabili delle aziende clienti un piccolo regalo nel giorno del loro compleanno, accompagnato da un biglietto augurale.

▶

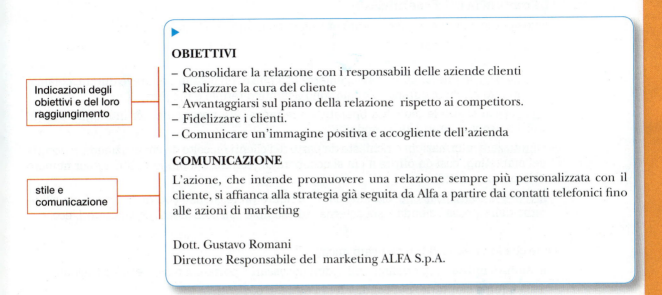

Avete letto un esempio di brief.

1 Che cos'è un brief

Il brief (dall'inglese *to brief* = 'informare', 'dare istruzioni') è un documento che ha lo scopo di **dare informazioni e istruzioni sulla realizzazione di un progetto**. Di solito questo tipo di documentazione è redatta con una modalità molto pratica e concisa, affiché risulti utile a precisare in modo schematico le informazioni necessarie allo svolgimento dell'attività a cui si riferisce.

Le funzioni principali del brief sono due:

- **riassumere** le informazioni utili;
- **fornire istruzioni schematiche**, differenziandosi dal semplice report che ha il solo scopo di trasmettere informazioni.

In base alle finalità, un brief può essere:

- **completo ed esaustivo**, rispetto a un determinato progetto o argomento. In questo caso le istruzioni e le procedure indicate devono semplicemente essere applicate;
- **aperto a nuovi sviluppi**, fungere cioè da punto di partenza, così da stimolare nei lettori la proposta di nuove strategie o idee che siano efficaci per il conseguimento degli obiettivi preposti.

Come leggere un brief
Se qualcuno ci invia un brief occorre sottolineare o evidenziare gli elementi salienti che risultano per noi nuovi e ci forniscono informazioni utili. Se qualcosa è ambiguo o non chiaro è bene porre al lato un punto interrogativo e chiedere spiegazioni a chi ha redatto il brief. Dobbiamo seguire alla lettera e passo passo le istruzioni che ci sono state fornite per ottenere un buon risultato. Nel caso di un brief che punta all'apertura di nuove strategie e idee è consigliabile segnare a parte le nostre riflessioni, per poi approfondirle in sede di riunione.

Laboratorio 12 — Il brief

1. I contesti in cui viene utilizzato

Molto spesso il brief è un documento utilizzato all'interno delle **aziende** per:

- <u>preparare un meeting</u> ('incontro') e comunicare in via preliminare a tutti i partecipanti gli argomenti che saranno al centro della discussione;
- <u>verbalizzare</u> le riflessioni/decisioni emerse alla fine di un incontro di breve durata, chiamato appunto *briefing*, durante il quale sono definite direttive e progetti;
- <u>spiegare</u> ai clienti le modalità operative e le procedure necessarie per interagire con gli Uffici o i servizi interni all'azienda;
- <u>sintetizzare</u> informazioni e richieste da parte dei clienti raccolte da chi in azienda si occupa del marketing, così da offrire a chi si occuperà di realizzare il progetto il maggior numero di informazioni utili;
- <u>favorire la comunicazione</u>, sia interna – tra figure professionali con ruoli diversi ma all'interno della stessa azienda – sia esterna, ad esempio con consulenti, collaboratori, ecc.

Oltre che in azienda, il brief è usato anche:

- in **ambito militare**, per definire gli ordini necessari a portare a termine una missione;
- dalle **équipe sanitarie**, per condividere i dati dei pazienti;
- in **campo pubblicitario**, per rendere conto della campagna svolta all'azienda che l'ha commissionata.

2. La struttura del brief aziendale

Come puoi osservare anche nell'esempio proposto all'inizio di questo Laboratorio, il brief aziendale presenta determinate caratteristiche strutturali, che servono a mettere in luce tutti o alcuni dei seguenti punti:

- *l'attività svolta* dall'azienda;
- *il progetto* da promuovere;
- *il mercato* di riferimento;
- *il target*;
- *la mission*, cioè la finalità dell'impresa o del referente incaricato di redigere il brief;
- *gli obiettivi*;
- *i fattori interni/esterni* necessari per raggiungere gli obiettivi;
- *la differenziazione del prodotto/servizio da realizzare* (rispetto ai competitors);
- *la personalizzazione della strategia*;
- *lo stile comunicativo*;
- *i materiali* che si intende impiegare;
- *il budget*, cioè i finanziamenti a copertura del lavoro (o da ricercare);
- *gli sponsor e i partner*;
- *l'organizzazione* del lavoro (tempi, planning, cronogramma).

3. Lo stile e il linguaggio

Il brief non è un testo narrativo, ma un documento schematico che si presta ad essere riletto e sottolineato, risponde alla necessità di essere tenuto a portata di mano, così da poterlo consultare quando si ha bisogno di rileggere o memorizzare una delle informazioni che vi sono contenute. Per questi motivi, come ogni schema ben fatto, deve essere organizzato in punti, titoli, sottotitoli, paragrafi o sezioni, liste numerate, grassetti. Va evitato l'uso di periodi lunghi e ripetitivi e il registro linguistico deve essere il più oggettivo possibile.

Come redigere un brief
Per redigere un "buon" brief, qualunque sia l'ambito in cui è usato, si deve puntare a due elementi apparentemente antitetici: essere brevi e allo stesso tempo esaustivi. Per raggiungere questo scopo sono necessarie chiarezza e semplicità espressiva. Non si devono usare parole poco utilizzate o di difficile comprensione, occorre evitare frasi che possano aprire a diverse interpretazioni. Per scrivere un brief è necessario mettersi dalla parte del lettore e immaginare di non conoscere l'argomento trattato in modo da scrivere un testo molto diretto, semplice e chiaro. Non si deve dare nulla per scontato, per cui occorre fornire tutte le informazioni, anche quelle che appaiono banali. Termini tecnici o scientifici si possono utilizzare solo se ci si rivolge a persone che per certo ne conosco il significato per via della loro professione o attività.

Attività

1 Scrivi un brief per un ragazzo che intende recarsi per la prima volta allo stadio. Elenca in modo schematico gli eventuali problemi in cui potrà incorrere e le modalità con le quali risolverli. Per aiutarti, ti forniamo alcune domande alle quali dovrai dare risposta compilando il brief. 60 min

– Dove trovare l'orario delle partite?
– Come acquistare i biglietti?
– Quando occorre la tessera del tifoso?
– Quali vantaggi ci sono a scegliere la tribuna rispetto alla curva?
– Quanto tempo prima dell'inizio della gara è bene presentarsi?
– Che cosa è possibile portare e che cosa invece è vietato all'interno dello stadio?
– Quali atteggiamenti sono consentiti e quali vietati?

2 Immagina di essere il responsabile dell'area marketing di un'agenzia pubblicitaria. Devi redigere un brief destinato al gruppo creativi della tua azienda riguardo alla creazione di un nuovo sito web per un cliente proprietario di un'azienda che produce penne a sfera personalizzate. Inventati aspettative e richieste del cliente ed elencale in modo dettagliato nel brief. 90 min

3 Immagina di essere il responsabile dell'area marketing di un'agenzia pubblicitaria incaricato di promuovere la campagna pubblicitaria di un nuovo cellulare. Stendi il brief che risponda alla struttura esposta nel paragrafo *La struttura del brief aziendale*. 60 min

Laboratorio 13

Laboratorio in situazione

OBIETTIVI

- Lavorare in gruppo
- Esercitare e mettere alla prova le competenze acquisite
- Realizzare un dépliant

Premessa

L'apprendistato è una tipologia di rapporto di lavoro rivolta ai giovani dai 15 ai 29 anni.

Sul sito ufficiale del governo italiano l'apprendistato è definito «un **contratto di lavoro a tempo indeterminato finalizzato alla formazione e all'occupazione dei giovani** per i quali il datore di lavoro, a fronte di sgravi contributivi e fiscali, è tenuto ad erogare all'apprendista, come corrispettivo della prestazione lavorativa, non solo la retribuzione, ma anche una specifica formazione professionale. Il contratto di apprendistato è distinto in tipologie, con finalità e requisiti di ingresso diversi».

Recentemente, alcuni tipi di apprendistato permettono di conseguire un titolo di studio grazie ad una formazione – da svolgere presso una scuola secondaria, o addirittura presso le università - che si incrocia con il lavoro vero e proprio che viene svolto invece in azienda.

Obiettivo

Produrre un dépliant illustrativo sul tema "**giovani e apprendistato**".

Destinatari

Studenti della propria Scuola e studenti eletti nella Consulta Provinciale.

Istruzioni

Il lavoro deve essere eseguito in gruppo e prevedere:
– la consultazione del sito www.nuovoapprendistato.gov.it;
– la lettura approfondita delle pagine relative alla voce "Giovani", soffermandosi in particolar modo sulle sotto sezioni:
  - "5 passi per l'apprendistato";
  - "Apprendistato: titoli di studio";
  - "Normativa";
  - "Contrattazione";
– l'esecuzione del compito.

Compito

Create un dépliant a due ante rivolto al target studenti del triennio superiore e rappresentanti della Consulta Provinciale per diffondere negli istituti di istruzione secondaria superiore la conoscenza dei contratti di apprendistato. Stendete la bozza del progetto compilando una scheda come quella seguente per mettere a fuoco le idee, poi realizzate il prodotto.

Disposizione e strutturazione del testo	
Titolo e sottotitolo	

Corpo del testo:
1. titoli di studio per l'accesso
2. i diversi contratti di apprendistato:
  – Apprendistato per la Qualifica e per il Diploma Professionale
  – Apprendistato professionalizzante o contratto di mestiere
  – Apprendistato di alta formazione e di ricerca	

Conclusione: opportunità e vantaggi	
Font	
Formato e piegature	
Immagini e grafica	
Materiali	

Sezione 3

Studiare e ripassare insieme

In questa sezione troverai:

Attività di ripasso	QUADRO STORICO-CULTURALE L'età della Controriforma (1545-1690)
Attività di ripasso U1	Torquato Tasso
Attività di ripasso U2	Miguel de Cervantes
Attività di ripasso U3	Il grande teatro del Seicento
Attività di ripasso U4	La nuova scienza
Attività di ripasso U5	La poesia barocca
Attività di ripasso	QUADRO STORICO-CULTURALE L'Europa della ragione (1690-1815)
Attività di ripasso U6	La ragione, le leggi e il diritto
Attività di ripasso U7	Il romanzo del Settecento
Attività di ripasso U8	La poesia nell'età dell'Illuminismo
Attività di ripasso U9	Il teatro del Settecento
Attività di ripasso U10	Carlo Goldoni
Attività di ripasso U11	Ugo Foscolo
Attività di ripasso	QUADRO STORICO-CULTURALE Il Romanticismo (1815-1861)
Attività di ripasso U12	Il romanzo e la novella nell'Ottocento
Attività di ripasso U13	Alessandro Manzoni
Attività di ripasso U14	La poesia nel Romanticismo
Attività di ripasso U15	Giacomo Leopardi

Attività di ripasso

Quadro storico-culturale
L'età della Controriforma (1545-1690)

1 Collega le date agli eventi.

1	1543
2	1545
3	1555
4	1559
5	1577
6	1584
7	1598
8	1612
9	1620
10	1632

a	È pubblicato il primo *Indice dei libri proibiti*
b	A Londra apre il primo teatro pubblico
c	A Padova opera la prima compagnia di comici dell'arte
d	Esce il *Dialogo sopra i due massimi sistemi del mondo* di Galilei
e	Pace di Augusta
f	L'Accademia della Crusca pubblica il primo vocabolario della lingua italiana
g	Esce *La cena delle Ceneri* di Giordano Bruno
h	I Padri Pellegrini partono da Plymouth
i	Editto di Nantes
l	Copernico teorizza il sistema eliocentrico

2 Colloca gli eventi sulla carta geografica nei luoghi in cui si sono verificati.

- **a** Vi si aprì un famoso concilio nel 1545
- **b** Il trattato di pace che vi venne firmato nel 1559 divise l'Europa in tre parti
- **c** Vi si combatté una grande battaglia navale nel 1571
- **d** Vi sorse l'Accademia della Crusca nel 1583
- **e** Vi morì condannato al rogo Giordano Bruno nel 1600

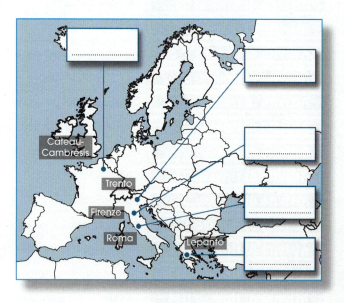

3 **Attribuisci a ciascun testo il suo autore.**
Sarpi, Campanella, Bruno

1

Sorge nell'alta campagna un colle, sopra il quale sta la maggior parte della città; ma arrivano i suoi giri molto spazio fuor delle radici del monte, il quale è tanto, che la città fa due miglia di diametro e più, e viene ad essere sette miglia di circolo; ma, per la levatura, più abitazioni ha, che si fosse in piano.
È la città distinta in sette gironi grandissimi, nominati dalli sette pianeti, e s'entra dall'uno all'altro per quattro strade e per quattro porte, alli quattro angoli del mondo spettanti; ma sta in modo che, se fosse espugnato il primo girone, bisogna più travaglio al secondo e poi più; talché sette fiate [*volte*] bisogna espugnarla per vincerla.

autore
....

2

Non è senso che vegga l'infinito, non è senso da cui si richieda questa conchiusione; perché l'infinito non può essere oggetto del senso; e però chi dimanda di conoscere questo per via di senso, è simile a colui che volesse veder con gli occhi la sustanza e l'essenza; e chi negasse per questo la cosa, perché non è sensibile o visibile, verebe a negar la propria sustanza ed essere. Però deve esser modo circa il dimandar testimonio del senso; a cui non doniamo luogo in altro che in cose sensibili, anco non senza suspizione, se non entra in giudizio gionto alla raggione. A l'intelletto conviene giudicare e render raggione de le cose absenti e divise per distanza di tempo ed intervallo di luoghi.

autore
....

3

Principiando il secolo XVI doppo la nativà di nostro Signore, non appariva urgente causa di celebrar concilio, né che per longo tempo dovesse nascere. Perché parevano a fatto sopite le querele di molte Chiese contra la grandezza della corte, e tutte le regioni de' cristiani occidentali erano in communione et obedienza della Chiesa romana. Solo in una picciola parte, cioè in quel tratto de monti che congiongono le Alpi con li Pirenei, vi erano alcune reliquie degli antichi valdesi, overo albigesi. Nelli quali però era tanta semplicità et ignoranza delle buone lettere, che non erano atti a communicar la loro dottrina ad altre persone, oltre che erano posti in così sinistro concetto d'impietà et oscenità appresso gli vicini, che non vi era pericolo che la contagione potesse passar in altri.

autore
....

Attività di ripasso — Quadro storico-culturale L'età della Controriforma (1545-1690)

4 — 20 min. — esercizio attivo

Verifica sommativa con punteggio finale.

1 **Riconosci tra queste affermazioni quelle vere e quelle false.**
   a Il sistema copernicano, dopo il Seicento, viene soppiantato da quello tolemaico.
   vero | falso
   b La "rivoluzione scientifica" del Seicento apre la strada a una nuova concezione dell'uomo.
   vero | falso
   c Nel Manierismo viene meno il rapporto armonico fra uomo e natura e quindi cade l'idea che l'arte debba imitare la natura.
   vero | falso
   d L'arte del Barocco si fonda sull'"ingegno" e sulla "meraviglia".
   vero | falso

2 **Che cosa indica il termina "Controriforma"?**
   a Le azioni del Tribunale dell'Inquisizione.
   b La risposta messa in atto dalla Chiesa di Roma nei confronti della Riforma luterana.
   c La nascita dell'*Indice dei libri proibiti* e della censura.
   d Il Concilio di Trento.

3 **Sottolinea l'opzione corretta**
   La pace di Westfalia è stata particolarmente significativa poiché *ha aperto il periodo/ha messo fine all'età* dei conflitti religiosi, ha sancito il diritto di tutti gli Stati europei *alla propria autonomia/a far parte di un impero*, ha segnato una svolta nei rapporti fra gli stati, privilegiando *la negoziazione diplomatica/le alleanze di guerra*; *ha posto fine alla/ha confermato la* frammentazione politica dell'area tedesca nel momento in cui molti altri stati raggiungono *coesione e stabilità/instabilità politica*.

4 **Riconosci tra queste affermazioni quelle vere e quelle false.**
   a Il Manierismo è una tendenza artistica e letteraria sviluppatasi nel Seicento e caratterizzata dalla tendenza all'eccesso.
   vero | falso
   b Copernico ipotizza la collocazione del sole al centro dell'universo.
   vero | falso
   c La crisi economica dell'Europa del Seicento non è derivata da carestie o pestilenze, ma dalla Guerra dei Trent'anni.
   vero | falso
   d Paolo Sarpi è lo storico che celebra il Concilio di Trento.
   vero | falso

5 **Perché la visione copernicana ebbe conseguenze culturali rilevanti?**
   a Perché Copernico era protestante.
   b Perché è la prima formulazione astronomica compiuta attraverso gli strumenti scientifici.
   c Perché modificò la percezione dello spazio e con essa il modo di percepire l'uomo all'interno dell'universo.

Sezione 3 — Studiare e ripassare insieme

6 Che cos'è l'utopia?
- [a] La rappresentazione di una società ideale.
- [b] La *Città del Sole* di Tommaso Campanella.
- [c] Il modo per sfuggire alla Controriforma.

7 Perché Giordano Bruno fu condannato al rogo?
- [a] Per disubbidienza ai suoi superiori (era un frate domenicano).
- [b] Perché non accetta la teoria copernicana.
- [c] Per eresia.

8 Sottolinea l'opzione corretta.

Dopo l'abbandono del sistema *geocentrico/eliocentrico*, l'idea della centralità dell'uomo nell'universo diventa *certa/incerta*: si apre la strada al relativismo *antico/moderno*. Anche le scoperte geografiche, che fanno conoscere popoli nuovi, *mettono in crisi/sottolineano* il primato della civiltà europea. L'intellettuale francese *Michel de Montaigne/Pierre Corneille condanna/esalta* l'atteggiamento che giudica barbari e inferiori gli indigeni americani per giustificare i massacri compiuti dagli europei.

9 Perché il Concilio di Trento attuò una politica di repressione culturale?
- [a] Per scacciare streghe, ebrei e liberi pensatori.
- [b] Per controllare ideologicamente la popolazione.
- [c] Per controllare la formazione dei ceti dirigenti.

10 Riconosci tra queste affermazioni quelle vere e quelle false.
- [a] Alla fine della Guerra dei Trent'anni la potenza spagnola è in declino.
  vero / falso
- [b] L'ordine dei gesuiti, organizzato sul modello militare, è il principale strumento di organizzazione e controllo culturale da parte della Chiesa.
  vero / falso
- [c] Ignazio di Loyola era un ex marinaio diventato frate.
  vero / falso
- [d] Il Santo Uffizio convince Galileo ad abiurare la sua teoria.
  vero / falso

Risultati in autovalutazione
- Al quarto errore: **preparazione insufficiente**
- 2-3 sbagliate: **preparazione sufficiente**
- 0-1 sbagliate: **preparazione buona**

Attività di ripasso — Quadro storico-culturale L'età della Controriforma (1545-1690)

A domanda rispondo. Guida all'interrogazione

1. Quale fu il clima culturale che caratterizzò l'epoca della Controriforma?

A partire dalla metà del Cinquecento e per buona parte del Seicento, la reazione della Chiesa cattolica all'espansione della Riforma protestante (la "Controriforma", appunto) caratterizzò la società e la cultura dei paesi cattolici, tra i quali l'Italia.
La cultura della Controriforma è tendenzialmente basata sulla repressione e sul controllo:
– repressione della diversità religiosa (eretici, ebrei) attraverso i tribunali dell'Inquisizione;
– stretto controllo dell'educazione popolare e di quella delle classi dirigenti attraverso l'azione del clero e in particolare del nuovo ordine religioso dei gesuiti;
– stretto controllo sulle pubblicazioni, sulle espressioni artistiche e sul pensiero filosofico, attraverso la censura e l'Indice dei libri proibiti.
Nell'epoca controriformista, il ruolo dell'intellettuale si modifica profondamente. Egli non è più, come nel Rinascimento, né "maestro di civiltà", né figura autorevole capace di trattare quasi alla pari con i principi. Sottoposto alle pressioni della censura, tra Cinque e Seicento il ruolo dell'intellettuale, specialmente in Italia, si riduce a mansioni di segretario o di tecnico al servizio dei potenti. Molti cedono all'opportunismo e al servilismo.

2. Che cos'è la rivoluzione scientifica e quali conseguenze comporta?

La repressione ecclesiastica non impedisce lo sviluppo della rivoluzione scientifica, un fenomeno culturale che cambia completamente la visione dell'universo e le modalità della conoscenza. La rivoluzione scientifica ha la sua premessa negli studi dell'astronomo polacco Copernico, il quale attorno alla metà del Cinquecento formula la sua teoria eliocentrica, basata sull'idea che la Terra orbiti intorno al Sole. La teoria copernicana rovescia la cosmologia aristotelica, che sostiene che il Sole ruota intorno alla Terra.
Le teorie di Copernico sono avvalorate, attraverso osservazioni dirette e calcoli matematici, dai primi grandi scienziati moderni: Galileo, Keplero e Newton. Nonostante la repressione ecclesiastica, che colpisce duramente Galileo, alla fine del Seicento la rivoluzione scientifica appare compiuta: la scienza ha acquisito una piena autonomia dal sapere filosofico e religioso, sia sviluppando un proprio metodo basato sull'osservazione, l'esperimento e la formulazione di teorie matematiche, sia liberandosi da ogni soggezione alla tradizione.
La rivoluzione scientifica non riguarda solo l'astronomia, ma apre la strada a un nuovo modo di pensare. L'idea di un universo infinito e di una Terra "periferica" nel cosmo fa nascere nella cultura dell'epoca un senso di incertezza e di precarietà che apre la strada al relativismo moderno.

3. Quali poetiche si affermano nel periodo della Controriforma?

La letteratura del secondo Cinquecento esprime la crisi del Rinascimento e il suo superamento. Il primo momento è rispecchiato nel Manierismo, che si caratterizza per uno stile studiato e artificioso. I poeti manieristi preferiscono una visione soggettiva dello spazio naturale, richiamandosi ai modelli classici per combinarli e deformarli in chiave espressiva. Il Barocco supera questo momento sviluppando un'arte tendente alla grandiosità, al virtuosismo formale e alla creazione di effetti sorprendenti.
Luoghi di cultura sono le corti, dove gli intellettuali sono spesso costretti a rinunciare alla libertà espressiva per compiacere i potenti protettori, e le accademie, circoli letterari che tuttavia hanno un orizzonte locale e spesso cadono sotto il controllo del potere costituito. La censura limita fortemente la creatività, anche mediante il controllo del mercato editoriale. La riduzione del pubblico di lettori è compensata dal successo del teatro, che è il genere più adatto a rappresentare la spettacolarità e il gusto al travestimento del Barocco.

Attività di ripasso U1

Torquato Tasso

1 — 8 min.

Collega le date agli eventi.

1	1534
2	1544
3	1559
4	1565
5	1573
6	1577
7	1579-1586
8	1581
9	1591
10	1593

a	Nascita di Torquato Tasso
b	Tasso si trasferisce a Ferrara alla corte estense
c	Escono le *Rime encomiastiche*
d	Escono le *Rime amorose*
e	Primo *Indice dei libri proibiti*
f	È fondata la Compagnia di Gesù
g	Prima edizione della *Gerusalemme*
h	La *Gerusalemme* è sottoposta al Tribunale dell'Inquisizione
i	Tasso è recluso a Sant'Anna
l	Tasso compone l'*Aminta*

2 — 4 min.

Colloca i momenti della vita e dell'attività di Torquato Tasso sulla carta geografica.

- a A sette anni vi frequenta le scuole dei Gesuiti
- b Vi si trasferisce con il padre nel 1559
- c Vi inizia gli studi universitari
- d Vi si trasferisce per lavorare alla corte del cardinale Luigi d'Este
- e Vi si reca all'uscita da Sant'Anna, alla corte di Vincenzo Gonzaga
- f Vi pubblica la *Gerusalemme conquistata*
- g Vi muore nel 1596

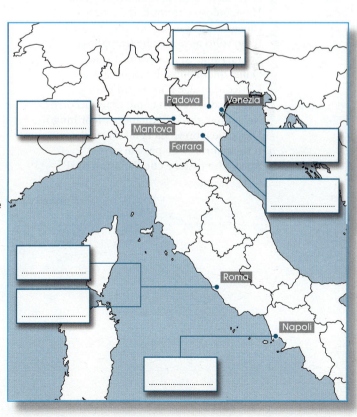

Attività di ripasso U1 — Torquato Tasso

3 — 8 min. — esercizio attivo

Riconosci quale di questi tre testi è stato scritto da Torquato Tasso.

1

Poi che, Annibale, intendere vuoi come
la fo col duca Alfonso, e s'io mi sento
più grave o men de le mutate some;

perché, s'anco di questo mi lamento,
tu mi dirai ch'ho il guidalesco rotto,
o ch'io son di natura un rozzon lento:

senza molto pensar, dirò di botto
che un peso e l'altro ugualmente mi spiace,
e fòra meglio a nessuno esser sotto.

....

2

Non so, se il molto amaro,
Che provato ha costui servendo, amando,
Piangendo, e disperando,
Raddolcito puot'esser pienamente
D'alcun dolce presente:
Ma, se più caro viene,
E più si gusta dopo 'l male il bene,
Io non ti cheggio, Amore,
Questa beatitudine maggiore:
Bea pur gli altri in tal guisa:
Me la mia Ninfa accoglia,
Dopo brevi preghiere, e servir breve;
E siano i condimenti
De le nostre dolcezze
Non sì gravi tormenti,
Ma soavi disdegni,
E soavi ripulse,
Risse, e guerre, a cui segua,
Reintegrando i cori, o pace, o tregua.

....

3

O grazïosa luna, io mi rammento
Che, or volge l'anno, sovra questo colle
Io venia pien d'angoscia a rimirarti:
E tu pendevi allor su quella selva
Siccome or fai, che tutta la rischiari.
Ma nebuloso e tremulo dal pianto
Che mi sorgea sul ciglio, alle mie luci
Il tuo volto apparia, che travagliosa
Era mia vita: ed è, né cangia stile,
O mia diletta luna. E pur mi giova
La ricordanza, e il noverar l'etate
Del mio dolore. Oh come grato occorre
Nel tempo giovanil, quando ancor lungo
La speme e breve ha la memoria il corso,
Il rimembrar delle passate cose,
Ancor che triste, e che l'affanno duri!

....

4 6 min.

esercizio attivo

Completa la mappa concettuale inserendo le lettere (a-m) relative alle porzioni di testo nelle caselle corrispondenti.

a. Riflessione e stimolo alla coscienza religiosa
b. La tradizione epica classica
c. Verità storica
d. La battaglia contro le divisioni interne dei crociati
e. Poema epico cristiano
f. Evasione
g. Le disgregazioni successive alla Riforma protestante
h. Citazione dell'*Eneide*
i. Servono a suscitare l'interesse del pubblico
l. Modello cavalleresco
m. Riferimenti mitologici trasposti in termini cristiani

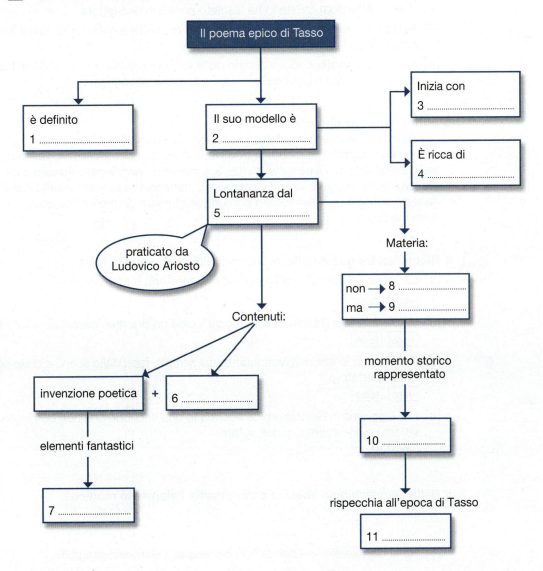

Attività di ripasso U1 — Torquato Tasso

5 — 20 min. — esercizio attivo

Verifica sommativa con punteggio finale.

1 Riconosci tra queste affermazioni quelle vere e quelle false.

- a) Tasso nasce negli anni in cui si apre il periodo della Controriforma.
  vero | falso
- b) Tasso non ha vissuto in molti luoghi diversi, escluso il periodo dell'infanzia.
  vero | falso
- c) La prigionia nell'Ospedale di Sant'Anna dura tre anni.
  vero | falso
- d) Una volta uscito dall'Ospedale, il Tasso non dà più segni di sofferenza e squilibrio.
  vero | falso

2 Per molto tempo si è pensato che lo squilibrio mentale di Tasso fosse simulato. Per quale motivo?

- a) Perché Alfonso II d'Este lo ha lasciato scritto in una lettera.
- b) Perché la vita alla corte d'Este era piena di invidie e meschinità, a cui Tasso avrebbe così trovato il modo di sottrarsi.
- c) Perché ciò corrispondeva al mito della follia volontaria come modo di sopravvivere allo scontro con il potere e alle asprezze della vita sociale.

3 Sottolinea l'opzione corretta.

I contemporanei *riconobbero/non riconobbero* la novità e la forza della lirica di Tasso, che rinnovava profondamente la tradizione *dantesca/petrarchesca*. Tasso compose testi *teatrali/lirici* durante *tutta la vita/l'adolescenza*, senza però riuscire a dare *un senso compiuto/una struttura definitiva* al proprio canzoniere. Le particolarità *dello stile/della personalità* di Tasso furono comunque studiate da moltissimi poeti, in Italia e in *America/Europa*.

4 Riconosci tra queste affermazioni quelle vere e quelle false.

- a) La "cella del Tasso" nell'Ospedale di Sant'Anna è oggi un museo.
  vero | falso
- b) L'*Aminta* è una "favola boschereccia", cioè un dramma pastorale a lieto fine.
  vero | falso
- c) Nell'*Aminta* le azioni avvengono quasi sempre fuori dalla scena e dallo sguardo dello spettatore.
  vero | falso
- d) Noi leggiamo la *Gerusalemme liberata* in una versione che non corrisponde alla volontà e alle intenzioni dell'autore.
  vero | falso

5 Nella *Gerusalemme liberata* è importante l'elemento magico?

- a) Sì.
- b) No.
- c) Nella *Gerusalemme liberata* non è presente l'elemento magico.

Sezione 3 — Studiare e ripassare insieme

6 Si dice che Tasso sia un innovatore del filone petrarchista:
- [a] perché varia i temi e i registri, introduce l'attenzione per il paesaggio e recupera un rapporto diretto con la musica attraverso la scrittura di madrigali.
- [b] perché varia i sonetti e introduce uno sviluppo narrativo.
- [c] perché raramente affronta il tema amoroso, preferendo la descrizione della vita di corte.

7 Per Tasso l'eros deve sottomettersi alla morale religiosa?
- [a] No.
- [b] Sì.
- [c] Dovrebbe farlo, ma è impossibile.

8 Sottolinea l'opzione corretta.

Alcuni interpreti vedono nella vicenda umana e artistica del Tasso una espressione profonda di una grande trasformazione che attraversa la società italiana nella *prima/seconda* metà del *Cinquecento/Seicento*. La crisi del *Rinascimento/Barocco*, il bisogno profondo *di sicurezza economica/di rinnovamento spirituale*, la reazione della Chiesa *cattolica/protestante* alla *Riforma protestante/Controriforma*, il clima della *Riforma protestante/Controriforma* sono tutti elementi che agiscono *in modo superficiale/in modo profondo* su Torquato Tasso.

9 Perché si dice che gli eroi della *Gerusalemme liberata* hanno un'interiorità inquieta?
- [a] Perché sono ben caratterizzati psicologicamente.
- [b] Perché l'autore era egli stesso inquieto e squilibrato.
- [c] Perché sono divisi tra le passioni d'amore e i doveri militari.

10 Riconosci tra queste affermazioni quelle vere e quelle false.
- [a] L'unico poema sulla crociata riconosciuto da Tasso è il *Goffredo*.
  - [vero] [falso]
- [b] Il lavoro sul poema occupa tutta la vita di Tasso, fin dalla giovinezza.
  - [vero] [falso]
- [c] Tasso narra solo la fase iniziale della crociata.
  - [vero] [falso]
- [d] La trama della *Gerusalemme liberata* è molto complessa.
  - [vero] [falso]

Risultati in autovalutazione
- Al quarto errore: **preparazione insufficiente**
- 2-3 sbagliate: **preparazione sufficiente**
- 0-1 sbagliate: **preparazione buona**

Attività per l'analisi del testo

6 **Leggi il brano e svolgi gli esercizi relativi.**
60 min.

Torquato Tasso, *Sofronia* (*Gerusalemme liberata*, II, 18-21)

18
La vergine tra 'l vulgo uscì soletta,
non coprì sue bellezze, e non l'espose,
raccolse gli occhi, andò nel vel ristretta,
con ischive maniere e generose.
Non sai ben dir s'adorna o se negletta,
se caso od arte il bel volto compose.
Di natura, d'Amor, de' cieli amici
le negligenze sue sono artifici.

19
Mirata da ciascun passa, e non mira
l'altera donna, e innanzi al re se'n viene.
Né, perché irato il veggia, il piè ritira,
ma il fero aspetto intrepida sostiene.
– Vengo, signor, – gli disse – e 'ntanto l'ira
prego sospenda e 'l tuo popolo affrene:
vengo a scoprirti, e vengo a darti preso
quel reo che cerchi, onde sei tanto offeso.

20
A l'onesta baldanza, a l'improviso
folgorar di bellezze altere e sante,
quasi confuso il re, quasi conquiso,
frenò lo sdegno, e placò il fer sembiante.
S'egli era d'alma o se costei di viso
severa manco, ei diveniane amante;
ma ritrosa beltà ritroso core
non prende, e sono i vezzi esca d'Amore.

1 Sono tre ottave della *Gerusalemme liberata* nelle quali entra in scena Sofronia, una ragazza che per salvare il suo popolo dalla vendetta del re Aladino si autoaccusa del furto di un'immagine sacra. Che cosa dice di lei l'ottava 18?
  a Sofronia non si mostra interessata a come appare.
  b Sofronia fa risaltare le sue bellezze tramite abiti e gioielli.
  c Sofronia vuole apparire brutta.

2 Qual è lo schema metrico delle ottave?
  a AABBAACC
  b ABABABCC
  c ABCDEFGG

3 Nell'ottava 18 ci sono un chiasmo e un climax. Individuali.

4 In queste ottave ricorre la parola *fer* (ottava 20), *fero* (ottava 19). Che cosa significa?
- [a] Fiero
- [b] Feroce
- [c] Arcigno

5 Che cosa significa *raccolse gli occhi, andò nel vel ristretta* (ottava 18)?
- [a] Teneva gli occhi fissi sul velo.
- [b] Teneva gli occhi bassi.
- [c] Sia gli occhi che il velo sono abbassati come per coprire il corpo di Sofronia.

6 Che figura retorica c'è nell'espressione *con ischive maniere e generose* (ottava 18)?
- [a] Un ossimoro.
- [b] Un'anafora.
- [c] Una metafora.

7 Ricostruisci l'ordine naturale delle parole nei versi: *Né, perché irato il veggia, il piè ritira,/ma il fero aspetto intrepida sostiene* (ottava 19).

8 In questi versi ricorre la metafora del nascondere e dello scoprire. Sottolinea tutte le espressioni che si riferiscono al nascondere, al ritrarre, al ritrarsi.

9 In quale caso Aladino si sarebbe innamorato di Sofronia (ottava 19)?
- [a] Se egli fosse stato meno aspro nell'animo e lei meno seria nel viso.
- [b] Se egli fosse stato più aspro nell'animo e lei più seria nel viso.
- [c] Se egli fosse stato meno severo e lei più superba.

10 Che differenza c'è tra *viso* e *sembiante* (ottava 20)?
- [a] Viso indica l'espressione e sembiante il volto.
- [b] Sembiante indica l'espressione e viso il volto.
- [c] Nessuna.

Attività di ripasso U1 — Torquato Tasso

A domanda rispondo. Guida all'interrogazione

1. In che senso Tasso può essere considerato un autore moderno?

I lettori contemporanei riconoscono in Tasso molti elementi di modernità – l'ansia, la contraddizione, l'inquietudine – che dalla drammatica vicenda biografica del poeta si estendono ai suoi personaggi: *Aminta* è tanto turbato da tentare il suicidio per amore; i paladini della *Gerusalemme Liberata* dovrebbero portare a termine una solenne missione religiosa (la liberazione del Santo Sepolcro), ma sono continuamente sottoposti al richiamo delle loro umane passioni.

L'inquietudine e addirittura la follia di Tasso non devono però essere lette, come è stato fatto dai Romantici dell'Ottocento, solo in chiave individuale, come manifestazione del "genio" ribelle dell'artista. Esse rispecchiano una contraddizione che è anche storica e culturale: il contrasto tra la volontaria adesione alla cultura della Controriforma e l'amore per la libertà di espressione e di pensiero proprie della cultura rinascimentale. Tasso vive questo contrasto con crescente inquietudine e senso di colpa.

2. Quali sono le caratteristiche delle *Rime*? In che senso Tasso rinnova il petrarchismo?

Le liriche di Tasso si inseriscono nella tradizione petrarchesca, ma rinnovano profondamente il petrarchismo. Se Petrarca cerca compostezza ed equilibrio, Tasso esprime nelle liriche eccesso e tensione. A differenza di Petrarca, Tasso non sceglie un motivo unico e dominante di cui parlare con uno stile e un lessico uniformi, ma considera numerosi temi e utilizza registri e stili variati. L'amore si riferisce a più di una donna, assumendo una caratterizzazione più mondana e sensuale; inoltre il poeta delinea con vivacità i bozzetti amorosi, fornendo un quadro delle vita aristocratica del secondo Cinquecento. Importante è il paesaggio nelle opere del Tasso, poiché la natura continua a essere proiezione di uno stato d'animo interiore, ma contemporaneamente è anche oggetto di contemplazione incantata.

La forma metrica prediletta da Tasso, oltre al sonetto, è il madrigale, che esalta la musicalità della poesia.

3. Qual è il significato allegorico dell'*Aminta*?

L'*Aminta* è un dramma pastorale, che racconta le vicende d'amore del pastore Aminta per la ninfa Silvia. Il dramma si svolge in un ambiente sereno e pacifico, descritto da Amore nel prologo, dove dice che il suo regno è una società ideale in cui il suo potere annulla le differenze tra gli uomini e li rende tutti fratelli. Il satiro che insidia Silvia, tuttavia, contraddice questa immagine, affermando che Silvia ha respinto il suo amore perché egli è povero e rozzo. Il satiro rivela così che il mondo d'amore è dominato dall'oro; dietro le immagini della gentilezza e della cortesia, dominano l'interesse economico e l'ingiustizia di classe.

L'apparentemente benevolo e sereno mondo dei pastori, dunque, rappresenta le corti, dominate dall'intrigo e dall'egoismo. I cortigiani appaiono come nobili, cortesi e solidali, ma in realtà vivono di ambizione sfrenata e di sete di potere.

4. Quali sono la poetica e lo stile della *Gerusalemme liberata*?

L'idea di un poema sulla prima crociata, che nel 1099 condusse alla conquista di Gerusalemme, aveva accompagnato Tasso fin dalla sua giovinezza. Il tema storico è in linea con lo spirito della Controriforma, ed era in certa misura attuale, in quanto l'espansione ottomana del XVI secolo, che minacciava il Mediterraneo, era stata fermata nel 1571 con la battaglia di Lepanto.

La trama del poema – avviato tra 1559 e 1561 e terminato nel 1575 – è piuttosto semplice e lineare, poiché Tasso narra solo la fase conclusiva dell'assedio di Gerusalemme da parte dell'armata di Goffredo di Buglione. La vicenda storica ha una dimensione allegorica, perché racconta della lotta tra il Bene e il Male, tra Cristiani e Infedeli: l'eroismo dei paladini appartiene solo alla parte cristiana, poiché le gesta dei nemici sono dirette verso un fine sbagliato. I personaggi hanno una psicologia complessa, poiché vivono la lacerazione tra amore e dovere. L'amore costituisce un elemento di pacificazione e incontro, ma è contemporaneamente una passione che distoglie i guerrieri dal compimento del loro dovere. Anche la magia è riconducibile alla complessità interiore dei personaggi: essa trasforma i turbamenti interiori in allucinazioni, illusioni, maledizioni.

Lo stile proposto dal Tasso è vario, poiché l'autore spazia dalla compostezza classica alla forzatura e all'eccesso; è significativo che le figure retoriche prevalenti siano l'antitesi, il chiasmo, la perifrasi e l'anafora: espedienti con cui il poeta accresce la tensione emotiva del poema. Tasso enfatizza l'uso dell'*enjambement*, e infatti descrive il suo stile come "parlar disgiunto". Gli *enjambements* separano due parole che formano un'unità di senso (come per esempio attributo e sostantivo), introducendo una pausa non logica nel dettato poetico.

5. Quale percorso segue Tasso dalla *Liberata* alla *Conquistata*?

La *Gerusalemme Liberata* è l'opera più famosa e apprezzata di Tasso, ma il poeta non approvò mai la pubblicazione del poema. Egli considerava la *Liberata* un testo inadeguato, incompiuto e mal riuscito, tanto che si dedicò subito alla sua riscrittura. Nel 1593 Tasso pubblicò la *Gerusalemme conquistata,* un nuovo poema più lungo e con una struttura diversa. La *Conquistata* rappresenta però un irrigidimento cattolico controriformista di Tasso, poiché egli eliminò gli episodi meno ortodossi e considerati più scabrosi. La separazione tra Cristiani e Musulmani diventa netta e definita; i paladini cristiani non mostrano alcuna esitazione nel combattere per liberare il sepolcro di Cristo.

Anche lo stile perde la tensione emotiva a favore di una regolarità meno sfaccettata. I versi diventano più musicali, il lessico è uniformemente elevato, ma si verifica una perdita di tragicità e di intensità poetica.

Attività di ripasso U2

Miguel de Cervantes

1

Collega le date agli eventi.

1	1547		a	Inizia la Guerra dei Trent'anni
2	1559		b	Termina il Concilio di Trento
3	1563		c	Nascita di Cervantes
4	1571		d	Esce la prima edizione del *Don Chisciotte*
5	1588		e	Esce la seconda parte del *Don Chisciotte*
6	1605		f	Cervantes partecipa alla battaglia di Lepanto contro i Turchi
7	1609		g	La flotta inglese, guidata da Francis Drake, sconfigge l'Invincibile Armata spagnola
8	1615		h	Pace di Cateau-Cambrésis
9	1616		i	Cervantes muore a Madrid
10	1618		l	Editto spagnolo contro i *moriscos* (i musulmani che vivevano in Spagna da generazioni e che non avevano abbracciato la religione cristiana)

2

Colloca le fasi della vita e dell'attività di Cervantes sulla carta geografica.

a Vi combatte nel 1571
b Vi resta prigioniero dal 1575 al 1580
c Vi lavora come esattore di imposte per vent'anni
d In carcere, vi inizia a scrivere il *Don Chisciotte* nel 1602
e Vi ambienta la storia di *Don Chisciotte*
f Vi muore nel 1616

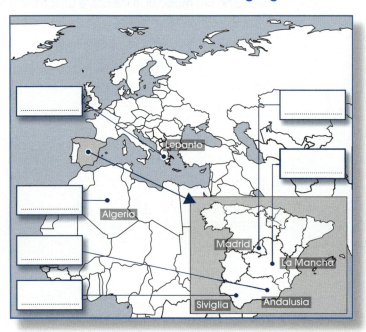

3 Riconosci quale tra i testi che seguono appartiene al *Don Chisciotte*.

Adunque, o giovani, i quali avete la vela della barca della vaga mente dirizzata a' venti che muovono dalle dorate penne ventilanti del giovane figliuolo di Citerea, negli amorosi pelaghi dimoranti disiosi di pervenire a porto di salute con istudioso passo, io per la sua inestimabile potenza vi priego che divotamente prestiate alquanto alla presente opera lo 'ntelletto, però che voi in essa troverete quanto la mobile fortuna abbia negli antichi amori date varie permutazioni e tempestose, alle quali poi con tranquillo mare s'è lieta rivolta a' sostenitori; onde per questo potrete vedere voi soli non essere sostenitori primi delle avverse cose, e fermamente credere di non dovere essere gli ultimi. Di che prendere potrete consolazione, se quello è vero, che a' miseri sia sollazzo d'avere compagni nelle pene; e similmente ve ne seguirà speranza di guiderdone, la quale non verrà sanza alleggiamento delle vostre pene.

....

– Come! come!... la figlia di Lorenzo Corchuelo è la signorina Dulcinea, chiamata anche Aldonza Lorenzo? [...] – La conosco bene e so dire ch'ella lavora con un palo di ferro, come ogni più robusto bifolco del nostro paese. Oh! è una donna grande di merito e di statura; non ha paura di nessuno, ed è capace di cavare tutti i peli della barba ad ogni cavaliere errante o che sia per errare, e che la consideri sua signora! Corpo di mia nonna! che bocca e che voce! Le so dire che un giorno è salita in cima al campanile del villaggio per chiamare certi suoi servi che erano in un maggese di suo padre, e sebbene fossero lontani più di una mezza lega, la udirono come se fossero stati a' pie del campanile. E con tutto questo ha il merito di non essere ritrosa, anzi scherza con tutti, è di un'affabilità straordinaria, ed ogni cosa le serve di passatempo. Ora capisco, signor cavaliere dalla Trista Figura, che non solo vossignoria può e deve fare delle pazzie per lei, ma avrebbe ragione di disperarsi ed anche d'impiccarsi; che nessuno disapproverà qualunque cosa ella faccia, per quanto strana possa essere.

....

Avendo io oramai scritto molto, e troppo più forse che non avrei dovuto, è cosa assai naturale che alcuni di quei pochi a chi non saranno dispiaciute le mie opere (se non tra' miei contemporanei tra quelli almeno che vivran dopo) avranno qualche curiosità di sapere qual io mi fossi. Io ben posso ciò credere, senza neppur troppo lusingarmi, poiché, di ogni altro autore anche minimo quanto al valore, ma voluminoso quanto all'opere, si vede ogni giorno e scrivere e leggere, o vendere almeno la vita. Onde quand'anche nessun'altra ragione vi fosse, è certo pur sempre che, morto io, un qualche libraio per cavare alcuni più soldi da una nuova edizione delle mie opere, ci farà premettere una qualunque mia vita.

....

Attività di ripasso U2 — Miguel de Cervantes

4 (6 min.)

Completa la mappa concettuale inserendo le lettere (a-i) relative alle porzioni di testo nelle caselle corrispondenti.

a. Non esemplare
b. Libresco + popolare = effetto di contrasto
c. Di registro alto
d. Esemplare
e. Effetti comici e drammatici all'interno della figura dell'eroe
f. Effetti drammatici (es. Orlando)
g. Mondi favolosi o lontani
h. Effetti comici
i. Luoghi quotidiani dell'esistenza (= modernità)

Don Chisciotte: parodia del romanzo cavalleresco

Romanzo cavalleresco
- Eroe: 1 ....
- Gli eroi sono drammatici e gli effetti comici riservati solo ai personaggi di bassa estrazione
- Risvolti della follia e amore: 4 ....
- Ambienti dell'avventura: 6 ....
- Linguaggio: 8 ....

Don Chisciotte
- Eroe: 2 ....
- 3 ....
- Risvolti della follia e amore: 5 ....
- Ambienti dell'avventura: 7 ....
- Linguaggio: 9 ....

5 (20 min.)

Verifica sommativa con punteggio finale.

1 Riconosci tra queste affermazioni quelle vere e quelle false.

a. Cervantes, oltre al *Don Chisciotte*, ha scritto anche novelle, poesie, un romanzo pastorale e alcune opere teatrali.
  vero ☐ falso ☐

b. Cervantes scrive il *Don Chisciotte* in tre parti, mentre è in carcere.
  vero ☐ falso ☐

- c) "Hidalgo" significa "nobile" in latino.
  vero | falso
- d) La prima parte del *Don Chisciotte* è stata scritta fra il 1602 e il 1605.
  vero | falso

2 Perché Cervantes finge che la storia di *Don Chisciotte* sia narrata da un cronista arabo?

- a) Perché così, nel gioco narrativo, può sostenere che la sua fonte è inaffidabile e criticarla.
- b) Perché è ambientato nella Spagna meridionale, dove vivevano molti arabi.
- c) Perché è un amante della cultura islamica.

3 Sottolinea l'opzione corretta.

Il personaggio *dell'oste/dello scudiero* Sancio Panza, *complementare/subordinato* al protagonista, *rimane lo stesso/si evolve* nelle due parti del romanzo. All'inizio Sancio *non crede/crede o finge di credere* a Don Chisciotte e lo segue nelle sue avventure (mosso *da ideali cavallereschi/dalla speranza di guadagno*), in seguito diviene il principale *beffatore/alleato* di Don Chisciotte.

4 Riconosci tra queste affermazioni quelle vere e quelle false.

- a) Don Chisciotte e Sancio Panza sono fisicamente simili: alti e panciuti.
  vero | falso
- b) Il tema centrale del romanzo è l'amore per Dulcinea del Toboso.
  vero | falso
- c) Lo stile del romanzo è letterario e raffinato, senza inserti popolari.
  vero | falso
- d) Nel *Don Chisciotte* Cervantes non esprime mai esplicitamente le proprie idee.
  vero | falso

5 Perché Cervantes sostiene che gli ideali cavallereschi possono sopravvivere solo sotto il velo della follia?

- a) Perché la classe sociale a cui appartiene Don Chisciotte è in declino economico.
- b) Perché i rimasugli e i ricordi di uno splendido passato fanno impazzire il protagonista.
- c) Perché si riferisce alla profonda crisi storica e sociale della Spagna, che per lungo tempo si era riconosciuta nei valori dei poemi eroici.

6 Perché Don Chisciotte combatte contro i mulini a vento sostenendo che sono giganti?

- a) Perché utilizza una metafora visiva.
- b) Perché non ha alcun senso della realtà e dell'ambiente circostante.
- c) Perché desidera compiere un'azione indimenticabile.

Attività di ripasso U2 — Miguel de Cervantes

7 Nel *Don Chisciotte*, rispetto al romanzo cavalleresco, Cervantes attua un procedimento di:

- [a] imitazione
- [b] parodia
- [c] rovesciamento

8 Sottolinea l'opzione corretta.

Rinominare/denominare il mondo è *superfluo/fondamentale* per Don Chisciotte, che attraverso questa azione riesce a *rivitalizzare/nascondere* la realtà. Così Dulcinea, Ronzinante e il suo stesso nome di battaglia ("Don Chisciotte") sono schermi che *occultano/rivelano* una giovane contadina, un vecchio cavallo e un *hidalgo* in miseria di cui non si conosce neanche il vero nome.

9 Che cosa significa l'espressione "desocupado lector"?

- [a] Lettore disoccupato.
- [b] Lettore ozioso, che non ha di meglio da fare.

10 Riconosci tra queste affermazioni quelle vere e quelle false.

- [a] Cervantes condanna la passione per la lettura dei poemi cavallereschi e non la confusione fra letteratura e vita.
  [vero] [falso]
- [b] Un aspetto della modernità del *Don Chisciotte* è la grande attenzione prestata agli aspetti quotidiani e concreti dell'esistenza.
  [vero] [falso]
- [c] Don Chisciotte ha una ostinata volontà di immaginare un mondo più nobile e meno degradato.
  [vero] [falso]
- [d] Nel procedere del romanzo le illusioni di Don Chisciotte non si incrinano mai.
  [vero] [falso]

> **Risultati in autovalutazione**
> - Al quarto errore: **preparazione insufficiente**
> - 2-3 sbagliate: **preparazione sufficiente**
> - 0-1 sbagliate: **preparazione buona**

A domanda rispondo. Guida all'interrogazione

1. Come è strutturato il *Don Chisciotte*? Quali sono le principali vicende narrate?

Il *Don Quijote de la Mancha* (italianizzato in Don Chisciotte) è pubblicato in due parti: la prima va alle stampe nel 1605 e comprende 52 capitoli; la seconda è pubblicata nel 1615 in 74 capitoli. Il romanzo racconta le avventure di Don Chisciotte suddivise in tre "uscite"; egli è un *hidalgo* (cioè un nobile cavaliere) spagnolo appassionato di romanzi cavallereschi che decide di diventare cavaliere errante "per accrescere il proprio nome e servire la patria". Don Chisciotte cavalca un vecchio cavallo, ribattezzato Ronzinante, e dedica le sue imprese alla nobile Dulcinea, in realtà una contadina. I suoi sogni di gloria si scontrano però con la realtà, e perciò Don Chisciotte ritorna a casa sempre dolorante per le botte ricevute o umiliato e trattato come un folle o uno sciocco. Don Chisciotte ha una percezione distorta che gli fa scambiare mulini a vento per giganti, bacinelle da barbiere per elmi di guerrieri, contadine per nobili dame. Solo al termine dei suoi viaggi Don Chisciotte si rassegna e muore serenamente dopo aver rinnegato "le squallide letture dei detestabili libri cavallereschi".

2. Quali sono i principali temi del *Don Chisciotte*?

I temi del romanzo sono numerosi: lo scontro tra reale e ideale; la confusione tra letteratura e vita; la follia; l'avventura e l'amore.
Il primo tema è diventato quasi emblematico del personaggio: è un "Don Chisciotte" colui che si batte senza speranza in nome di ideali irrealizzabili. Don Chisciotte incarna la volontà di vivere in un mondo che non esiste più: egli crede che gli ideali cavallereschi cantati nei romanzi siano ancora vitali e possano dirigere le azioni di una persona d'onore. Gli ideali e le immaginazioni del protagonista fanno emergere con ancora maggiore forza la degradazione e la grettezza del mondo presente e reale in cui il cavaliere si muove.
Follia e confusione tra vita e letteratura sono strettamente connessi: il cavaliere "perde il giudizio" a forza di leggere libri di cavalleria. Il tema della follia, variamente disegnato, accompagna molte delle avventure del romanzo: la follia è quella "vera" del cavaliere che ha perso il senno, ma è anche quella che viene simulata da altri personaggi per costruire inganni e beffe. Al tema avventuroso, tipico del genere del romanzo, si accompagna quello dell'amore, che ispira molti episodi e digressioni. L'amore presente nel mondo reale è realistico e passionale, e contrasta con quello idealizzato vissuto da Don Chisciotte.

3. Perché il *Don Chisciotte* è il capostipite del romanzo moderno?

Il *Don Chisciotte* è a giusta ragione considerato il capostipite del romanzo moderno. In primo luogo perché Cervantes nel prologo si rivolge a un "desocupado lector", cioè a un pubblico non colto, ma che abbia tempo da dedicare alla lettura del romanzo. Oggi diremmo un pubblico "borghese".
Un altro elemento di modernità è il carattere parodistico. L'autore riprende la materia dei romanzi cavallereschi ma la fa cozzare con un mondo dominato ormai da valori completamente diversi. La scoperta di questa distanza irrimediabile tra ideale e reale è anch'essa un elemento che ritroveremo in molti grandi romanzi del Settecento e dell'Ottocento.
Infine il realismo. Nel corso delle avventure del protagonista, il mondo "degradato" del presente è rappresentato con tratti realistici e quotidiani, attenti alla dimensione materiale dell'esistenza. Lo scenario delle avventure di questo primo eroe romanzesco è quello della Spagna del suo tempo, con i suoi problemi e le sue figure sociali concrete e non più un mondo favoloso e immaginario.

Attività di ripasso U3

Il grande teatro del Seicento

1

Collega le date agli eventi e alle opere.

1	1545
2	1558-1603
3	1564
4	1609
5	1622
6	1635
7	1648
8	1677

a	Pace di Westfalia
b	Inizia il Concilio di Trento
c	Nascita di William Shakespeare
d	*Fedra* di Racine
e	*La vita è sogno* di Calderón de la Barca
f	Nascita di Molière
g	Riforma della commedia di Lope de Vega
h	Regno di Elisabetta I

2

Colloca le fasi della vita e dell'attività degli autori sulla carta geografica.

- a Vi lavora Shakespeare
- b Vi è ambientato *Romeo e Giulietta*
- c Vi è ambientato *Otello*
- d Vi nasce Molière nel 1622

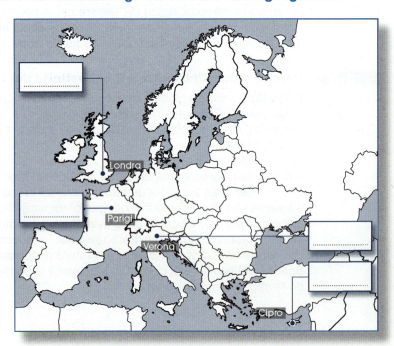

3 Riconosci quale tra questi tre testi teatrali è di William Shakespeare.

Oh sventurato me! Oh, me infelice!
Conoscere, o cieli, pretendo,
tanto da voi afflitto,
quale commisi delitto,
contro di voi, nascendo.
Ma, già col nascere, intendo,
gran delitto ho consumato;
più che bastante reato
di vostra giustizia al rigore;
poiché il delitto maggiore
per l'uomo è d'essere nato.
Solo sapere vorrei,
per sopportare il tormento,
– e trascuriamo un momento
che il nascere ci fa rei –
quale altra colpa avrei
per un castigo di più?

....

ANTONIETTA Come? avete pensato davvero a un progetto così grottesco? Con tutti i soldi che avete, vorreste dare vostra figlia a un medico?
ARGANTE Sì. A te che importa, sciagurata, svergognata che non sei altro?
ANTONIETTA Dio mio! chetatevi; passate subito agli insulti. È mai possibile che non si possa discutere insieme senza perdere la pazienza? Su, ragioniamo serenamente. Per quale motivo, sentiamo, siete favorevole a questo matrimonio?
ARGANTE Per il motivo che, invalido e malato come mi ritrovo, voglio farmi tra i medici un genero e delle amicizie, al fine di assicurarmi ogni soccorso possibile contro la mia malattia, di avere in famiglia la fonte stessa dei rimedi che mi sono necessari, e di disporre a piacimento di tutti i consigli e di tutte le ricette che desidero.
ANTONIETTA Benissimo! questo significa fornire un motivo, e fa piacere sentirsi rispondere con dolcezza. Ma, Signore, mettetevi una mano sulla coscienza; siete davvero malato, voi?
ARGANTE Come, sciagurata, mi chiedi se sono malato? Se sono malato io, o spudorata?

....

IPPOLITA Strane cose, Teseo, quelle di cui parlano questi innamorati.
TESEO Più strane che vere. Mai sarò indotto a credere a queste favole grottesche, a queste storielle di Fate.
Gli innamorati e i pazzi hanno i cervelli in tale ebollizione, e tanto fervide son le loro fantasie, che concepiscono più di quanto il freddo raziocinio mai comprenda. Il lunatico, l'innamorato e il poeta, sol di fantasie sono composti.
L'uno vede più demoni di quanti l'inferno ne contenga, e questo è il pazzo.
L'amante, frenetico altrettanto, vede la beltà di Elena nel volto d'una zingara.
L'occhio del poeta, roteando in sublime delirio, va dal cielo alla terra e dalla terra al cielo, e mentre la fantasia produce forme ignote, la sua penna le incarna, ed all'etereo nulla dà dimora e nome.
Tali artifici possiede la fervida immaginazione che se una gioia percepisce, sùbito concepisce qualcosa che l'arreca.
E se di notte immagina spavento, presto un cespuglio si trasforma in orso!
IPPOLITA Ma il racconto di tutto ciò che accadde questa notte, e il fatto che le menti di ognun furon stravolte, attesta qualcosa di più che fantastiche visioni, e la cosa assume grande consistenza, per quanto strana e prodigiosa.

....

Attività di ripasso U3 — Il grande teatro del Seicento

4 (6 min.) Completa la mappa concettuale inserendo le lettere (a-h) relative alle porzioni di testo nelle caselle corrispondenti.

- a Uso della musica
- b Racine
- c Spagna
- d Commedia dell'arte
- e Molière
- f Melodramma
- g Inghilterra
- h Maschere e personaggi fissi

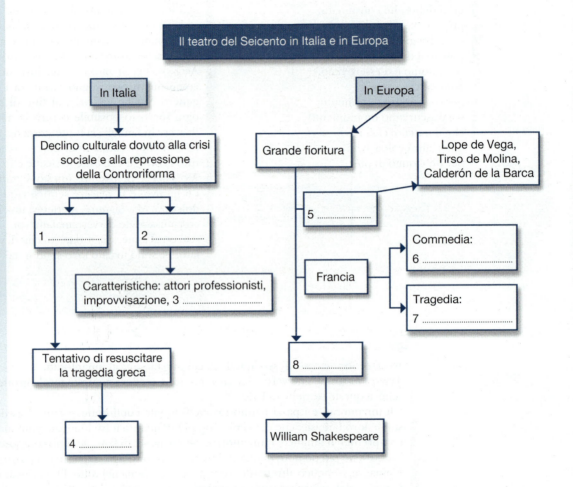

5 (20 min.) Verifica sommativa con punteggio finale.

1 Riconosci tra queste affermazioni quelle vere e quelle false.

a Il grande teatro del Seicento nasce da una grande crisi delle certezze che si tenta di affrontare e rappresentare.
vero falso

b Sotto il regno di Elisabetta I l'arte e la cultura inglesi conoscono un periodo di declino.
vero falso

106 Sezione 3 Studiare e ripassare insieme

    c. Sotto il regno di Elisabetta I i teatri pubblici sono lentamente sostituiti da quelli privati dei nobili.
       vero ☐ falso ☐

    d. Christopher Marlowe e William Shakespeare sono gli autori inglesi più importanti del periodo elisabettiano.
       vero ☐ falso ☐

2 **Perché Shakespeare è un drammaturgo così famoso e importante, tanto da essere continuamente rappresentato anche oggi?**
    a. Perché il suo è un teatro sperimentale.
    b. Perché la sua esplorazione e rappresentazione della realtà psicologica degli esseri umani è così ricca e complessa da essere sempre valida.
    c. Perché le sue trame sono originali.

3 **Sottolinea l'opzione corretta.**
La produzione di William Shakespeare viene solitamente divisa in tre fasi: nella prima, dove sperimenta *diversi generi/il teatro pastorale*, l'opera più famosa è *La tempesta/ Romeo e Giulietta*; nella seconda, dove esplora la crisi *dell'individuo/del popolo inglese*, scrive *l'Amleto, l'Otello, il Re Lear e il Macbeth/l'Amleto, il Riccardo III, il Mercante di Venezia e il Macbeth*; della terza fase, infine, caratterizzata da elementi fiabeschi e avventurosi, fa parte *Sogno di una notte di mezza estate/La tempesta*.

4 **Riconosci tra queste affermazioni quelle vere e quelle false.**
    a. Shakespeare non ha mai scritto drammi storici.
       vero ☐ falso ☐
    b. *Re Lear* e *Macbeth* sono le tragedie più cupe e disperate di Shakespeare.
       vero ☐ falso ☐
    c. Sia nel *Macbeth* che nella *Tempesta* Shakespeare affronta, in modi diversi, il tema del potere.
       vero ☐ falso ☐
    d. Non esistono film tratti dalle opere di Shakespeare.
       vero ☐ falso ☐

5 **Qual è il tema centrale dell'opera di Calderòn de la Barca, *La vita è sogno*?**
    a. La coscienza che la vita è effimera e le passioni inutili.
    b. L'impossibilità di conciliare il dominio assoluto delle passioni con un ruolo pubblico.
    c. La depressione e il desiderio di morte.

6 **Don Giovanni, il "principe dei seduttori" inventato da Tirso de Molina, è stata una figura che si è sedimentata nell'immaginario collettivo?**
    a. Sì, ma solo nel Settecento.
    b. Sì: è giunta fino a noi attraverso le riletture di molti autori, tra cui Mozart, Byron, Baudelaire.
    c. No.

Attività di ripasso U3 — Il grande teatro del Seicento

7 Come si intitola il capolavoro che Pierre Corneille scrisse nel 1636?
- [a] Il *Cid Campeador*.
- [b] Il *Cid*.
- [c] Il *Cantar de mio Cid*.

8 Sottolinea l'opzione corretta.

La riforma teatrale di Lope de Vega si fonda su quattro punti: 1) l'ispirazione va tratta *dalla lettura dei grandi autori del passato/dall'osservazione della realtà*; 2) *è possibile/non è possibile* la mescolanza di stili e del tragico con il comico; 3) occorre *conservare/abbandonare* le unità aristoteliche di *luogo e tempo/forma, spazio e virtù*; 4) la commedia va divisa in *tre/cinque* atti.

9 Qual è la proposta teatrale di Jean Racine (1639-1699)?
- [a] Un "teatro della ragione", improntato al modello classico, dove le passioni conducono alla tragica conclusione finale.
- [b] Un teatro a tema mitologico.
- [c] Un teatro basato sull'uso di attori dilettanti.

10 Riconosci tra queste affermazioni quelle vere e quelle false.
- [a] *Fedra* è la commedia più famosa di Racine.
  [vero] [falso]
- [b] Nel teatro di Racine la rappresentazione dura un intero giorno.
  [vero] [falso]
- [c] Le commedie di Molière sono fondate sul realismo e su una attenta psicologia dei personaggi.
  [vero] [falso]
- [d] *Tartufo* di Molière è una commedia passata inosservata per lungo tempo.
  [vero] [falso]

> **Risultati in autovalutazione**
> - Al quarto errore: **preparazione insufficiente**
> - 2-3 sbagliate: **preparazione sufficiente**
> - 0-1 sbagliate: **preparazione buona**

A domanda rispondo. Guida all'interrogazione

1. Qual è l'importanza del teatro barocco?

Nella cultura del Barocco, il teatro assume un valore emblematico perché è la forma artistica capace di esprimere meglio le caratteristiche tipiche dell'epoca: la spettacolarizzazione, il travestimento, la trasformazione. La fine delle certezze e il senso di crisi proprie dell'epoca inducono a interpretare la realtà come una perenne rappresentazione.
Significativamente Shakespeare scrive che "il mondo intero è un palcoscenico" e Calderòn de la Barca compone il *Gran teatro del mondo*, esprimendo tale concetto. Mentre in Italia si assiste alla diffusione della commedia dell'arte, basata su attori comici, che inscenano storie ripetitive con personaggi fissi, in Inghilterra, Spagna e Francia si realizzano grandi capolavori.

2. Quali sono i caratteri fondamentali dell'opera di William Shakespeare?

Il regno di Elisabetta I in Inghilterra corrisponde a un periodo di grande fioritura culturale, di cui l'esempio più alto è rappresentato da William Shakespeare. Egli scrive drammi di ogni genere, variando dal tragico al comico. I suoi lavori più famosi (le tragedie composte tra il 1600 e il 1606, ovvero *Amleto*, *Otello*, *Re Lear* e *Macbeth*), pur rappresentando il proprio tempo, affrontano temi che costituiscono aspetti fondamentali dell'identità moderna. Amleto, principe di Danimarca, è caratterizzato dal dubbio che impedisce l'azione, e non sa decidersi se rinunciare a vivere o combattere per la giustizia; Otello, generale dell'armata veneziana, vive tragicamente la gelosia e cade vittima dell'inganno, dimostrando il difficile rapporto fra realtà e apparenza; *Re Lear* tratta della lotta per il potere e della difficoltà di distinguere il bene dal male; *Macbeth* approfondisce il tema dell'ambizione, introducendo il personaggio di Lady Macbeth, giovane donna animata dalla smodata ambizione e dall'amore sanguinario.
Nel periodo finale della sua produzione Shakespeare abbandona il pessimismo delle tragedie per scrivere *romances*, drammi fiabeschi e avventurosi. Il più celebre è *La tempesta*. In quest'opera il tema del potere è delineato in modo più positivo rispetto alle grandi tragedie precedenti, poiché la vicenda porta all'affermazione della clemenza e della saggezza di re Prospero. L'ambiente in cui il dramma si svolge, caratterizzato dalla giustizia e dalla libertà, rimane tuttavia uno spazio utopico.

3. In che cosa consiste la riforma di Lope de Vega? Come è stata proseguita da Calderòn de la Barca?

Lope de Vega pubblica nel 1609 l'*Arte nuevo de hacer commedia*, in cui indica i nuovi criteri del teatro nazionale: la vita quotidiana e le esigenze del pubblico devono essere fonte di ispirazione; Lope rifiuta le "unità" aristoteliche e mescola gli stili tragico e comico.
Dopo di lui, Calderòn de la Barca, il più grande drammaturgo spagnolo dell'epoca, si allontana dal realismo di Lope de Vega scrivendo opere astratte e allegoriche (*Il gran teatro del mondo, La vita è sogno*) che esprimono il carattere teatrale e illusorio dell'esistenza.

4. Chi sono i principali drammaturghi francesi?

In Francia il teatro si afferma nella seconda metà del Seicento grazie all'opera di Corneille, prima, e di Racine, poi. Il primo scrive tragedie a lieto fine che esaltano le qualità del re (in Francia si sta affermando la monarchia assoluta) e il conflitto tra dovere morale e passione amorosa. Racine costruisce il "teatro della ragione", che rivaluta le unità aristoteliche: la vicenda dura un solo giorno, l'azione non contempla personaggi secondari e avviene in un unico luogo senza cambiamenti di scena. I temi delle opere di Racine sono ripresi dal mondo classico, ma trattano del conflitto tra ragione e passione o tra civiltà e natura tipici del Seicento. Contemporaneamente Molière fonda il teatro comico, che prima non aveva dignità letteraria. Le commedie di Molière, basate su azione e realismo, rappresentano una sferzante critica della società contemporanea, di cui sono messe in evidenza le ipocrisie e le contraddizioni.

109

Attività di ripasso U4

La nuova scienza

1 (8 min.) **Collega le date agli eventi.**

1	1542
2	1543
3	1598
4	1603
5	1609
6	1616
7	1632
8	1633
9	1637
10	1687

a	Galileo pubblica il *Dialogo sopra i due massimi sistemi del mondo*
b	Viene fondata l'Accademia dei Lincei
c	Copernico pubblica *Sulle rivoluzioni dei mondi celesti*
d	Condanna del copernicanesimo da parte del Santo Uffizio
e	Esce *La nuova astronomia* di Keplero
f	Esce il *Discorso sul metodo* di Cartesio
g	Escono i *Principi matematici* di Newton
h	Riorganizzazione dell'Inquisizione
i	Il Santo Uffizio processa Galileo
l	Editto di Nantes

2 (4 min.) **Colloca gli eventi sulla carta geografica.**

a Vi nasce Galileo nel 1564
b Galileo vi è sottoposto a processo nel 1633
c Galileo vi si rifugia dopo l'abiura
d Vi è ambientato il *Dialogo sopra i due massimi sistemi del mondo*
e Vi insegna Marcello Malpighi, che scopre il sistema dei vasi capillari

3 — 20 min. — esercizio attivo

Verifica sommativa con punteggio finale.

1 Riconosci tra queste affermazioni quelle vere e quelle false.
- a La scienza moderna nasce nel Cinquecento.
  vero | falso
- b Keplero, Galilei e Newton sono i tre scienziati che sviluppano la teoria eliocentrica di Copernico.
  vero | falso
- c Moltissimi strumenti di ricerca sono stati messi a punto tra la fine del Cinquecento e il Seicento: tra questi il telescopio, il microscopio, il termometro, il barometro.
  vero | falso
- d Il "microscopio" fu battezzato così da un amico di Galileo.
  vero | falso

2 Qual è la scoperta più importante del Seicento in campo anatomico?
- a Il funzionamento del tatto.
- b Il funzionamento del cuore e della circolazione sanguigna.
- c Gli spermatozoi.

3 Sottolinea l'opzione corretta.
Galilei sostiene *la superiorità/l'inferiorità* della scienza per quanto riguarda la conoscenza del mondo *naturale/trascendente*, alla quale si perviene attraverso l'osservazione empirica della realtà e le formulazioni *matematiche/il ragionamento logico* e *il rigore filosofico*.
Galilei *intende/non intende* negare l'autorità *della Bibbia/della Chiesa* come guida spirituale; crede, infatti, che il campo della fede e lo studio della natura siano saperi che *discendono da un unico principio/procedono separatamente*.

4 Riconosci tra queste affermazioni quelle vere e quelle false.
- a Il *Dialogo sui due massimi sistemi del mondo* si apre con la considerazione dei limiti della ragione umana.
  vero | falso
- b Galileo è stato riabilitato dalla Chiesa nel 1982.
  vero | falso
- c Secondo Galileo le Sacre Scritture vanno interpretate alla lettera.
  vero | falso
- d L'utilizzazione di strumenti di precisione per l'indagine scientifica è un cambiamento epocale che trasforma il concetto di scienza.
  vero | falso

5 Che cosa significa "sensate esperienze"?
- a Esperienze che hanno un senso.
- b Esperienze dei sensi.
- c Esperienze decisive.

111

Attività di ripasso U4 — La nuova scienza

6 Il *Dialogo sopra i due massimi sistemi del mondo* è stato scritto:
- a) in latino ed è stato tradotto nel Settecento.
- b) in volgare, con molti inserti latini e greci per le dimostrazioni scientifiche.
- c) in volgare e crea un linguaggio scientifico basato su parole della lingua comune.

7 Che significa "metodo induttivo"?
- a) Osservare il particolare e ricondurlo a un sistema generale attraverso rigorose dimostrazioni e formule matematiche.
- b) Enunciare un principio generale e verificarne la tenuta in singoli casi.
- c) Analizzare solo fenomeni concreti.

8 Sottolinea l'opzione corretta.

Osservando il cielo *a occhio nudo/con il cannocchiale*, Galileo rilevò molte caratteristiche della superficie *della Luna/di Venere*; inoltre, individuò *due/quattro* satelliti di Giove. *Ignorato da tutti/Carico di fama*, Galileo iniziò una *campagna/battaglia* per il rinnovamento *della filosofia/della scienza*, sostenendo apertamente il modello *copernicano/di Keplero*.

9 Quante sono le regole su cui si basa il metodo cartesiano?
- a) Tre
- b) Quattro
- c) Cinque

10 Riconosci tra queste affermazioni quelle vere e quelle false.
- a) Bacone nei suoi testi si basa sui procedimenti dimostrativi di Aristotele (sillogismi). vero / falso
- b) Il sillogismo è un tipo di dimostrazione basata sul linguaggio e sulla logica. vero / falso
- c) Gli scienziati del Seicento rifiutano di rimanere entro i limiti stabiliti dagli studiosi del passato. vero / falso
- d) Cartesio sostiene che il dubbio non è un valido metodo di indagine. vero / falso

---

Risultati in autovalutazione
- Al quarto errore: **preparazione insufficiente**
- 2-3 sbagliate: **preparazione sufficiente**
- 0-1 sbagliate: **preparazione buona**

A domanda rispondo. Guida all'interrogazione

1 **Quali sono le novità portate dalla "nuova scienza" nel modo di concepire il mondo?**

La scienza moderna nasce nel Seicento grazie, principalmente, all'opera di tre studiosi che si occupano di fisica e astronomia: Keplero, Galileo e Newton.
Grazie alla loro opera, che riprende le ipotesi di Copernico e le accerta con osservazioni e calcoli, crolla l'immagine ereditata dalla tradizione tolemaica e biblica di un universo "geocentrico" (la Terra al centro del sistema) e si afferma invece quella "eliocentrica" (il Sole al centro). In modo molto significativo, Keplero descrive l'universo come "macchina" e come "orologio", i cui movimenti sono meccanici, governati da "forze materiali" e da leggi esatte traducibili in linguaggio matematico.
Il paragone di Keplero risulta rivoluzionario, perché mina le fondamenta del sapere tradizionale che considerava l'universo come azionato da un'"anima" o da intelligenze angeliche. Le dirette osservazioni intraprese dai nuovi scienziati, inoltre, distruggono anche il concetto di autorità: se la Bibbia o un autore riconosciuto afferma una verità, tale attestazione non è più accettata senza discutere, ma viene sottoposta a verifica.
La nuova cultura scientifica rivaluta infine il sapere tecnico, perché permette di costruire gli strumenti con cui gli scienziati conducono le proprie ricerche: microscopi, termometri, barometri, telescopi.

2 **In che modo Galilei contribuisce all'affermazione della nuova cultura scientifica?**

Galileo Galilei conduce i propri studi astronomici secondo i princìpi della ricerca e della sperimentazione ("sensate [basate sui sensi] esperienze e certe [sicure] dimostrazioni"), servendosi di strumenti come il cannocchiale, con cui per la prima volta vede i satelliti di Giove o la superficie della Luna. Egli pubblica i suoi risultati nel *Sidereus nuncius* (1610), saggio di astronomia, e nel *Dialogo sopra i due massimi sistemi del mondo* (1632), sostenendo il modello eliocentrico e difendendo l'autonomia della ricerca scientifica dalla religione e dalla teologia. La lezione fondamentale di Galileo consiste nel sostegno al metodo sperimentale per raggiungere la conoscenza dei fenomeni naturali: Galileo sostiene che la Bibbia è un libro religioso, a cui riferirsi per le verità di fede, ma non è uno strumento della scienza, le cui conclusioni devono essere supportate da "necessarie dimostrazioni". Oltre a ciò Galileo rinnova la trattatistica, scrivendo il *Dialogo* in volgare, così da raggiungere un pubblico più ampio non necessariamente esperto di argomenti scientifici. Galileo elabora un lessico divulgativo, in cui i termini provengono dal linguaggio comune; lo stile semplice, diretto e immediato costruisce un'argomentazione precisa e rigorosa. La forma dialogica, poi, permette al lettore di essere coinvolto nella discussione, quasi ne sia partecipe direttamente.

3 **In che cosa consiste il problema del metodo?**

La nuova scienza pone il problema del metodo attraverso il quale giungere alla conoscenza. La sperimentazione porta a considerare valido il metodo induttivo, che parte dall'osservazione del particolare per formulare leggi universali, e a rifiutare il metodo deduttivo (dalle considerazioni generali al fenomeno concreto) usato fino a quel momento.
Francis Bacon sostiene che la conoscenza deriva da una "unione sempre più stretta" delle capacità sperimentali e razionali, che devono completarsi a vicenda. Cartesio in seguito enuncia il principio del dubbio metodico, che deve richiedere la verifica di ogni asserzione mediante la ragione e l'osservazione diretta. Tale processo deve seguire quattro regole fondamentali: l'evidenza, per cui bisogna attenersi solo a ciò che si presenta chiaramente; l'analisi, che porta a semplificare ciò che è complesso; la sintesi, che ricompone ciò che prima si è frammentato; l'enumerazione e la revisione per verificare che non si siano commessi errori.

Attività di ripasso U5

La poesia barocca

1

Collega le date agli eventi e alle opere.

1	1561
2	1590-1598
3	1603
4	1609
5	1614
6	1618-1648
7	1622
8	1667

a	Termina il regno di Elisabetta I in Inghilterra
b	È pubblicata *La secchia rapita* di Alessandro Tassoni
c	John Donne scrive le poesie d'amore (*Canzoni e Sonetti*)
d	Nasce Luis de Góngora
e	È pubblicata *La lira* di Giambattista Marino
f	I sonetti di Shakespeare escono senza l'approvazione dell'autore
g	Prima edizione del *Paradiso perduto* di Milton
h	Guerra dei Trent'anni

2

Riconosci quale testo è stato scritto da Giambattista Marino.

1

Io son sì altamente innamorato
Io son sì altamente innamorato,
a la mercé d'una donna e d'Amore,
ch'e' non è al mondo re né imperadore,
a cui volessi io già cambiar mio stato:
ch'io amo quella, a cui Dio ha donato
tutto ciò che conviene a gentil core;
dunque, chi di tal donna è servidore
ben si può dir che 'n buon pianeto è nato.

2

Treccia riccamata di perle
Questo bel crine aurato,
prezzo del mio dolore,
ritegno del mio core,
dele lagrime mie tutto fregiato,
fu già tuo laccio, or è mio dono, Amore.
Ecco ch'io 'l bacio e godo,
e del mio ricco nodo
movo invidia agli amanti, e dico altrui:
"Vedete l'oro onde comprato io fui".

3

Le golose
Io sono innamorato di tutte le signore
che mangiano le paste nelle confetterie.
Signore e signorine –
le dita senza guanto –
scelgon la pasta. Quanto
ritornano bambine!
Perché nïun le veda,
volgon le spalle, in fretta,
sollevan la veletta,
divorano la preda.

3 — 20 min. — esercizio attivo

Verifica sommativa con punteggio finale.

1 Riconosci tra queste affermazioni quelle vere e quelle false.

a Nella seconda metà del Seicento si assiste a un rilancio della poesia lirica.
vero | falso

b "La vera regola è saper rompere le regole a tempo e luogo, accomodandosi al costume corrente" è una frase di John Donne.
vero | falso

c La poesia barocca dopo gli anni Trenta non ricorre più a temi funebri.
vero | falso

d Il paese che più contribuisce all'affermazione del gusto barocco è l'Inghilterra.
vero | falso

2 Che cos'è il "concetto" nella poesia barocca?

a Un pensiero espresso in maniera logica e astratta.
b Un collegamento inusuale fra immagini.

3 Sottolinea l'opzione corretta.

Miguel de Cervantes/Luis de Góngora e Francisco Quevedo furono i capiscuola rispettivamente del *culteranismo/concettismo* e del *culteranismo/concettismo*.
La differenza fra le due scuole consiste nel fatto che la *prima/seconda* può essere definita una variante particolare *della prima/della seconda*: entrambe sono basate *sull'uso del concetto/sul tema funebre*, ma *il concettismo/il culteranismo* produce testi più colti e difficili, caratterizzati da una grande elaborazione retorica e dai numerosi riferimenti *storici/mitologici*.

4 Riconosci tra queste affermazioni quelle vere e quelle false.

a I maggiori poeti del periodo fra Manierismo e Barocco in Inghilterra sono William Shakespeare e Christopher Marlowe.
vero | falso

b Luis De Góngora ha scritto solo sonetti.
vero | falso

c Giambattista Marino divenne famoso con l'opera *La Lira*.
vero | falso

d Il poema mitologico *L'Adone* è di 40.000 versi.
vero | falso

5 Perché *L'Adone* è considerato il capolavoro del Barocco italiano?

a Perché è il poema più lungo della letteratura italiana.
b Perché parla d'amore in modo innovativo, tanto da essere messo all'*Indice dei libri proibiti*.
c Perché è un poema ambizioso, molto costruito e con un complesso significato allegorico.

115

Attività di ripasso U5 — La poesia barocca

6 Perché nel Seicento il genere epico entra in crisi?
- [a] Perché l'epica non è possibile quando la letteratura è distante dall'immaginario della popolazione.
- [b] Perché le guerre in corso sono troppo complesse.
- [c] Perché non è più possibile narrare azioni eroiche.

7 Quali sono le conseguenze della crisi del genere epico?
- [a] Il poema epico tradizionale si trasforma e si evolve, cambiando tematiche o diventando parodia.
- [b] Il poema epico diventa a tema amoroso.
- [c] Il poema epico non esiste più e si trasforma in una serie di testi brevi a sfondo comico.

8 Sottolinea l'opzione corretta.

La *meraviglia/retorica* è il principio ispiratore della poesia barocca, che ha lo scopo *principale/secondario* di suscitare *la simpatia/lo stupore* di chi legge. La figura retorica più usata per ottenere tale effetto è la *metonimia/metafora*, che stabilisce collegamenti nuovi e inattesi tra immagini *dello stesso tipo/appartenenti a campi diversi*.

9 Perché la poesia barocca usa anche acrostici e calligrammi?
- [a] Per la loro bellezza.
- [b] Perché vuole costruire testi da guardare oltre che da leggere.
- [c] Perché questo uso è un'eredità petrarchesca.

10 Riconosci tra queste affermazioni quelle vere e quelle false.
- [a] Il *Paradiso perduto* di John Milton è un poema epico in versi sciolti di argomento sacro.
  vero | falso
- [b] "Meraviglia" è la parola chiave della poetica di Marino.
  vero | falso
- [c] Nel poema eroicomico vi è una mescolanza di generi, stili e linguaggi.
  vero | falso
- [d] Nei canzonieri della lirica barocca i componimenti sono organizzati in modo tematico.
  vero | falso

Risultati in autovalutazione
- Al quarto errore: **preparazione insufficiente**
- 2-3 sbagliate: **preparazione sufficiente**
- 0-1 sbagliate: **preparazione buona**

A domanda rispondo. Guida all'interrogazione

1 **Quali sono le novità e gli aspetti caratterizzanti della poesia barocca?**

Nei primi decenni del Seicento la poesia lirica conosce un rilancio, ma si trasforma profondamente rispetto al classicismo e al petrarchismo.
Il gusto per la novità si estremizza: domina il desiderio di stupire e di meravigliare il lettore. Si diffondono così poesie visive, in cui è importante la disposizione delle parole sulla pagina, gli acrostici, i calligrammi. La poesia accoglie la raffigurazione di singoli particolari della donna (l'abito, le parti del corpo) e talvolta anche la rappresentazione del brutto (la donna vecchia, sdentata, ecc.). La poesia rinuncia invece alla profondità e allo scavo interiore.
Dopo gli anni Trenta del secolo, si fanno invece strada temi seri o drammatici: il terrore della morte, la caducità della vita.
Dal punto di vista stilistico, diventa figura dominante della poesia barocca la metafora, capace di collegare ingegnosamente immagini lontane e di suscitare sorpresa nel lettore.

2 **Chi è il maggiore poeta barocco italiano?**

Il maggiore rappresentante della poesia del Seicento in Italia è Giovan Battista Marino, che raggiunge la fama letteraria con *La lira* (1614). La raccolta è esemplare delle caratteristiche della poesia barocca per l'attenzione ai particolari, ai gesti quotidiani e alla combinazione inedita e paradossale di motivi poetici tradizionali. Marino considera la letteratura un magazzino da cui attingere materiale da ricomporre variamente. L'ispirazione di Marino, dunque, arriva dall'arte e non dalla natura. Solo l'arte sarebbe infatti capace di superare la realtà, perché la poesia è espressione dell'intelletto dell'uomo, evidenziato dagli accostamenti inattesi che suscitano meraviglia.
Marino vuole rivitalizzare anche la forma del poema epico, scrivendo *L'Adone* (1623). In più di 5000 ottave, Marino racconta la storia di Venere che, innamoratasi del pastore Adone, lo educa per renderlo degno dell'amore divino. Adone scopre così i piaceri derivanti dai cinque sensi, dalle arti e dalla scienza moderna. Tuttavia Adone muore ucciso da un cinghiale, inviatogli dal geloso Marte; il poema si conclude con la celebrazione dei riti funebri. Con *L'Adone* Marino reinventa un genere letterario – l'epica – distanziandosi completamente dalla tradizione precedente. Il poema non celebra gesta eroiche, ma aspetti privati e sentimentali; non ha un'ambientazione storica, ma idilliaca e mitologica; non ha per protagonista un eroe, ma un personaggio che soggiace alla volontà altrui; non propone, infine, un sistema di valori, ma celebra l'edonismo e la ricerca del piacere (pur se temperati dall'affermazione che "l'eccessivo piacer termina in doglia").

3 **In quali altri paesi si afferma maggiormente la lirica barocca?**

La Spagna, dove vivono e scrivono Luis de Gòngora e Francisco de Quevedo, è il paese all'avanguardia del gusto barocco. La poetica di Gòngora, il *culteranismo*, porta alle estreme conseguenze il *concettismo*, cioè la pratica estetica di cercare il collegamento ingegnoso tra immagini distanti per creare meraviglia. La poetica di Gòngora è caratterizzata dalla ricca elaborazione retorica, che abbonda in metafore, allegorie complesse e riferimenti mitologici. Gòngora parla dell'attrazione per la bellezza e dell'ossessione per la morte in uno stile raffinatissimo e concentrato. Quevedo inizia la sua produzione con opere satiriche per poi divenire intenso e meditativo; il concettismo raggiunge in Quevedo la sua più alta realizzazione.
In Inghilterra si assiste all'evoluzione del poema epico in chiave religiosa: il *Paradise lost* [Paradiso perduto] di John Milton narra in versi liberi la cacciata di Adamo ed Eva dal Paradiso.

Attività di ripasso

Quadro storico-culturale
L'Europa della ragione (1690-1815)

1 Collega le date agli eventi.

1	1690		a	Napoleone si proclama imperatore
2	1707		b	Decapitazione di Luigi XVI
3	1711		c	Napoleone è sconfitto a Waterloo
4	1716-1718		d	Nasce il quotidiano inglese "The Spectator"
5	1748		e	Nasce il Regno Unito di Gran Bretagna
6	1754		f	A Milano esce "Il Caffè"
7	1764-1766		g	Discorso sull'ineguaglianza degli uomini di Rousseau
8	1787		h	Prima rappresentazione del *Don Giovanni* di Mozart
9	1793		i	Guerra tra Impero asburgico e Impero ottomano
10	1804		l	Diderot e D'Alembert iniziano a lavorare all'*Enciclopedia*
11	1815		m	Viene fondata l'accademia dell'Arcadia

2 Colloca le risposte sulla carta geografica.

a. Vi è firmata la pace che mette fine al conflitto austriaco nel 1748
b. Nel 1796 Napoleone vi sconfigge gli austriaci
c. Vi avviene nel 1813 la prima sconfitta di Napoleone
d. Vi sorge l'accademia dell'Arcadia
e. È la capitale dell'Illuminismo italiano

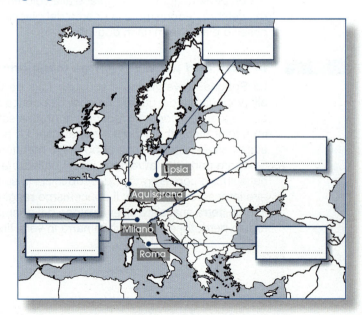

Verifica sommativa con punteggio finale.

1 Riconosci tra queste affermazioni quelle vere e quelle false.

- a La pace di Aquisgrana apre il periodo delle lotte per le successioni.
  vero falso
- b L'Arcadia viene fondata per mantenere la tradizione barocca.
  vero falso
- c L'*Enciclopedia* è una grande opera francese diretta da Montesquieu e Rousseau.
  vero falso
- d Attraverso le rivoluzioni francese e americana la plebe prende il potere.
  vero falso

2 Che cosa indica il termine "ancien régime"?

- a L'età antica.
- b Il "regime antico" precedente al Congresso di Vienna.
- c La società europea compresa tra il XVI e il XVIII secolo e la sua forma di governo principale, fondata sull'assolutismo e sulle monarchie ereditarie.

3 Sottolinea l'opzione corretta.

L'accademia/Il salotto dell'Arcadia, fondata a *Venezia/Roma*, propone una riforma della *prosa/poesia* basata sui criteri *della semplicità e della chiarezza/dell'ingegno e dell'originalità*. L'Arcadia ha realizzato un'arte *impegnata e popolare/di evasione e di intrattenimento*, collocata in un ambiente *pastorale/contadino* profondamente *legato alla/separato dalla* realtà storica e sociale circostante; suo merito è stato tuttavia quello di favorire *l'incontro e l'unificazione dei/la discussione e lo scontro tra i* letterati *europei/italiani*.

4 Riconosci tra queste affermazioni quelle vere e quelle false.

- a Nel Settecento si afferma il romanzo moderno.
  vero falso
- b In Italia nel Settecento la poesia si sviluppa più del romanzo.
  vero falso
- c La nascita della moderna autobiografia si colloca nel Settecento in Francia.
  vero falso
- d Il Rococò è uno stile che non si applica in architettura.
  vero falso

5 Che cosa indica il termine "Illuminismo"?

- a Un'età in cui la luce divina ispira e illumina le menti.
- b Una nuova età positiva, in cui l'intelligenza umana e il sapere scientifico sono considerati gli strumenti che combattono la superstizione, la magia e la religione.
- c Il periodo della Rivoluzione francese.

6 Qual è l'anno con cui convenzionalmente si indica la nascita dell'Illuminismo?

- a 1690
- b 1748
- c 1789

Quadro storico-culturale L'Europa della ragione (1690-1815)

7 Perché l'*Enciclopedia* fu collocata nell'*Indice dei libri proibiti* dalla Chiesa?
- a Perché i "nuovi saperi" rappresentavano un attacco alla religione e all'autorità.
- b Perché gli autori erano atei.
- c Per il contenuto osceno.

8 Sottolinea l'opzione corretta.

Tra il 1780 e il 1800 si assiste *in Germania/in Inghilterra* alla rivoluzione *tecnologica/industriale*: una serie di innovazioni e invenzioni che, applicate *alla produzione/al prodotto*, modificano *per sempre/per due decenni* l'organizzazione *del lavoro/sociale e politica*. Le macchine si collocano nelle nuove *fabbriche/aree*, che impiegano grandi quantità di *operai/ingegneri*, disposti a lavorare per salari *miseri/adeguati*, in fasi di produzione sempre più *unificate/separate e specializzate*. È una novità enorme rispetto al modello *contadino/artigianale* dei secoli precedenti.

9 Perché nel Settecento si amplia notevolmente il pubblico del romanzo?
- a Perché se ne fanno letture pubbliche nei teatri.
- b Perché gli scrittori cominciano a scrivere romanzi di consumo.
- c Perché l'ascesa della borghesia in campo politico e sociale porta a un aumento dell'alfabetizzazione.

10 Riconosci tra queste affermazioni quelle vere e quelle false.
- a Nel movimento dello *Sturm und Drang* l'artista è considerato un genio creatore che deve obbedire soltanto alla forza del proprio sentire.
  vero | falso
- b Il mito di una natura umana primitiva e della forza della fantasia popolare nasce nella prima metà del Settecento e anticipa il Romanticismo.
  vero | falso
- c Il Codice civile di Napoleone sancisce la laicità dello stato.
  vero | falso
- d La Dichiarazione d'Indipendenza delle colonie americane stabilisce per la prima volta il diritto degli uomini alla ricerca della felicità.
  vero | falso

Risultati in autovalutazione
- Al quarto errore: **preparazione insufficiente**
- 2-3 sbagliate: **preparazione sufficiente**
- 0-1 sbagliate: **preparazione buona**

A domanda rispondo. Guida all'interrogazione

1 **In quali periodi culturali si può dividere il Settecento? Quali sono le loro caratteristiche?**

Nel Settecento si possono individuare due fasi culturali. La prima metà del secolo è dominata in Italia dall'accademia dell'Arcadia, che critica gli eccessi e la stravaganza del Barocco, invocando un ritorno al buon gusto della tradizione classica. L'Arcadia svolge un ruolo importante di unificazione degli intellettuali italiani. In campo filosofico, la prima metà del Settecento vede attivi in Italia G. B. Vico, fondatore dello storicismo e dell'antropologia (lo studio culturale della società umana); in Inghilterra la riflessione di J. Locke, che fonda l'empirismo (le idee nascono a partire dall'esperienza) e il deismo (Dio coincide con le leggi della natura e della ragione). La seconda metà del secolo vede l'affermazione dell'Illuminismo, che apre una rivoluzionaria stagione culturale con la pubblicazione in Francia dell'*Encyclopedie* nel 1748. L'Illuminismo afferma la libertà di pensiero, la tolleranza e il progresso, rifiutando ogni forma di fanatismo religioso e ogni pregiudizio. L'intelligenza umana e il sapere scientifico sono gli strumenti per affermare il progresso umano, che è simboleggiato dalla diffusione del "lume" della ragione che sconfigge il buio dell'ignoranza.
Gli intellettuali illuministi hanno una nuova concezione di sé: essi non sono più cortigiani o eruditi, ma si pongono come creatori di opinioni che, per mezzo dei propri scritti, contribuiscono al progredire della conoscenza umana.

2 **Quali sono i principali movimenti poetici e artistici del secolo XVIII?**

Come ricordato, la prima metà del secolo vede in Italia la diffusione dell'Arcadia.
Nella seconda metà del secolo, concorrono a formare il gusto letterario la riflessione dell'Illuminismo e la poetica del Neoclassicismo. Il primo promuove una letteratura che sia utile alla società; il secondo, teorizzato da J. J. Winckelmann, detta per l'arte regole di semplicità e armonia ispirate al mondo classico. Nell'opera dei poeti Giuseppe Parini e Ugo Foscolo l'impegno civile si unisce a uno stile classico.
Ma il Neoclassicismo porta in sé anche aspetti non sereni e non razionali. La consapevolezza che il mondo antico è lontano e non raggiungibile porta in alcune figure che pure appartengono al Neoclassicismo, come Goethe e Foscolo, inquietudine e malinconia, che nascono dalla percezione del contrasto ormai insanabile tra mondo antico e mondo moderno.
In alcune aree dell'Europa, si fanno strada poetiche che anticipano elementi che saranno propri del Romanticismo: la riscoperta dell'interiorità e della soggettività, il gusto per il Medioevo, per le fantasie popolari, per le immagini notturne e sepolcrali (i *Canti di Ossian* dello scozzese J. Macpherson). In Germania, in netta opposizione al neoclassicismo francese, si affermano i poeti del movimento detto *Sturm und Drang* ("tempesta e assalto"), fautore di una poesia popolare, "naturale" e non razionale ispirata al "genio" tedesco e che enfatizza il sentimento contro la ragione.

3 **Quali generi letterari si affermano nel Settecento?**

La diffusione dell'alfabetizzazione e l'affermazione della borghesia e quindi di un pubblico esteso di lettori medi permettono l'ascesa dei nuovi generi letterari in prosa.
Anzitutto quello del romanzo, che conosce diverse varianti: il romanzo epistolare (*I dolori del giovane Werther* di Goethe, *Le ultime lettere di Jacopo Ortis* di Foscolo); il romanzo di avventura (D. Defoe) e di costume (H. Fielding); il romanzo autobiografico (*Le confessioni* di J. J. Rousseau); il romanzo satirico (L. Sterne) e filosofico (Voltaire). Altri importanti generi in prosa sono quelli del trattato e del *pamphlet*, che intervengono, in chiave critica, sui problemi sociali.
In Italia la presenza dell'Arcadia lascia il predominio alla poesia lirica; qui tuttavia il teatro conosce una stagione di successo grazie alla commedia e all'opera buffa, che sostituisce l'opera seria nella produzione di melodrammi.

Attività di ripasso U6

La ragione, le leggi e il diritto

1
2 min.

Colloca le risposte sulla carta geografica.

a Vi nasce Giovan Battista Vico nel 1668
b Vi si pubblica la rivista «Il Caffè»
c Vi si laurea in legge Cesare Beccaria
d Vi opera Gaetano Filangieri
e Vi andò in esilio Vincenzo Cuoco

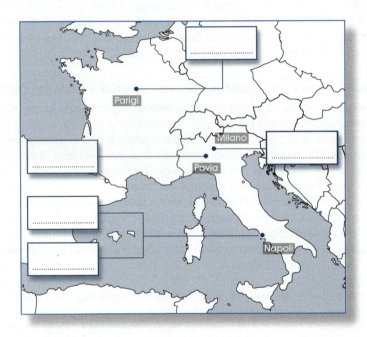

2
8 min.

Attribuisci a ciascun testo il suo autore.
Giovan Battista Vico, Cesare Beccaria, Pietro Verri

[...] pochissimi, rimontando ai principii generali, annientarono gli errori accumulati di più secoli, frenando almeno, con quella sola forza che hanno le verità conosciute, il troppo libero corso della mal diretta potenza, che ha dato fin ora un lungo ed autorizzato esempio di fredda atrocità. E pure i gemiti dei deboli, sacrificati alla crudele ignoranza ed alla ricca indolenza, i barbari tormenti con prodiga e inutile severità moltiplicati per delitti o non provati o chimerici, la squallidezza e gli orrori d'una prigione, aumentati dal più crudele carnefice dei miseri, l'incertezza, doveano scuotere quella sorta di magistrati che guidano le opinioni delle menti umane.

autore
....

Non aspetto gloria alcuna da quest'opera. Ella verte sopra di un fatto ignoto al resto dell'Italia; vi dovrò riferire de' pezzi di processo, e saranno le parole di poveri sgraziati e incolti che non sapevano parlare che il lombardo plebeo; non vi sarà eloquenza o studio di scrivere: cerco unicamente di schiarire un argomento che è importante. Se la ragione farà conoscere che è cosa ingiusta, pericolosissima e crudele l'adoperar le torture, il premio che otterrò mi sarà ben più caro che la gloria di aver fatto un libro, avrò difesa la parte più debole e infelice degli uomini miei fratelli; se non mostrerò chiaramente la barbarie della tortura, quale la sento io, il mio libro sarà da collocarsi fra i moltissimi superflui.

autore
....

In cotal guisa i primi uomini delle nazioni gentili, come fanciulli del nascente gener umano [...] dalla lor idea criavan essi le cose, ma con infinita differenza però dal criare che fa Iddio: perocché Iddio, nel suo purissimo intendimento, conosce e, conoscendole, cria le cose; essi, per la loro robusta ignoranza, il facevano in forza d'una corpolentissima fantasia, e, perch'era corpolentissima, il facevano con una maravigliosa sublimità, tal e tanta che perturbava all'eccesso essi medesimi che fingendo le si criavano, onde furon detti «poeti», che lo stesso in greco suona che «criatori». Che sono gli tre lavori che deve fare la poesia grande, cioè di ritruovare favole sublimi confacenti all'intendimento popolaresco, e che perturbi all'eccesso, per conseguir il fine, ch'ella si ha proposto, d'insegnar il volgo a virtuosamente operare, com'essi l'insegnarono a se medesimi.

autore
....

Verifica sommativa con punteggio finale.

1 Riconosci tra queste affermazioni quelle vere e quelle false.

  a Nel Settecento la giustizia era amministrata dal Tribunale dell'Inquisizione.
  vero falso

  b Gli intellettuali illuministi per diffondere le loro idee usano soprattutto le forme del saggio e del *pamphlet*.
  vero falso

  c Il *pamphlet* è uno scritto poetico di stile elevato.
  vero falso

  d Montesquieu propone l'unione dei poteri legislativo, esecutivo e giudiziario.
  vero falso

2 Qual è l'argomento della *Scienza Nuova* di Vico?

  a L'origine della civiltà.
  b Il potere della fantasia.
  c L'anatomia umana.

3 Sottolinea l'opzione corretta.

La *Scienza Nuova* è un *trattato/pamphlet,* pubblicato in *due/tre* diverse edizioni, nella quale il filosofo *torinese/napoletano* stabilisce *dei parallelismi/delle differenze* tra gli stadi dello sviluppo del singolo essere umano e quelli dello sviluppo delle *nazioni/popolazioni*; nei *quattro/cinque* libri dell'opera Vico espone anche la teoria dei *"corsi storici"/"corsi e ricorsi storici"*, secondo la quale una *persona/società* attraversa fasi storiche *cicliche/lineari*.

4 Riconosci tra queste affermazioni quelle vere e quelle false.

a. Gli intellettuali illuministi credono alla funzione progressiva della ragione e della scienza.
   vero falso

b. Pietro Verri faceva parte dell'amministrazione austriaca.
   vero falso

c. Cesare Beccaria sostiene che reato e peccato siano la stessa cosa.
   vero falso

d. Sia Beccaria che Verri sostengono che l'uso della tortura è inutile per raggiungere la verità.
   vero falso

5 Che cosa significa "giusnaturalismo"?

a. Naturalismo giusto.
b. Diritto naturale (*ius naturae*).
c. Ciò che fa la natura è sempre giusto.

6 Lo stile di Cesare Beccaria è:

a. metaforico e barocco.
b. chiaro e lineare.
c. teatrale e melodrammatico.

7 Quali sono i centri culturali dell'Illuminismo italiano?

a. Milano e Napoli
b. Napoli e Torino
c. Milano e Firenze

8 Sottolinea l'opzione corretta.

Ferdinando Galiani, considerato il fondatore dell'*economia politica/economia monetaria,* afferma che il valore *dell'oro/della moneta* dipende *esclusivamente/non* dal suo peso *e/ma* dal *potere di acquisto/materiale* di cui è composta nei confronti delle *merci/altre monete*. Questa teoria si chiama teoria *"delle merci"/"del valore"*, e avrà un grande successo a livello *nazionale/internazionale,* tanto da essere un importante elemento della costruzione teorica che *il tedesco/l'austriaco Karl Marx/Adam Smith* ha esposto nel *Capitale*.

9 Che cos'è la "macroeconomia"?
- [a] Il comportamento in campo economico dei vari soggetti.
- [b] La descrizione del sistema economico nel suo complesso.

10 Riconosci tra queste affermazioni quelle vere e quelle false.
- [a] Antonio Genovesi è il primo docente universitario italiano di economia.
  [vero] [falso]
- [b] "Se il male che l'uomo può fare colla stampa può esser difficilmente occultato, e facilmente riparato, e quello che può fare colla spada, può esser facilmente occultato, e difficilmente riparato, perché temer più la stampa che la spada, e spiare colui che scrive, e non colui che è armato?" è una frase di Vincenzo Cuoco.
  [vero] [falso]
- [c] Vincenzo Cuoco non partecipa alla rivoluzione napoletana del 1799.
  [vero] [falso]

> **Risultati in autovalutazione**
> - Al quarto errore: **preparazione insufficiente**
> - 2-3 sbagliate: **preparazione sufficiente**
> - 0-1 sbagliate: **preparazione buona**

A domanda rispondo. Guida all'interrogazione

1. Quali basi teoriche ha la riflessione sul diritto e perché questo tema è così importante nella riflessione del Settecento?

La diffusione del pensiero critico sulla società promosso dall'Illuminismo attraverso i trattati e i *pamphlet* porta gli intellettuali a concentrarsi su uno degli aspetti cruciali del vivere sociale, cioè il diritto: la sua origine, la sua natura e i suoi strumenti.
L'Illuminismo riprende la teoria del Giusnaturalismo (per cui esisterebbero norme di diritto naturali, non costruite dall'uomo e non di natura divina) e la sviluppa su nuove basi. G. B. Vico si fa sostenitore di un "diritto naturale delle genti". Il francese Montesquieu si fa promotore di un sistema in cui l'amministrazione della giustizia sia sottratta ai re assoluti (è la separazione dei poteri) a garanzia di giustizia e libertà, e si adatti alle esigenze e alla cultura dei popoli.
Più in generale, molti pensatori di ispirazione illuminista mettono in discussione sia le diverse istituzioni che amministravano la giustizia (i tribunali dei signori feudali, quelli regi, l'Inquisizione), sia certe forme violente di giustizia come la pena di morte e la tortura.

2. Che cosa affermano Verri e Beccaria? In quali opere?

Insieme a Napoli, Milano è una delle città italiane dove gli illuministi si esprimono in modo più significativo; gli intellettuali si riuniscono nell'Accademia dei Pugni e pubblicano la rivista «Il caffè», diffondendo l'idea di una cultura pratica e capace di incidere sulla società. Pietro Verri e Cesare Beccaria contribuiscono al dibattito sulla giustizia con le *Osservazioni sulla tortura* e con *Dei delitti e delle pene*. Nel primo saggio Verri dimostra che la pratica della tortura è inutile nell'accertamento della verità e nell'amministrazione della giustizia; inoltre afferma che nessuno dovrebbe essere costretto a testimoniare contro se stesso né essere sottoposto a dolori atroci. Beccaria nel suo *Dei delitti e delle pene* dimostra che il sistema giuridico vigente è fondato sulla repressione e ricorre a violenza immotivata. Beccaria sostiene la necessità di distinguere tra il reato – da reprimere mediante le leggi umane – e il peccato – che riguarda la sfera religiosa. Inoltre Beccaria afferma la responsabilità dello Stato nella prevenzione dei delitti, non solo nella loro repressione: egli sostiene che la pena deve essere riabilitativa, estinguendo la necessità del reato nel malfattore. Perciò Beccaria rifiuta con decisione la pena di morte, perché manifestazione di inciviltà e strumento non efficace per la giustizia.

3. Quali contenuti esprime l'Illuminismo napoletano?

L'altro grande centro di riflessione dell'Illuminismo in Italia è Napoli, dove gli intellettuali si concentrano sugli aspetti economici e sociali della società. Grazie agli studi di Antonio Genovesi nasce l'economia politica, cioè la scienza che favorisce lo sviluppo materiale della ricchezza per realizzare la pubblica felicità. Ferdinando Galiani si occupa di economia monetaria, elaborando la "teoria del valore", secondo la quale il valore della moneta deve essere regolato sul valore delle merci. Gaetano Filangieri è il paladino della libertà di stampa, come strumento essenziale per dare voce alla pubblica opinione. Infine Vincenzo Cuoco fonda la storiografia contemporanea, analizzando fatti storici recenti sulla base di fonti certe e testimonianze dirette. La ricostruzione storica diventa con Cuoco uno strumento per comprendere la realtà e progettare il futuro, come testimoniato dal suo *Saggio storico sulla rivoluzione napoletana del 1799*.

Attività di ripasso U7

Il romanzo del Settecento

1 (8 min.)   Collega le date agli eventi.

1	1716-1718
2	1719
3	1726
4	1756
5	1756-1763
6	1789
7	1793
8	1806
9	1814-1815

a	Congresso di Vienna e inizio della Restaurazione
b	Esce postuma *La Vita* di Vittorio Alfieri
c	Guerra tra Impero asburgico e Impero ottomano
d	Decapitazione di Luigi XVI
e	Esce *Candido o l'ottimismo* di Voltaire
f	Scoppia la Rivoluzione francese
g	Esce *I viaggi di Gulliver* di Swift
h	Guerra dei Sette anni
i	Esce *Robinson Crusoe* di Defoe

2 (2 min.)   Colloca le fasi della vita e dell'attività degli autori sulla carta geografica.

a) Vi è ambientato il romanzo più famoso di Horale Walpole

b) Vi nasce Daniel Defoe nel 1660

c) Vi nasce Jonathan Swift nel 1667

d) Vi è condannato al rogo il romanzo *Candido o l'ottimismo*

e) Vi nasce Giacomo Casanova nel 1725

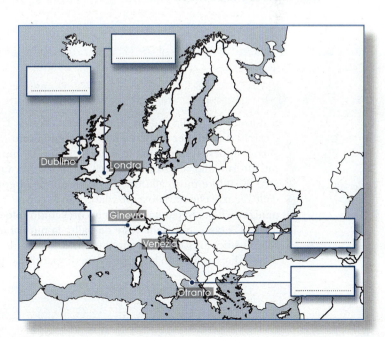

Attività di ripasso U7 — Il romanzo del Settecento

3
10 min.
esercizio attivo

Riconosci quale tra i tre testi che seguono appartiene alla *Vita* di Vittorio Alfieri.

1

Nove fiate già appresso lo mio nascimento era tornato lo cielo de la luce quasi a uno medesimo punto, quanto a la sua propria girazione, quando a li miei occhi apparve prima la gloriosa donna de la mia mente, la quale fu chiamata da molti Beatrice li quali non sapeano che si chiamare.
Ella era in questa vita già stata tanto, che ne lo suo tempo lo cielo stellato era mosso verso la parte d'oriente de le dodici parti l'una d'un grado, sì che quasi dal principio del suo anno nono apparve a me, ed io la vidi quasi da la fine del mio nono.
Apparve vestita di nobilissimo colore, umile e onesto, sanguigno, cinta e ornata a la guisa che a la sua giovanissima etade si convenia.

....

2

Fra gli otto e nov'anni, trovandomi un giorno in queste disposizioni malinconiche, occasionate forse anche da salute, che era gracile anzi che no, visto uscire il maestro, e il servitore, uscii dal mio salotto che in un terreno dava nel cortile, dov'era intorno intorno molt'erba. Mi misi a strapparne colle mani quanta ne poteva, ed a metterne in bocca, masticarne, e ingoiarne quanta poteva, benché il sapore me ne riuscisse ostico assai, ed amaro. Aveva sentito dire non so da chi che la cicuta era un'erba che avvelenava, e faceva morire; non aveva fatto nessun pensiero di morire, e quasi non sapea quel che fosse; pure, seguendo un istinto naturale misto con non so quale idea di dolore, mi spinsi avidamente a mangiar di quell'erba, credendo che in quella vi dovea anch'esser cicuta. Ributtato poi dall'amarezza di essa così disgustosa, rientrai, e sentitomi provocato il vomito corsi al giardino, e così liberato da quasi tutta quell'erba, stetti con qualche dolore di ventre, soletto e tacito, finché tornò il maestro, che di nulla si avvide, ed io nulla dissi. Poco dopo s'andò in tavola, e la madre vedendomi gli occhi rossi e qualche lagrimetta soffocata, domandò, insisté, volle saper cosa fosse; oltre che i doloretti di ventre continuando io non potea mangiare. Io duro a tacere, o a dire che niente era.

....

3

Si dormiva in quella che un tempo era la palestra. L'impiantito era di legno verniciato, con strisce e cerchi dipinti, per i giochi che vi si effettuavano in passato; i cerchi di ferro per il basket erano ancora appesi al muro, ma le reticelle erano scomparse. Una balconata per gli spettatori correva tutt'attorno allo stanzone, e mi pareva di sentire, vago come l'aleggiare di un'immagine, l'odore acre di sudore misto alla traccia dolciastra della gomma da masticare e del profumo che veniva dalle ragazze che stavano a guardare, con le gonne di panno che avevo visto nelle fotografie, poi in minigonna, poi in pantaloni, con un orecchino solo e i capelli a ciocche rigide, puntute e striate di verde. C'erano state delle feste da ballo; la musica indugiava, in un sovrapporsi di suoni inauditi, stile su stile, un sottofondo di tamburi, un lamento sconsolato, ghirlande di fiori di carta velina, diavoli di cartone e un ballo ruotante di specchi, a spolverare i ballerini di una neve lucente.

....

Verifica sommativa con punteggio finale.

1 Riconosci tra queste affermazioni quelle vere e quelle false.

a Il paese in cui si sviluppa il romanzo moderno è la Francia del primo Settecento.
vero falso

b Le opere più famose di Defoe e Swift hanno in comune il tema dell'amore.
vero falso

c Lo stile di Laurence Sterne è particolarmente moderno e parodistico.
vero falso

d Horace Walpole, insieme ad altri autori, avvia la tradizione del romanzo giallo.
vero falso

2 Perché l'accademia dell'Arcadia si oppone al gusto per il romanzo?

a Perché in Italia non ci sono autori validi.
b Perché si teme che il pubblico lo preferisca al melodramma.
c Perché è considerato un genere troppo "basso" e comico.

3 Sottolinea l'opzione corretta.

I protagonisti dei *racconti/romanzi* di Daniel Defoe hanno una *totale e spontanea fiducia/profonda e inesauribile sfiducia* in se stessi e nella vita. Le storie raccontate dallo scrittore *irlandese/inglese* non indagano tanto il mondo *dei sentimenti e delle sensazioni/dei pensieri e delle azioni* dei personaggi, ma si concentrano sull'esperienza vissuta in quanto tale. Le narrazioni di Defoe sono condotte con grande *eccentricità/realismo*, attraverso un linguaggio *complesso/semplice* che esalta *l'introspezione e le sfumature psicologiche/i fatti e le cose*.

4 Riconosci tra queste affermazioni quelle vere e quelle false.

a In *Robinson Crusoe* il protagonista mette continuamente in dubbio il proprio stile di vita.
vero falso

b *Tristram Shandy* di Sterne ha influenzato moltissimi autori del XX secolo.
vero falso

c Le tecniche innovative praticate da Sterne sono la digressione, la metanarrazione e l'uso particolare della punteggiatura.
vero falso

d La scrittura di Sterne non è lineare, poiché cerca di seguire il percorso dell'immaginazione.
vero falso

5 Perché il romanzo *Pamela* di Richardson utilizza lo stile epistolare?

a Per approfondire al massimo i risvolti psicologici dei personaggi.
b Perché contiene vere lettere.
c Perché il genere epistolare era di gran moda.

6 Quanti sono i viaggi compiuti da Gulliver?
- [a] Due
- [b] Quattro
- [c] Sei

7 *I viaggi di Gulliver* sono soprattutto:
- [a] un racconto fantastico.
- [b] una satira politica.
- [c] una parodia dei libri di viaggio.
- [d] una favola per bambini.

8 Sottolinea l'opzione corretta.

Come/A differenza di altre *memorie/autobiografie*, il tema principale della *Vita è/non è* la narrazione delle vicende avventurose e romanzesche di cui Alfieri è stato protagonista, *ma/e non* la rievocazione delle tappe che gli hanno permesso di diventare *militare/scrittore*. L'esperienza vissuta viene orientata e narrata in rapporto alla scoperta della propria vera identità, che avviene con l'approdo alla *carriera militare/letteratura*.

9 Che cosa significa l'espressione "conte philosophique"?
- [a] Racconto filosofico.
- [b] Conte filosofo.
- [c] Racconto della filosofia.

10 Riconosci tra queste affermazioni quelle vere e quelle false.
- [a] Il tema centrale del *Candido* è la presenza del male nel mondo.
  - [vero] [falso]
- [b] *La Vita* di Alfieri è l'opera che fonda l'autobiografia moderna.
  - [vero] [falso]
- [c] Il genere autobiografico nasce per narrare la ricerca della propria identità umana.
  - [vero] [falso]
- [d] Anche Goldoni e Casanova scrivono le proprie vicende biografiche.
  - [vero] [falso]

Risultati in autovalutazione
- Al quarto errore: **preparazione insufficiente**
- 2-3 sbagliate: **preparazione sufficiente**
- 0-1 sbagliate: **preparazione buona**

A domanda rispondo. Guida all'interrogazione

1 **Dove e perché nel Settecento si afferma il romanzo? Quali sono i suoi caratteri di genere nuovo?**

Con il Settecento, il romanzo diventa il genere-guida della letteratura occidentale: un posto che ancora oggi esso ricopre e che nei secoli precedenti era stato occupato dalla lirica, dal teatro o dai poemi epici. Questo primato deriva dal fatto che, a differenza della lirica, per le sue caratteristiche di leggibilità il romanzo si rivolge al nuovo pubblico di massa, borghese e in alcuni casi anche popolare. Crescita del pubblico borghese e fortuna del romanzo sono dunque strettamente legate. I paesi dove la borghesia è più forte (Francia e Inghilterra) sono anche i paesi nei quali il romanzo si sviluppa in modo più deciso.

Tra le caratteristiche del romanzo nel Settecento possiamo ricordare:
- il suo carattere antiletterario e sperimentale: il romanzo non si rifà a modelli antichi e mescola gli stili: comico e tragico, ironia e serietà;
- si fonda sul "patto narrativo" tra autore e lettore: il lettore accetta le vicende di fantasia come se fossero vere;
- attraverso i suoi diversi sotto-generi, è capace di parlare di tutto: avventura, critica sociale, filosofia, rappresentazione realistica dei problemi sociali, scavo nella profondità dell'io: nulla sembra estraneo al romanzo.

2 **Quali sono i temi di alcuni tra i grandi romanzi settecenteschi?**

La produzione romanzesca del Settecento è molto vasta. Ricordiamo però almeno tre importanti romanzi mostrando la loro diversità di temi.

Robinson Crusoe, di D. Defoe, attraverso il racconto di ciò che riesce a fare un naufrago su un'isola deserta rappresenta l'intraprendenza dell'uomo borghese occidentale.

I viaggi di Gulliver, di J. Swift, raccontano ancora delle peripezie di un naufrago, il dottor Gulliver, che entra a contatto con immaginarie civiltà sconosciute, compresa quella, che lo affascina e lo conquista, dei cavalli intelligenti e saggi che tengono in soggezione una specie violenta di uomini primitivi. In questo romanzo è evidente un intento polemico e satirico. Attraverso la descrizione grottesca di alcune delle civiltà che incontra, Swift polemizza contro usi e costumi della società del suo tempo. A differenza di Defoe, Swift non crede alla superiorità della civiltà britannica e anche questo fa dei *Viaggi* un'opera problematica.

Candido del francese Voltaire è un breve romanzo filosofico, ispirato alle idee illuministe sostenute dall'autore. Protagonista è un giovane accompagnato nelle sue peripezie da un insegnante-precettore che sostiene la teoria secondo cui viviamo nel migliore dei mondi possibili. Le vicende mettono invece Candido a contatto con realtà drammatiche che continuamente smentiscono questo assunto. Attraverso il romanzo, Voltaire colpisce le filosofie ottimistiche che negano l'esistenza del male; è proprio la consapevolezza del male che induce l'uomo a cercare un rimedio servendosi della ragione.

3 **Quando nasce l'autobiografia moderna?**

L'autobiografia moderna nasce con *Le Confessioni* di J. J. Rousseau. Il titolo richiama quello della celebre opera di Sant'Agostino. L'opera di Rousseau è una provocatoria "confessione" che non nasconde i lati nascosti della personalità né tralascia episodi minuti, apparentemente insignificanti. Il suo scopo è rivelare la psicologia di un individuo privato, né avventuroso né illustre. Per Rousseau, infatti, il valore stesso dell'uomo risiede nella sua interiorità.

In Italia l'autobiografia settecentesca ha ancora l'aspetto delle *memorie*, genere che intende ricostruire l'intera vita del narratore. Scrive (in francese) delle *Memorie* il grande commediografo Goldoni. Autore di una importante e particolare autobiografia è Vittorio Alfieri: divide la propria esistenza in cinque epoche in cui ripercorre le vicende personali, analizzando gli elementi caratteriali, educativi, ambientali e sociali che hanno determinato la sua formazione.

Attività di ripasso U8

La poesia nell'età dell'Illuminismo

1 (8 min.)

Collega le date agli eventi.

1	1729		a	Napoleone si proclama imperatore
2	1763		b	Inizia il Congresso di Vienna
3	1774		c	Nasce Giuseppe Parini
4	1776		d	Napoleone diventa "Primo Console"
5	1789		e	Goethe pubblica *I dolori del giovane Werther*
6	1791		f	Esce la prima parte del *Faust* di Goethe
7	1799		g	Inizia la Rivoluzione francese
8	1804		h	Dichiarazione di indipendenza degli Stati Uniti
9	1808		i	Prima edizione delle *Odi* di Parini
10	1810		l	Monti termina la traduzione dell'*Iliade*
11	1814		m	Parini pubblica *Il mattino*

2 (4 min.)

Colloca le fasi della vita e dell'attività degli autori sulla carta geografica.

- **a** Giuseppe Parini vi diventa direttore della "Gazzetta" e poeta del Teatro Regio
- **b** Vincenzo Monti vi scrive la prima parte della *Bassvilliana*
- **c** Vincenzo Monti vi diventa poeta ufficiale del governo e storiografo del regno
- **d** Vi sono pubblicati i *Canti di Ossian* nel 1760
- **e** Vi nasce Goethe nel 1749
- **f** Goethe vi si stabilisce come precettore del duca di Sassonia

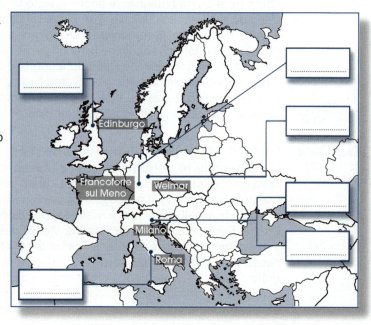

3 Riconosci quale tra i tre testi che seguono è di Giuseppe Parini.

1

Negra lucida chioma in trecce avvolta;
greca fronte, sottili e brune ciglia;
occhi, per cui nessuna a lei somiglia,
cui morrò per aver visti una volta

bocca, ch'è d'ogni rosa or ora colta,
più odorosa, più fresca, e più vermiglia;
voce, che amor, diletto, e maraviglia
infonde e imprime in cor di chi l'ascolta;

riso, che al par gli uomini, e i Numi bea;
eburneo sen, vita leggiadra e snella;
bianca morbida man, tornìte braccia;

breve piè, di cui segue Amor la traccia;
e di spoglie sì belle alma più bella
mostrato ha il Cielo in voi quant'ei potea.

....

2

Mentre che il fido messaggier si attende,
Magnanimo Signor, tu non starai
Ozïoso però. Nel dolce campo
Pur in questo momento il buon cultore
Suda, e incallisce al vomere la mano,
Lieto che i suoi sudor ti fruttin poi
Dorati cocchi, e peregrine mense.
Ora per te l'industre artier sta fiso
Allo scalpello, all'asce, al subbio, all'ago;
Ed ora a tuo favor contende o veglia
Il ministro di Temi. Ecco te pure,
Te la *toilette* attende: ivi i bei pregi
De la natura accrescerai con l'arte,
Ond'oggi uscendo, del beante aspetto
Beneficar potrai le genti, e grato
Ricompensar di sue fatiche il mondo.

....

3

Cor di ferro ha nel petto, alma villana
chi fa de' carmi alla bell'arte oltraggio,
arte figlia del cielo, arte sovrana,
voce di Giove e di sua mente raggio.
O Muse, o sante dee, la vostra arcana
origine vuo' dir con pio linguaggio,
se mortal fantasia troppo non osa
prendendo incarco di celeste cosa.

....

4 Verifica sommativa con punteggio finale.

1 Riconosci tra queste affermazioni quelle vere e quelle false.

a La poesia illuminista porta con sé il rifiuto del Neoclassicismo.
   vero falso

b Questo tipo di poesia ha in genere una forte vena civile.
   vero falso

c Nel periodo dell'Illuminismo gli intellettuali erano considerati più letterati che filosofi.
   vero falso

d Giuseppe Parini era un sacerdote.
   vero falso

Attività di ripasso U8 — La poesia nell'età dell'Illuminismo

2 Perché Parini ottiene molti incarichi pubblici?
- a. Perché è un importante sacerdote.
- b. Perché è contrario alla Rivoluzione francese.
- c. Perché è un moderato e grazie a tale atteggiamento può collaborare ai progetti di riforma dell'amministrazione austriaca.

3 Sottolinea l'opzione corretta.
Il capolavoro di *Vincenzo Monti/Giuseppe Parini* è *Il Giorno*, terminato nel 1769/ lasciato incompiuto: *un'ode/un poema* in *endecasillabi sciolti/endecasillabi e ottonari*. L'opera parla della giornata di un nobile, il *"Giovin Signore"/"Dolce Signore"*, di cui si sottolineano *l'incapacità e inutilità/le doti di seduttore*. L'autore, per raggiungere un effetto *satirico/sarcastico*, si presenta come *il servitore/l'insegnante* del nobile.

4 Riconosci tra queste affermazioni quelle vere e quelle false.
- a. Nel *Giorno* si utilizza uno stile alto e sublime per descrivere questioni minime e oziose. vero / falso
- b. Le *Odi* di Parini sono dedicate solo al tema dell'interiorità e della malinconia. vero / falso
- c. Parini non affronta mai i temi civili. vero / falso
- d. Dopo aver accettato incarichi dal governo austriaco, Parini ricopre ruoli pubblici anche sotto il dominio francese. vero / falso

5 Perché Parini ironizza e rende comico il protagonista del *Giorno*?
- a. Perché è un giovane il cui unico pensiero è il divertimento.
- b. Perché la classe nobiliare è in tale decadenza da non avere più alcun senso di realtà, ed è dunque inadeguata alle proprie responsabilità sociali.
- c. Perché deve vendicarsi del trattamento inflittogli mentre era suo precettore.

6 Perché Vincenzo Monti è stato definito "il segretario dell'opinione pubblica dominante"?
- a. Perché cambia continuamente posizione, assecondando il punto di vista dei vincitori.
- b. Perché era un funzionario del governo.
- c. Perché celebra le opinioni del popolo.

7 Chi è il fondatore della cosiddetta "poesia sepolcrale"?
- a. James Macpherson
- b. Thomas Gray
- c. William Blake
- d. André Chénier

8 Sottolinea l'opzione corretta.

Il *Faust* viene definito *una tragedia/un dramma* anche dallo stesso Goethe: infatti è un'opera in *prosa/versi*, composta da *scene e parti/capitoli e sezioni* e destinata *a essere musicata/alla rappresentazione teatrale*. Il destino del personaggio che *non accetta/accetta* il "patto con il diavolo", la *varietà/profondità* dei temi trattati, il suo essere all'incrocio fra più *secoli/generi letterari*, fanno del *Faust* un'opera importantissima della letteratura.

9 Che cosa significa l'espressione "Sturm und Drang"?

- [a] Tempesta e guerra
- [b] Attacco e tempesta
- [c] Tempesta e assalto

10 Riconosci tra queste affermazioni quelle vere e quelle false.

- [a] Il preromanticismo è la tendenza alla base delle nuove esperienze poetiche nella prima metà del Settecento.
  [vero] [falso]
- [b] William Blake accompagnava i suoi testi con incisioni a colori.
  [vero] [falso]
- [c] Goethe è un autore importantissimo nella letteratura europea.
  [vero] [falso]
- [d] Goethe scrive il *Faust* di getto, in poco più di due mesi.
  [vero] [falso]

Risultati in autovalutazione

- Al quarto errore: **preparazione insufficiente**
- 2-3 sbagliate: **preparazione sufficiente**
- 0-1 sbagliate: **preparazione buona**

Attività di ripasso U8 La poesia nell'età dell'Illuminismo

A domanda rispondo. Guida all'interrogazione

1 **Quali sono i caratteri della poesia del Settecento?**

Gli intellettuali nel Settecento sono considerati più filosofi che poeti. Il contesto culturale illuministico ha due conseguenze sulla poesia:
- perde il primato nel sistema dei generi letterari a favore del romanzo o di altre forme di scrittura;
- si ispira molto spesso a temi sociali e civili.

Nella poesia italiana del Settecento, la poetica dominante è quella neoclassica, che reagisce agli artifici del Barocco. Essa coniuga l'equilibrio formale con elementi di tipo civile, ispirati alla libertà e al repubblicanesimo del mondo antico.
L'altra poetica, che si afferma soprattutto fuori dell'Italia, è il Preromanticismo.
Tanto il Neoclassicismo quanto il Preromanticismo si oppongono alla tradizione dell'Arcadia.

2 **Che cosa caratterizza la produzione poetica di Parini?**

Giuseppe Parini è il più grande poeta del Neoclassicismo illuminista. Attraverso le *Odi* e *Il giorno* egli rappresenta una voce di critica intellettuale nei confronti della società contemporanea.
La scrittura delle *Odi* accompagna tutta la carriera poetica di Parini. All'interno di questo componimento si possono individuare tre fasi:
- la prima (1757-1770) è caratterizzata da temi sociali e civili (es.: *La salubrità dell'aria*);
- la seconda (1777-1785) amplia la riflessione al ruolo educativo della cultura (es.: *L'educazione*);
- la terza (1787-1795) è dominata da riflessioni interiori e malinconiche (es.: *Il dono*).

Il capolavoro del Parini è *Il giorno*, poemetto didascalico e insieme satirico, suddiviso in quattro parti (*Il mattino, Il mezzogiorno, Il vespro* e *La notte*), le ultime due incompiute.
Parini assume il ruolo di narratore impersonando il "precettor d'amabil rito", cioè l'insegnante incaricato di istruire un giovane aristocratico alla vita mondana. Attraverso la descrizione della giornata del giovane, Parini traccia una feroce satira della nobiltà del tempo, i cui esponenti appaiono senza interessi, irresponsabili, futili e vuoti. La vita del Giovin Signore è dominata dall'ozio e dall'egoismo; essa è però descritta con uno stile alto e sublime: il voluto contrasto tra l'insensatezza del mondo nobiliare e l'elevatezza stilistica ottiene un effetto ironico.
Parini non svolge una critica radicale del sistema sociale, ma vorrebbe responsabilizzare la parte migliore della nobiltà.

3 **Quali sono le esperienze poetiche in Europa nel Settecento?**

Mentre nell'arte europea dominano le tendenze del Neoclassicismo, la letteratura esplora soprattutto la strada del Preromanticismo, che mette in evidenza l'inquietudine del soggetto. Tali esperienze iniziano nelle isole britanniche con Young e Blake, ma trovano massima espressione negli scritti del tedesco Johann Wolfgang Goethe. Inizialmente Goethe è influenzato dallo *Sturm und Drang*: scrive così nei primi anni Settanta il romanzo epistolare *I dolori del giovane Werther*. Successivamente approfondisce i toni originali della sua poesia scrivendo il poema drammatico *Faust*. In esso Goethe riprende la storia di un medico e alchimista rinascimentale, Georg Faust appunto, che si narra avesse stretto un patto con il diavolo in cambio dell'eterna giovinezza. Goethe rende Faust l'eroe della modernità, poiché il suo personaggio è alla continua ricerca di conoscenza, del superamento dei limiti dell'uomo; egli è dominato da un'ansia di conoscenza inappagabile che gli impedisce di raggiungere la soddisfazione. Il patto stipulato tra Faust e il diavolo prevede la cessazione del desiderio in cambio dell'anima del medico. Faust, però, muore desiderando nuove conquiste, salvando in tal modo la sua anima.

Attività di ripasso U9

Il teatro del Settecento

Colloca le fasi della vita e dell'attività degli autori sulla carta geografica.

a Vi nasce e lavora Apostolo Zeno
b Pietro Metastasio vi elabora la sua nuova concezione del melodramma
c Pietro Metastasio vi è poeta di corte per ben 52 anni
d Vi si trasferisce Lorenzo Da Ponte, dopo l'espulsione da Venezia per "vita dissoluta"
e Dopo aver attraversato tutta l'Europa, Lorenzo Da Ponte vi trascorre i suoi ultimi anni

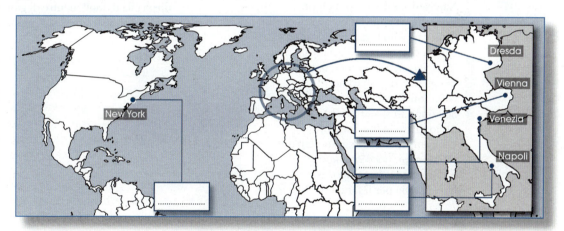

Attribuisci a ciascun testo il suo autore.
Pietro Metastasio, Lorenzo Da Ponte, Vittorio Alfieri

SCIPIONE
Ah padre amato,
Che picciolo, che vano,
Che misero teatro ha il fasto umano!

EMILIO
Oh se di quel teatro
Potessi, o figlio, esaminar gli attori; Se
le follie, gli errori,
I sogni lor veder potessi, e quale
Di riso per lo più degna cagion
Gli agita, gli scompone,
Gli rallegra, gli affligge, o gl'innamora,
Quanto più vil ti sembrerebbe ancora!

Attività di ripasso U9 — Il teatro del Settecento

Voi colaggiù ridete
D'un fanciullin che piange,
Ché la cagion vedete
Del folle suo dolor.
Quassù di voi si ride
Ché dell'età sul fine
Tutti canuti il crine,
Siete fanciulli ancor.

autore
....

EURICLÉA
Oh regina!...
[…]. Al re non oso
pinger suo stato orribile: mal puote
un padre intender di donzella il pianto;
tu madre, il puoi. Quindi a te vengo; e prego,
che udir mi vogli.

CECRI
È ver, ch'io da gran tempo
di sua rara beltá languire il fiore
veggo: una muta, una ostinata ed alta
malinconia mortale appanna in lei
quel sí vivido sguardo: e, piangesse ella!...
Ma, innanzi a me, tacita stassi; e sempre
pregno ha di pianto, e asciutto sempre ha
il ciglio.
E invan l'abbraccio; e le chieggo, e richieggo,
invano ognor, che il suo dolor mi sveli:
niega ella il duol; mentre di giorno in giorno
io dal dolor strugger la veggio.

autore
....

Non più andrai, farfallone amoroso,
Notte e giorno d'intorno girando,
Delle belle turbando il riposo,
Narcisetto, Adoncino d'amor.
Non più avrai questi bei pennacchini,
Quel cappello leggero e galante,
Quella chioma, quell'aria brillante,
Quel vermiglio, donnesco color.
Tra guerrieri, poffarbacco!
Gran mustacchi, stretto sacco,
Schioppo in spalla, sciabla al fianco,
Collo dritto, muso franco,
Un gran casco, o un gran turbante,
Molto onor, poco contante,
Ed invece del fandango,
Una marcia per il fango.

autore
....

3 — 20 min. — esercizio attivo

Verifica sommativa con punteggio finale.

1 Riconosci tra queste affermazioni quelle vere e quelle false.

a Nel Settecento nelle città europee non esistono ancora i teatri a pagamento.
  vero falso

b Gli illuministi non credono che il teatro possa essere un mezzo educativo.
  vero falso

c Il melodramma è un mix di diverse arti: recitazione, canto, musica strumentale, scenografia, danza, poesia.
  vero falso

d Apostolo Zeno e Pietro Metastasio tolgono importanza al testo (il "libretto") rispetto alla musica.
  vero falso

2 Qual è la città europea al centro dello sviluppo di melodramma e teatro musicale?
- [a] Venezia
- [b] Parigi
- [c] Vienna

3 Sottolinea l'opzione corretta.
La riforma del *teatro/melodramma* proposta dal *librettista/musicista* Ranieri de' Calzabigi e dal *librettista/musicista* Christoph Willibald von Gluck, che *ebbe/non ebbe* grande successo, si basa su quattro punti: continuità dell'azione (annulla la separazione tra parti recitate e musicali), *niente/grandi* virtuosismi da parte dei cantanti, *realismo/irrealtà* della storia, scene *mobili/fisse*.

4 Riconosci tra queste affermazioni quelle vere e quelle false.
- [a] Nella seconda metà del Settecento gli autori di teatro più importanti, a livello europeo, sono gli italiani Alfieri e Goldoni.
  [vero] [falso]
- [b] Il veneziano Carlo Gozzi è un seguace di Goldoni, della cui opera sottolinea l'aspetto fiabesco.
  [vero] [falso]
- [c] La lingua internazionale in cui sono composti i melodrammi è il francese.
  [vero] [falso]
- [d] I personaggi dei libretti di Da Ponte non hanno mai spessore psicologico.
  [vero] [falso]

5 Quante sono le tragedie scritte da Alfieri?
- [a] Nove
- [b] Diciannove
- [c] Ventinove

6 Vittorio Alfieri dice che il suo processo creativo si sviluppa in tre passaggi. Quali sono?
- [a] Ideare, verseggiare, rivedere.
- [b] Ideare, stendere, verseggiare.
- [c] Organizzare, ideare, verseggiare.

7 Il *Saul* di Alfieri è un eroe:
- [a] positivo e guerriero.
- [b] comico e parodistico.
- [c] problematico e incerto.

Attività di ripasso U9 — Il teatro del Settecento

8 Sottolinea l'opzione corretta.

Le tragedie alfieriane *sono/non sono* ispirate al modello di Aristotele: sono divise in *quattro/cinque* atti, presentano *molti/pochi* personaggi e sono *ricche/prive* di colpi di scena. L'obiettivo dell'autore è la concentrazione espressiva, favorita da frequenti *monologhi/inserti narrativi* che valorizzano la psicologia dei personaggi. Il lessico è *solenne ed elevato/comune e popolareggiante*; la sintassi *fluida e naturale/aspra e disarmonica*.

9 Chi sono gli autori più importanti del teatro tedesco del Settecento?

a. Lessing, Schiller e Goethe.
b. Goethe e Diderot.
c. Schiller e Mozart.

10 Riconosci tra queste affermazioni quelle vere e quelle false.

a. Denis Diderot crea un nuovo genere teatrale: il dramma borghese, che affronta temi del quotidiano.
  vero / falso

b. L'autore francese Beaumarchais affronta nel suo teatro temi tragici con un linguaggio spregiudicato e moderno.
  vero / falso

c. Goethe scrive nel 1789 un dramma dedicato alla figura di Ludovico Ariosto.
  vero / falso

d. La tragedia è un genere che nel Settecento è in declino.
  vero / falso

Risultati in autovalutazione
- Al quarto errore: **preparazione insufficiente**
- 2-3 sbagliate: **preparazione sufficiente**
- 0-1 sbagliate: **preparazione buona**

A domanda rispondo. Guida all'interrogazione

1 **Il melodramma è il genere teatrale di maggior successo nel Settecento. Quali sono le sue caratteristiche?**

Il melodramma, cioè il dramma accompagnato da canto, musica, recitazione, conquista il pubblico del Settecento grazie al racconto di vicende sentimentali e all'accentuata musicalità. Il genere conosce trasformazioni e sviluppi successivi, per l'impegno di Apostolo Zeno, Pietro Metastasio, Ranieri de' Calzabigi, C. W. von Gluck e Lorenzo Da Ponte, il librettista italiano di Mozart.
Metastasio prosegue la riforma del melodramma iniziata da Apostolo Zeno, dando piena autonomia al libretto, cioè alla narrazione, rispetto alla musica. Metastasio rivaluta la parte del *recitativo*, cioè i momenti in cui attraverso dialoghi tra personaggi si procede nella storia, che permette il racconto di vicende piene di *pathos*, sentimentali e conflittuali. Ai virtuosismi musicali e all'espressione dei sentimenti dei personaggi sono dedicate le *arie*, in cui Metastasio esprime maggiormente la sua capacità lirica. Calzabigi e Gluck danno una struttura teorica all'opera di Metastasio definendo le regole che il melodramma dovrebbe avere: continuità dell'azione, assenza di virtuosismi, realismo della vicenda e scene fisse. Lorenzo Da Ponte – librettista di Mozart – realizza il melodramma di nuova concezione: le sue opere (*Le nozze di Figaro, Don Giovanni, Così fan tutte*) hanno personaggi della vita quotidiana con uno spessore psicologico e trasmettono una visione della società; infatti i tre drammi principali esprimono un turbamento non smorzato dal lieto fine.

2 **Come si configura il teatro tragico nell'età dell'Illuminismo?**

L'Illuminismo – con l'esclusione di Rousseau – ha fiducia nel valore educativo del teatro.
Mentre i gusti del pubblico si vanno orientando verso la commedia e il melodramma, diversi esponenti illuministi – soprattutto Voltaire – cercano di rilanciare la tragedia. In Italia tutti i maggiori letterati del Settecento – Pindemonte, Monti, Alfieri, Foscolo – affrontano il genere tragico.
In realtà i risultati sono spesso insoddisfacenti, poiché le tragedie del Settecento risultano opere più adeguate alla lettura che alla rappresentazione. Le tragedie di Vittorio Alfieri sono le più importanti del secolo: Alfieri mette in scena drammi con pochi personaggi, i cui monologhi costituiscono la parte preponderante dell'opera perché permettono di analizzare le dinamiche personali e morali che l'autore vuole illustrare (contrapposizione tra bene e male, tra dovere e piacere). Alfieri sceglie questa forma espressiva perché vuole rifondare il genere, rivolgendosi a un pubblico elitario e colto, inoltre egli, incline alla teatralizzazione dei conflitti, proietta se stesso nei suoi personaggi mostrando le tensioni interiori che desidera risolvere.

3 **Che cosa si intende con l'espressione "teatro borghese"?**

Il dramma borghese è un genere intermedio tra commedia e tragedia, adatto al gusto e alla sensibilità del nuovo pubblico borghese. Nel dramma borghese prevalgono i temi quotidiani espressi in un linguaggio spregiudicato e moderno.
Suo creatore è lo scrittore illuminista francese Denis Diderot, anche se i maggiori risultati sono raggiunti dalle opere di Pierre Augustin de Beaumarchais; alcune di esse, come *Il barbiere di Siviglia* e *Le nozze di Figaro*, offriranno poi spunto ai librettisti del melodramma.
In Germania Friedrich Schiller porta al successo il dramma borghese: egli racconta storie di figli diseredati, vessati dai fratelli malvagi. Riprende anche temi storici raccontando le vicende di *Don Carlos*, erede al trono di Spagna nel Cinquecento. Le opere di Schiller rappresentano una variante meno popolare del dramma borghese.

Attività di ripasso U10

Carlo Goldoni

1 (9 min.) *esercizio attivo*

Collega le date agli eventi e alle opere.

1	1707
2	1734
3	1743
4	1748-1752
5	1753
6	1756-1763
7	1762
8	1776
9	1787
10	1789
11	1793

a	Goldoni passa al teatro San Luca
b	Dichiarazione d'indipendenza degli Stati Uniti d'America
c	Nascita di Carlo Goldoni
d	Goldoni scrive i maggiori capolavori per la compagnia di Medebach
e	*La donna di garbo*
f	Guerra dei Sette anni
g	*Mémoires*
h	Goldoni lascia Venezia
i	Goldoni inizia a collaborare con Giuseppe Imer
l	Morte di Goldoni
m	Rivoluzione francese

2 (4 min.) *esercizio attivo*

Colloca i momenti della vita e dell'attività teatrale di Goldoni sulla carta geografica.

- a Vi nasce e vi scrive i suoi capolavori
- b Vi si laurea in legge
- c Vi trascorre gli anni dal 1745 e il 1748
- d Vi muore nel 1793

3 Riconosci quale di questi testi è di Carlo Goldoni.

LUCIETTA Creature, còssa diséu de sto tempo?
ORSETTA Che órdene xélo?
LUCIETTA Mo no so, varé. Oe, cugnà, che órdene xélo?
PASQUA (a Orsetta) No ti senti, che boccon de sirocco?
ORSETTA Xélo bon da vegnire de sottovènto?
PASQUA Si bèn, si bèn. Si i vien i nostri òmeni, i gh'ha el vento in pòppe.

....

GENNARO Teh... Pígliate nu surzo 'e cafè... (*Le offre la tazzina. Amalia accetta volentieri e guarda il marito con occhi interrogativi nei quali si legge una domanda angosciosa: «Come ci risaneremo? Come potremo ritornare quelli di una volta? Quando?» Gennaro intuisce e risponde con il suo tono di pronta saggezza*). S'ha da aspetta', Ama'. Ha da passà 'a nuttata.
(*E dicendo questa ultima battuta, riprende posto accanto al tavolo come in attesa ma fiducioso*).

....

CINIRO Lascia, deh! lascia,
che il tuo cor ci favelli: altro linguaggio
non adopriam noi teco. – Or via; rispondi.
MIRRA ...Signor...
CINIRO Tu mal cominci: a te non sono
signor; padre son io: puoi tu chiamarmi
con altro nome, o figlia?
MIRRA O Mirra, è questo
l'ultimo sforzo. – Alma, coraggio...
CECRI Oh cielo!
Pallor di morte in volto...
MIRRA A me?...
CINIRO Ma donde,
donde il tremar? del padre tuo?...

....

4 Verifica sommativa con punteggio finale.

1 Riconosci tra queste affermazioni quelle vere e quelle false.

a La Riforma del teatro prende avvio nel periodo in cui Goldoni dirige il Teatro San Giovanni Crisostomo a Venezia.
☐ vero ☐ falso

b Goldoni ha esercitato la professione di avvocato.
☐ vero ☐ falso

c La prima commedia interamente scritta da Goldoni è il *Momolo cortesan*.
☐ vero ☐ falso

Attività di ripasso U10 — Carlo Goldoni

☐ d Goldoni ha scritto i suoi capolavori nel periodo in cui aveva un contratto (con la compagnia di Medebach) che prevedeva la stesura di otto commedie all'anno per quattro anni.
☐ vero ☐ falso

☐ e Come conseguenza della Rivoluzione francese Goldoni perse il vitalizio regio di cui godeva e morì in condizioni di semipovertà.
☐ vero ☐ falso

2 Una delle seguenti affermazioni relative alla commedia dell'arte è falsa. Quale?
☐ a Gli attori, uomini e donne, recitano indossando delle maschere.
☐ b Gli attori recitano rispettando un "canovaccio" che contiene tutte le battute da pronunciare in scena.
☐ c Buona parte della recitazione degli attori è affidata all'improvvisazione.

3 Una delle seguenti affermazioni descrive correttamente la riforma di Goldoni. Quale?
☐ a La Riforma di Goldoni determina la centralità e la priorità del testo scritto.
☐ b La Riforma di Goldoni afferma l'uso del dialetto in teatro.

4 Riconosci tra queste affermazioni quelle vere e quelle false.
☐ a Un personaggio tipico delle commedie di Goldoni è il borghese laborioso, che si presenta per la prima volta nella commedia *La famiglia dell'antiquario*.
☐ vero ☐ falso

☐ b *Il campiello* rappresenta un gruppo di donne riunite in una piazzetta.
☐ vero ☐ falso

☐ c La commedia *Le baruffe chiozzotte* ha per protagonisti dei contadini veneti.
☐ vero ☐ falso

☐ d *Mémoires* è l'autobiografia che Goldoni scrisse in francese a Parigi.
☐ vero ☐ falso

5 Nella prefazione alla prima edizione completa delle sue commedie Goldoni scrive di essersi ispirato a due libri. Quali?
☐ a Il libro del Mondo, cioè la realtà contemporanea, e il libro del Teatro, cioè la pratica concreta del palcoscenico.
☐ b La *Commedia* di Dante e il *Decameron* di Boccaccio.
☐ c Il libro del Mondo, cioè la realtà contemporanea, e il libro del Teatro, cioè i testi del teatro classico.

6 Nelle "commedie d'ambiente" Goldoni pone attenzione:
☐ a alla ricostruzione di ambienti esotici e fantastici.
☐ b alla ricostruzione di ambienti classici.
☐ c alla ricostruzione di ambienti noti al pubblico, in cui si svolge la vita sociale, come la piazza e la bottega.

7 Nelle "commedie di carattere" Goldoni pone attenzione:
- [a] soprattutto ai personaggi, appartenenti a tutte le classi sociali, e alla loro psicologia.
- [b] alle caratteristiche peculiari di un ambiente.
- [c] ai rapporti intimi e psicologici tra i personaggi.

8 Una delle seguenti affermazioni relative a *La bottega del caffè* è falsa. Quale?
- [a] *La bottega del caffè* venne rappresentata per la prima volta a Mantova.
- [b] Don Marzio è un nobile decaduto che diffonde maldicenze.
- [c] *La bottega del caffè* è ambientata a Mantova.

9 Una delle seguenti affermazioni relative a *La locandiera* è falsa. Quale?
- [a] *La locandiera* è ambientata a Firenze.
- [b] Tutti i personaggi maschili della commedia si innamorano di Mirandolina, la proprietaria della locanda in cui si svolge la vicenda.
- [c] La commedia termina con il matrimonio tra Mirandolina e il Cavaliere di Ripafratta.

10 Riconosci tra queste affermazioni quelle vere e quelle false.
- [a] *Gl'innamorati* è una commedia ambientata a Milano.
  [vero] [falso]
- [b] Molte commedie di Goldoni sono sia "d'ambiente" che "di carattere".
  [vero] [falso]
- [c] Molti personaggi di Goldoni parlano in dialetto.
  [vero] [falso]
- [d] *La locandiera* ottenne subito un grande consenso di pubblico.
  [vero] [falso]

Risultati in autovalutazione
- Al quarto errore: **preparazione insufficiente**
- 2-3 sbagliate: **preparazione sufficiente**
- 0-1 sbagliate: **preparazione buona**

Attività di ripasso U10 — Carlo Goldoni

A domanda rispondo. Guida all'interrogazione

1. Quali sono le vicende principali della biografia di Goldoni?

Carlo Goldoni, veneziano, figlio di un medico, vive una vita irrequieta e viaggia molto. Dopo aver compiuto – con qualche difficoltà – gli studi giuridici a Padova, esercita con scarso successo la professione di avvocato, coprendosi di debiti. Proprio la necessità di fuggire i creditori mette Goldoni in contatto con il mondo del teatro: nel 1734 a Verona inizia a collaborare con il capocomico Giuseppe Imer, con cui lavora per tre anni, al termine dei quali ottiene la direzione del teatro San Giovanni Crisostomo a Venezia. In questo periodo inizia ad attuare la sua "riforma" del teatro comico, scrivendo opere in cui le battute non sono più frutto dell'improvvisazione degli attori ma sono in parte (il *Momolo contesan:* 1738) o in tutto sostituite da un copione (*La donna di garbo:* 1743).

L'incontro con il capocomico Giovanni Medebach nel 1747 rappresenta la svolta nell'attività artistica di Goldoni: il Medebach lo scrittura per quattro anni, offrendogli un lauto stipendio in cambio di otto commedie l'anno. Questo è il momento di maggiore creatività di Goldoni: i suoi più importanti lavori risalgono a questo fortunato periodo.

Successivamente, nel 1762, stanco delle polemiche letterarie fomentate da Carlo Gozzi e dai tradizionalisti, Goldoni lascia Venezia, accettando l'offerta di dirigere la *Comédie Italienne* a Parigi. L'esperienza parigina non è felice, perché a Goldoni è richiesto di replicare la tradizione della commedia dell'arte. Pertanto l'autore presto si trasferisce a Versailles come insegnante di italiano delle figlie di Luigi XV. Nel 1793, dopo che l'amministrazione del governo rivoluzionario gli aveva tolto la rendita assegnata dal sovrano, Goldoni muore in povertà.

2. Quali sono le innovazioni della riforma goldoniana?

Fin dall'inizio del secolo il teatro era diventato a Venezia un settore economico importante, in cui "imprese teatrali" organizzavano spettacoli a pagamento capaci di raccogliere un largo pubblico, anche popolare. Le tragedie – genere tipicamente "alto" – cedevano il passo al melodramma e alle commedie.

Quando Goldoni inizia a collaborare con i teatri, il genere comico più affermato è la *commedia dell'arte*. In essa gli attori impersonano personaggi fissi (o "maschere"), come Arlecchino il servo furbo, Pantalone il vecchio avaro, Colombina la domestica scaltra, improvvisando senza un copione scritto, ma seguendo un canovaccio che riporta lo sviluppo generale della vicenda. I drammi in tal modo propongono al pubblico situazioni spesso ripetitive e banali, che tuttavia incontrano il gusto degli spettatori.

Questa forma di teatro alla metà del Settecento è in piena crisi; perciò Goldoni propone e poi attua una "riforma" del teatro i cui cardini sono i seguenti:
- l'improvvisazione delle battute viene abbandonata a favore di un copione interamente scritto dall'autore;
- si passa da personaggi stereotipati a personaggi realistici, dotati di tratti psicologici compiuti e inseriti in un contesto sociale riconoscibile.

Goldoni attua la riforma con gradualità: il *Momolo cortesan* (1738) prevede solo la parte del protagonista interamente scritta, mentre la *Donna di garbo* (1743) è la prima commedia con un copione completo. Goldoni procede poi scrivendo le commedie più famose, come *La bottega del caffè* (1750) e la *Locandiera* (1752), in cui descrive la società contemporanea con efficace realismo.

3. Qual è il significato dei termini "Mondo" e "Teatro" nella poetica di Goldoni?

I principi teorici della riforma di Goldoni sono sintetizzati dall'autore stesso nelle parole "Mondo" e "Teatro". Il "Mondo" è la realtà presente, che deve essere portata in "Teatro", cioè deve essere rappresentata per come è. Il "Teatro", tuttavia, rimane rappresentazione, e perciò l'autore può oggettivare la visione del "Mondo", consentendo una riflessione distaccata delle virtù e dei difetti degli uomini e delle donne, della società e dei costumi della vita reale. Il "Teatro" deve ispirarsi alla vita quotidiana e raccontare storie verosimili, ma contemporaneamente deve diventare uno strumento di analisi del reale.

4. Quale immagine della società viene proposta da Goldoni nelle sue commedie?

Il teatro di Goldoni rappresenta una società in cambiamento, in cui i valori aristocratici sono in declino, sostituiti da una morale borghese. I personaggi di Goldoni agiscono secondo queste nuove virtù: l'antiquario che cerca di mantenere unita la famiglia in *La famiglia dell'antiquario* è il borghese laborioso; Ridolfo in *La bottega del caffè* è il borghese volenteroso e onesto lavoratore che costruisce la sua fortuna sulla fiducia. I personaggi di Goldoni sono portatori di una nuova etica borghese fondata sulla prudenza, sulla moderazione e il buon senso. Il borghese è colui che accetta il proprio ruolo sociale e cerca di migliorarlo sviluppando onestamente le proprie qualità.

I personaggi di Goldoni sono complessi come le persone reali. Ad esempio Mirandolina è sì la brava imprenditrice, che cerca di gestire nel migliore dei modi la locanda, ma è anche civettuola, seduttrice, vanitosa; ha il gusto dell'avventura e della sfida. Proprio queste caratteristiche danno il via all'intreccio della commedia, mettendo Mirandolina in una situazione imbarazzante e addirittura pericolosa. La soluzione, infine, è data dal ricostituirsi dell'ordine, per cui il piacere non può essere in contrasto con l'utile e l'amore deve conciliarsi con la convenienza.

5. Come procede la produzione di Goldoni dopo l'affermazione della riforma?

La borghesia non rimane il ceto di riferimento di Goldoni per tutta la sua produzione: nel periodo conclusivo della sua attività, Goldoni è deluso dalla borghesia, che si chiude in se stessa ed è incapace di progredire oltre il limite dell'interesse personale o familiare. Goldoni, dunque, la critica, valorizzando il buon senso del popolo, espressione dei valori morali e civili che egli intende comunicare. Le ultime commedie goldoniane hanno perciò un'ambientazione popolare: *Il campiello* (1756) e *Le baruffe chiozzotte* (1762) rappresentano la vivace vita popolana delle piazzette nei centri lagunari, dove attraverso un intenso scambio di battute e di pareri si trovano le soluzioni agli intricati casi della vita quotidiana. Cambia anche la struttura delle commedie, perché non c'è più un protagonista, ma i personaggi agiscono "in concerto", assumendo ruoli che si completano a vicenda.

6. Quali sono le scelte linguistiche di Goldoni?

Il teatro di Goldoni rappresenta la realtà quotidiana anche – e soprattutto – attraverso il linguaggio. La lingua dei personaggi goldoniani non è una lingua letteraria o teatrale, ma è un italiano misto al dialetto parlato dalla borghesia dell'Italia settentrionale. I personaggi di Goldoni si esprimono in un italiano screziato dai vari dialetti, soprattutto il veneziano a causa dell'ambientazione della maggior parte delle commedie. *La locandiera,* ambientata a Firenze, è scritta in una lingua che non corrisponde al fiorentino parlato, ma all'italiano delle persone colte dell'Italia settentrionale, perché Goldoni vuole mantenersi fedele agli usi del parlato piuttosto che riproporre lo stile e il lessico della lingua letteraria. Anche il tipo di dialetto muta a seconda del ceto sociale dei personaggi: le donne che chiacchierano nel campiello di Chioggia nelle *Baruffe chiozzotte* parlano il dialetto di Chioggia, ben differente da quello della ricca borghesia urbana dei *Rusteghi*.

Attività di ripasso U11

Ugo Foscolo

1 (11 min.) *esercizio attivo*

Collega le date agli eventi e alle opere.

1	1778		a	Viene istituita la Repubblica d'Italia
2	1789		b	Decapitazione di Luigi XVI
3	1793		c	Inizia la rivoluzione francese
4	1797		d	Nascita di Foscolo
5	1798		e	Foscolo pubblica la versione integrale delle *Ultime lettere di Jacopo Ortis*
6	1799		f	*Le Grazie*
7	1801		g	Morte di Foscolo
8	1802		h	Napoleone imperatore dei francesi
9	1804		i	*Dei Sepolcri*
10	1805		l	Congresso di Vienna
11	1807		m	Foscolo si arruola volontario nella Guardia Nazionale
12	1812-1813		n	Foscolo scrive i primi sonetti e inizia la stesura delle *Ultime lettere di Jacopo Ortis*
13	1814-1815		o	La Repubblica d'Italia diventa Regno d'Italia
14	1827		p	Trattato di Campoformio

2 (4 min.) *esercizio attivo*

Colloca i momenti della vita di Foscolo sulla carta geografica.

a Nascita nel 1778
b Vi si trasferisce nel 1793
c Vi si trasferisce dopo il trattato di Campoformio
d Vi si reca nel 1804 al seguito del contingente italiano che partecipa alla spedizione di Napoleone
e Vi risiede tra il 1812 e il 1813 lavorando al progetto delle *Grazie*
f Vi risiede stabilmente dal 1816 fino alla morte

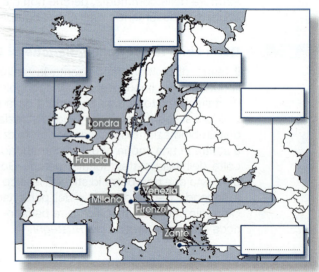

3. Riconosci quale di questi testi è di Foscolo.

Pur tu copia versavi alma di canto
su le mie labbra un tempo, Aonia Diva,
quando de' miei fiorenti anni fuggiva
la stagion prima, e dietro erale intanto

questa, che meco per la via del pianto
scende di Lete ver la muta riva:
non udito or t'invoco; ohimè! soltanto
una favilla del tuo spirto è viva.

E tu fuggisti in compagnia dell'ore,
o Dea! tu pur mi lasci alle pensose
membranze, e del futuro al timor cieco.

Però mi accorgo, e mel ridice amore,
che mal ponno sfogar rade, operose
rime il dolor che deve albergar meco.

....

Era il giorno ch'al sol si scolororo
per la pietà del suo factore i rai,
quando i' fui preso, et non me ne guardai,
ché i be' vostr'occhi, donna, mi legaro.

Tempo non mi parea da far riparo
contra colpi d'Amor: però m'andai
secur, senza sospetto; onde i miei guai
nel commune dolor s'incominciaro.

Trovommi Amor del tutto disarmato
et aperta la via per gli occhi al core,
che di lagrime son fatti uscio et varco:

però al mio parer non li fu honore
ferir me de saetta in quello stato,
a voi armata non mostrar pur l'arco.

....

Niente sarà mai vero come è
vero questo venticinque dicembre
millenovecentonovantatré
con il suo tranquillo traffico d'ombre

pe corsie e sale e camerate ingombre
di vuoto e il fiume dei ricordi che
rompe gli argini in silenzio. È in novembre,
lo so, vuoi che non lo sappia? per te

che si semina dolore, il più forte,
il più contro la vita – ma se viene
solo ora al suo compimento di morte

e di lì a un'altra nascita conviene
far festa qui, bruciare qui le scorte
di incenso e febbre al turno delle pene.

....

Attività di ripasso U11 — Ugo Foscolo

4 — 7 min. — esercizio attivo

Completa la mappa concettuale inserendo le lettere (a-l) relative alle porzioni di testo nelle caselle corrispondenti.

- a. Convinzione della marginalità della poesia e del valore della bellezza nel trionfo moderno della barbarie
- b. 2 odi e 12 sonetti
- c. In appendice alla traduzione del *Viaggio sentimentale* di Sterne
- d. Carme o epistola in versi
- e. Aspirazione all'equilibrio formale ed emotivo
- f. Poema incompiuto
- g. Disincanto dell'intellettuale
- h. Fondazione di una religiosità laica e affermazione della funzione salvifica della poesia
- i. Scoperta della vanità delle illusioni giovanili (delusione amorosa e delusione politica)
- l. Romanzo epistolare e autobiografico

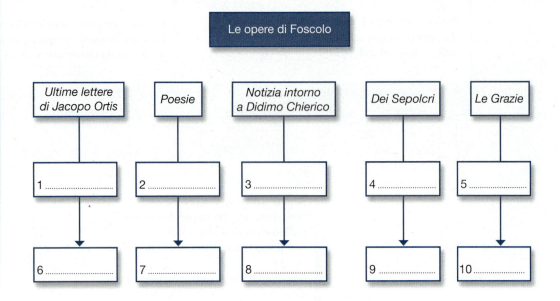

5 — 20 min. — esercizio attivo

Verifica sommativa con punteggio finale.

1 Riconosci tra queste affermazioni quelle vere e quelle false.

- a. Foscolo riprende dall'Illuminismo la visione laica della storia e il materialismo.
  vero | falso
- b. L'opera di Foscolo è molto lontana dal Romanticismo e priva anche di elementi preromantici.
  vero | falso
- c. I temi dei maggiori sonetti di Foscolo sono autobiografici.
  vero | falso
- d. L'epistolario di Foscolo è uno dei più ricchi della letteratura italiana.
  vero | falso

2 Una delle seguenti affermazioni relative alle *Ultime lettere di Jacopo Ortis* è falsa. Quale?
- [a] *Ultime lettere di Jacopo Ortis* è un romanzo epistolare.
- [b] I temi principali del romanzo sono quello amoroso e quello politico.
- [c] Il romanzo ha una conclusione tragica: Jacopo Ortis si pugnala al cuore.
- [d] Lo stile è asciutto e ironico.

3 Una delle seguenti affermazioni relative alle *Poesie* di Foscolo è falsa. Quale?
- [a] L'edizione definitiva delle *Poesie* contiene dodici sonetti e due odi.
- [b] Le due odi sono un esempio di Neoclassicismo settecentesco.
- [c] I sonetti più riusciti sono gli ultimi quattro.
- [d] L'edizione definitiva delle *Poesie* contiene tre sonetti e dodici odi.

4 Riconosci tra queste affermazioni quelle vere e quelle false.
- [a] Nel 1813 Foscolo pubblica la propria traduzione del *Sentimental Journey* (*Viaggio Sentimentale*) di Laurence Sterne.
  [vero] [falso]
- [b] Il personaggio di Didimo Chierico è un *alter ego* di Foscolo.
  [vero] [falso]
- [c] Negli ultimi anni di vita Foscolo si dedica alla scrittura di saggi sulla letteratura italiana, in particolare su Dante e Boccaccio.
  [vero] [falso]
- [d] Una peculiarità dell'epistolario di Foscolo è la sincerità autentica con cui Foscolo si presenta nelle lettere.
  [vero] [falso]

5 Una delle seguenti affermazioni relative al carme *Dei Sepolcri* è falsa. Quale?
- [a] Il carme *Dei Sepolcri* è formato da 295 endecasillabi sciolti.
- [b] Foscolo ha lavorato a quest'opera per molti anni, correggendo il testo a più riprese.
- [c] In alcune lettere Foscolo considera *Dei Sepolcri* un'epistola in versi, indirizzata a Ippolito Pindemonte.
- [d] L'opera è ricca di riferimenti classici.

6 Una delle seguenti affermazioni relativa all'opera *Le Grazie* è falsa. Quale?
- [a] *Le Grazie* è un'opera incompiuta.
- [b] L'opera è scritta in terzine di endecasillabi.
- [c] L'opera è composta da tre Inni, dedicati alle dèe Venere, Vesta e Pallade.
- [d] Per Foscolo le grazie rappresentano dei valori che la civiltà moderna ha smarrito.

7 *Celeste è questa/corrispondenza d'amorosi sensi* è un passo fondamentale di un'opera di Foscolo. Quale?
- [a] *Le Grazie*
- [b] *In morte del fratello Giovanni*
- [c] *Dei Sepolcri*
- [d] *Ultime lettere di Jacopo Ortis*

8 *Non ho osato no, non ho osato. – Io poteva abbracciarla e stringerla qui, a questo cuore. L'ho veduta addormentata: il sonno le tenea chiusi que' grandi occhi neri; ma le rose del suo sembiante si spargeano allora più vive che mai su le sue guance rugiadose. Giacea il suo bel corpo abbandonato sopra un sofà. Un braccio le sosteneva la testa e l'altro pendea mollemente.*
Questo passo è tratto da:

- [a] *Ultime lettere di Jacopo Ortis*
- [b] *Notizia intorno a Didimo Chierico*
- [c] *Le Grazie*

9 *Delle cure onde meco egli si strugge;/E mentre io guardo la tua pace, dorme/Quello spirto guerrier ch'entro mi rugge.* **Questa terzina appartiene a:**

- [a] *Alla sera*
- [b] *Le Grazie*
- [c] *Dei Sepocri*

10 *E tu onore di pianti, Ettore, avrai/Ove fia santo e lagrimato il sangue/Per la patria versato, e finché il Sole/Risplenderà su le sciagure umane* **è la conclusione:**

- [a] del sonetto *A Zacinto*.
- [b] del terzo Inno delle *Grazie*.
- [c] del carme *Dei Sepolcri*.
- [d] del sonetto *In morte del fratello Giovanni*.

Risultati in autovalutazione

- Al quarto errore: **preparazione insufficiente**
- 2-3 sbagliate: **preparazione sufficiente**
- 0-1 sbagliate: **preparazione buona**

A domanda rispondo. Guida all'interrogazione

1. Foscolo è un autore neoclassico o preromantico?

Nell'opera di Foscolo è possibile rinvenire elementi di continuità con il Neoclassicismo e l'Illuminismo ed elementi tipici del Preromanticismo. La maggiore accentuazione dell'uno o dell'altro di questi due "poli" dipende molto anche dal genere scelto di volta in volta, dal momento che Foscolo praticò sia la poesia lirica (odi, sonetti, *Grazie*), sia il romanzo epistolare (*Le ultime lettere di Jacopo Ortis*) sia il "carme" (*Dei sepolcri*, che può essere considerato un poemetto filosofico).

Dall'Illuminismo settecentesco Foscolo riprende una concezione laica e materialistica dell'esistenza. Le poetiche neoclassiche gli trasmettono elementi quali il culto della forma e della bellezza (particolarmente nelle odi e nelle *Grazie*), la venerazione per i poeti antichi, l'uso della mitologia, la preferenza per uno stile elevato.

Per contro, Foscolo rifiuta la concezione illuministica della scienza e del progresso e l'idea di un intellettuale "scienziato" o, in modo utilitaristico, al servizio della società. Piuttosto, è molto forte in Foscolo l'influsso del filosofo G. B. Vico, che assegnava alla poesia una funzione fondamentale nella creazione dei valori. Tale influsso, di tipo non illuministico, è molto avvertito nei *Sepolcri*.

Elementi tipici del Preromanticismo sono in Foscolo gli atteggiamenti "eroici" e "titanici", in cui l'individuo si pone al di sopra e contro la società (per esempio nell'*Ortis*, che è direttamente ispirato da un romanzo di Goethe) o contro il "reo tempo" in cui si sente costretto a vivere; un forte soggettivismo lirico e un legame specifico tra poesia e biografia.

2. Quanto di Ugo Foscolo è presente in *Le ultime lettere di Jacopo Ortis*?

Le ultime lettere di Jacopo Ortis sono un romanzo epistolare che raccoglie gli scritti di Jacopo all'amico Lorenzo Alderani. Cronologicamente le lettere comprendono il periodo tra l'11 ottobre 1797 e il 25 marzo 1799. Jacopo, giovane patriota veneziano in esilio dopo la cessione della Repubblica all'Austria, è un sostenitore di valori assoluti, caratterizzato dall'incapacità di compromesso e mediazione. Il personaggio, pur richiamando tratti degli eroi alfieriani, contiene elementi autobiografici, per esempio il carattere passionale e la delusione causata dalle vicende politiche. Jacopo – come Foscolo – è deluso dal tradimento francese di Campoformio. Certamente in continuità con il sentire foscoliano sono l'avversione per la sicurezza e la stabilità borghese incarnati da Odoardo, l'antagonista di Jacopo a cui è destinata Teresa, la donna amata passionalmente da Ortis.

Per contro, altri elementi della vicenda e del personaggio di Jacopo si staccano dalla diretta biografia foscoliana e traggono ispirazione dal modello costituito dal romanzo epistolare di Goethe, per esempio la conclusione tragica della vicenda (Ortis, come Werther, si suicida) e il senso del fallimento artistico. Jacopo si sente uno scrittore fallito, il che non accadde a Foscolo, che continua la sua attività lungo tutto il corso della vita.

3. Quali sono le caratteristiche delle poesie di Foscolo?

Foscolo tra i venti e i venticinque anni ha approvato per la pubblicazione poche, ma significative poesie: due odi e dodici sonetti.

Le odi, dedicate a figure femminili e nate da occasioni specifiche, si muovono all'interno della poetica neoclassica settecentesca e traggono ispirazione da Parini. Entrambi i componimenti – *A Luigia Pallavicini caduta da cavallo* e *All'amica risanata* – trattano il tema della bellezza femminile minacciata da eventi contingenti.

I risultati migliori vengono però raggiunti nei sonetti. Non tanto nei primi otto, influenzati dalla poesia alfieriana, in cui il poeta si pone in lotta contro il mondo e contro se stesso, quanto nei quattro ultimi: *Alla sera* (tema della sera/morte capace di portare serenità all'animo in tempesta), *A Zacinto* (tema della poesia capace di rendere eterni i valori ideali), *Alla Musa* (ramma-

153

rico per essersi allontanato dalla bellezza a causa delle tormentose vicende biografiche), *In morte del fratello Giovanni* (in cui ricorrono molti dei grandi temi foscoliani: la patria perduta, l'esilio, la tomba come centro degli affetti familiari).

I sonetti, attraverso la brevità tipica di questa forma poetica, ottengono il massimo di concentrazione espressiva e di equilibrio, attraverso un linguaggio ispirato al senso della misura tipico dei modelli classici.

4 Quali sono i temi chiave del carme *Dei sepolcri*?

L'occasione della composizione del carme *Dei Sepolcri* fu l'estensione all'Italia (1806) della legge napoleonica che imponeva le sepolture in cimiteri fuori dalle mura cittadine (non più quindi nelle Chiese) e regolava anche le iscrizioni funerarie. La legge, di ispirazione illuminista, trasformava la sepoltura in un fatto pratico e di salute pubblica.

Il carme è formato da 295 endecasillabi sciolti in cui Foscolo argomenta l'importanza civile e sociale del sepolcro. La tomba è, per Foscolo, un luogo simbolico che ha contribuito alla formazione della civiltà umana e all'uscita dell'uomo dallo stato di barbarie.

Essa permette di ricordare le gesta degli eroi; sottrae la memoria alla distruzione del tempo. Il sepolcro ha una funzione eternatrice, perché trasmette le virtù dei grandi uomini ai posteri, come attestano i sepolcri in Santa Croce a Firenze, o la lapide dei valorosi caduti a Maratona. Al tema del sepolcro si unisce quello del grande valore della poesia. Solo la poesia, infatti, celebra le virtù e ne conserva il ricordo di generazione in generazione. La poesia è quindi il modo privilegiato della sopravvivenza dei valori.

Dei sepolcri è un testo di difficile classificazione, ma che certamente contiene elementi del poemetto filosofico. Esso è per certi aspetti un componimento argomentativo, poiché intende sostenere appassionatamente una tesi. Il carme utilizza così alcune tecniche dell'oratoria classica per convincere i cittadini. Lo stile è oratorio e declamatorio: usa una sintassi ampia, che supera la misura dei versi, caratterizzati da numerosi *enjambements*. Le frequenti domande retoriche e i connettivi logici contribuiscono a costruire l'argomentazione e a tener desta l'attenzione del lettore.

5 Perché il poema incompiuto *Le Grazie* costituisce il massimo esempio di Neoclassicismo? Qual è il significato di questo mito neoclassico?

Il rimpianto per un mondo classico perduto e l'elevata raffinatezza stilistica fanno delle *Grazie* la massima espressione del Neoclassicismo di Foscolo.

L'opera è composta da tre inni collegati tra loro:

- il primo, dedicato a Venere, celebra la nascita della civiltà ai tempi della Grecia classica;
- il secondo, dedicato a Vesta, racconta il passaggio delle Grazie dalla Grecia all'Italia durante il Rinascimento;
- il terzo, dedicato a Pallade, descrive la perdita, nell'età contemporanea, dei valori incarnati dalle Grazie. Le Grazie si ritirano nella mitica Atlantide e solo per intervento di Pallade, dea della sapienza, tornano nel mondo, sia pure coperte da un velo che le nasconda agli occhi indegni.

Attraverso il mito, Foscolo denuncia il fatto che nel mondo a lui contemporaneo la bellezza e la poesia hanno ormai un ruolo marginale e così pure il ruolo sociale del poeta.

Attività di ripasso

Quadro storico-culturale
Il Romanticismo (1815-1861)

1 — 16 min.

Collega le date agli eventi e alle opere.

1	1814-1815
2	1819
3	1820-1821
4	1827
5	1830
6	1831
7	1833
8	1838
9	1840
10	1848
11	1857
12	1858
13	1860
14	1861

a	Prime edizioni delle *Operette morali* di Leopardi e dei *Promessi sposi* di Manzoni
b	*Eugenia Grandet* di Balzac
c	*Madame Bovary* di Flaubert e *I fiori del male* di Baudelaire
d	Congresso di Vienna
e	*Oliver Twist* di Dickens
f	Proclamazione del Regno d'Italia
g	Nievo termina *Le confessioni di un italiano*
h	Spedizione dei Mille
i	*I Canti* di Leopardi
l	*Ivanhoe* di Scott
m	Primi moti carbonari
n	Movimenti rivoluzionari in Europa
o	Edizione definitiva dei *Promessi sposi* di Manzoni
p	*Il rosso e il nero* di Stendhal

2 — 4 min.

Completa la tabella inserendo le lettere (a-q) relative alle porzioni di testo nella colonna corrispondente.

Classici	Romantici

- a Bello eterno
- b Originalità
- c Imitazione
- d Bello storico
- e Rispetto delle regole e delle unità aristoteliche
- f Autori moderni stranieri
- g Temi mitologici
- h Rifiuto delle regole e delle unità aristoteliche
- i Autori latini e greci
- l Temi cristiani e attuali
- m Pubblico di studiosi
- n Sì al dialetto
- o Lingua aulica e dotta
- p Lingua comune e "popolare"
- q Pubblico borghese

155

Attività di ripasso — Quadro storico-culturale Il Romanticismo (1815-1861)

3 — 10 min. — esercizio attivo

Verifica sommativa con punteggio finale.

1 Riconosci tra queste affermazioni quelle vere e quelle false.

- a La parola "Romanticismo" venne usata alla fine del Settecento per indicare il nuovo movimento artistico e culturale che stava nascendo in Germania.
  vero | falso
- b Il maggior compositore italiano del Romanticismo è Pietro Metastasio.
  vero | falso
- c In Italia Romanticismo e Risorgimento sono strettamente intrecciati.
  vero | falso
- d La città italiana in cui si diffonde maggiormente la cultura romantica è Roma.
  vero | falso

2 Una delle seguenti affermazioni relative alla cultura romantica è falsa. Quale?

- a La cultura romantica esalta il cosmopolitismo.
- b La cultura romantica rivaluta la religione cristiana e le tradizioni popolari.
- c La cultura romantica esalta il valore dell'intuizione.

3 Il "popolo" di cui parla Giovanni Berchet corrisponde:

- a alla borghesia.
- b alle masse contadine.
- c agli abitanti dei centri urbani.

4 Nell'immaginario romantico la scissione io-mondo è vissuta:

- a come un contrasto storico tra valori personali e società contemporanea.
- b come un contrasto esistenziale che dipende dalla condizione degli uomini.
- c sia come contrasto storico (e in questo caso produce nello scrittore un atteggiamento realistico) sia come contrasto esistenziale (e in questo caso produce nello scrittore un atteggiamento lirico-esistenziale).

5 Riconosci tra queste affermazioni quelle vere e quelle false.

- a Il principale strumento di diffusione della cultura romantica furono le riviste.
  vero | falso
- b La cultura romantica considera il genere letterario in modo rigido, come qualcosa di regolato e vincolante.
  vero | falso
- c I generi dominanti nel Romanticismo sono il romanzo e la lirica.
  vero | falso
- d Il Romanticismo considera le lingue come espressione dello spirito dei popoli che le parlano.
  vero | falso

Risultati in autovalutazione
- Al secondo errore: **preparazione insufficiente**
- 0-1 sbagliate: **preparazione buona**

A domanda rispondo. Guida all'interrogazione

1 **Il Romanticismo caratterizza la cultura europea della prima metà dell'Ottocento. Quali sono le sue caratteristiche principali?**

Il Romanticismo – movimento nato in Germania – si basa sul rifiuto di molti princìpi dell'Illuminismo: la ragione, la scienza e il cosmopolitismo. Al contrario, gli intellettuali romantici esaltano l'identità nazionale, la religiosità e il primato dell'intuizione e della passione. L'artista romantico rifiuta regole o convenzioni che possano limitare la sua soggettività e la sua spontaneità. Nella musica, nell'arte e nella letteratura l'originalità diventa il valore più importante da perseguire. In Italia il Romanticismo – che esalta lo spirito nazionale – è strettamente legato al Risorgimento, tanto che la letteratura diventa lo strumento principale di diffusione delle idee e dei sentimenti patriottici. I romantici italiani s'interessano alla storia, al popolo; sono polemici verso il Neoclassicismo e rivalutano il Medioevo come epoca di grandi passioni. In Italia, a differenza dei romantici tedeschi e inglesi, gli intellettuali rifiutano i temi irrazionali, mentre fanno propri i caratteri morali, pragmatici e razionali che erano propri dell'Illuminismo. Un'altra differenza risiede nel ruolo dell'intellettuale: in Europa il letterato vive della propria scrittura, grazie alla diffusione del mercato editoriale borghese; in Italia, invece, le pubblicazioni hanno un mercato ristretto e perciò gli scrittori devono avere un'altra attività che permetta loro di vivere, oppure devono essere nobili (come Manzoni e Leopardi).

2 **Che caratteri assumono il pensiero e l'immaginario del Romanticismo?**

I filosofi tedeschi dell'età del Romanticismo, Fichte, Schelling, Hegel, cioè gli "idealisti", si oppongono alle filosofie illuministe. Per gli idealisti, il mondo esterno non è più – come per gli illuministi – qualcosa di totalmente indipendente dal soggetto, ma una specie di creazione operata dall'individuo, dallo "spirito" umano.
Gli intellettuali del Romanticismo vivono in modo anche drammatico una contraddizione. Da un lato essi sono protesi alla ricerca di naturalezza, irrazionalità, valori assoluti, libertà dell'individuo creatore e dell'arte; dall'altro, essi percepiscono che il mondo in cui si trovano ad operare è molto diverso da questi valori: è la nascente società borghese moderna e capitalista, basata su princìpi di razionalità e di profitto economico.
Molte idee e scelte espressive romantiche derivano da questa scissione tra "io" e mondo:
• l'atteggiamento di ribellione individuale e l'esaltazione del "genio" artistico;
• la sensazione di vivere in un mondo decaduto;
• il gusto per ciò che è primitivo o tradizionale.
L'atteggiamento di contrasto con il mondo può dare luogo a due diversi esiti sul piano artistico: da un lato cercare di comprendere come funzioni il mondo; tale atteggiamento *realistico* ispira narratori come Balzac, Dickens, Manzoni; dall'altro una riflessione focalizzata sulla propria individualità e psicologia o sulle cause "eterne" del dolore (questo atteggiamento *esistenziale* è proprio soprattutto dei poeti Leopardi, Novalis e Coleridge).

3 **Quali generi letterari sono privilegiati dai romantici?**

Il Romanticismo non apprezza regole e codificazioni rigide, che riducono e ostacolano il genio individuale; i generi tradizionali vengono dunque profondamente ripensati e concepiti come qualcosa che va continuamente reinventato dalla creatività dell'artista.
I generi privilegiati dai romantici sono il romanzo e la lirica. Il romanzo permette uno studio articolato dei fenomeni umani, confrontando l'ideale dei personaggi con la realtà in cui essi vivono, mentre la lirica consente l'espressione diretta dei sentimenti.
Nel Romanticismo la musica assume un ruolo centrale e privilegiato, per la sua capacità di raggiungere l'assoluto, di penetrare una "essenza segreta" del mondo.
Nella musica, grande diffusione hanno in Italia i melodrammi di Verdi: la musica punta all'immediatezza emotiva per far presa sul grande pubblico, a cui trasmettere valori civili e patriottici.

Attività di ripasso U12

Il romanzo e la novella nell'Ottocento

1

Colloca gli autori sulla carta geografica.

- a Jane Austen
- b Walter Scott
- c Honoré de Balzac
- d Edgar Allan Poe
- e Nicolàj Vasìl'evič Gogol'
- f Emily Brontë
- g Charles Dickens

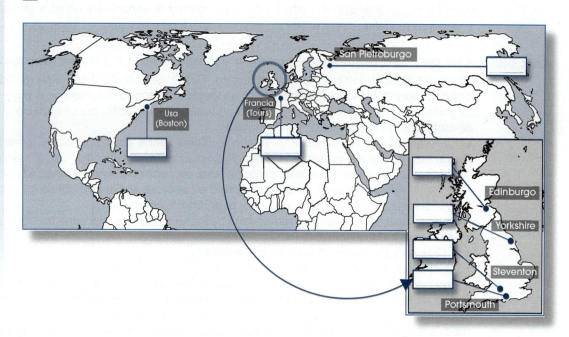

2

Riconosci l'autore di ciascuno dei seguenti testi.

1

Non era, è vero, quella voluttà dell'anima che aveva provato certe volte vicino alla signora de Rênal. Nei sentimenti di quel primo momento non c'era nulla di tenero. Era la più viva felicità derivata dall'ambizione, e Julien era soprattutto ambizioso. Parlò di nuovo delle persone di cui aveva sospettato e delle misure ideate. Parlando, pensava al modo di approfittare della propria vittoria.

autore
Stendhal/Hoffmann

Io nacqui Veneziano ai 18 ottobre del 1775, giorno dell'evangelista san Luca; e morrò per la grazia di Dio Italiano quando lo vorrà quella Provvidenza che governa misteriosamente il mondo.

autore
Stendhal/Nievo

In quelle sere la mamma era molto triste e appena battevano le nove ci diceva: «Su, ragazzi, a letto, a letto! Viene l'uomo della sabbia, mi par già di vederlo!». E io ogni volta sentivo veramente un passo lento e pesante che saliva su per le scale: doveva essere l'uomo della sabbia!

autore
Brontë/Hoffmann

Il mio amore per Linton è come il fogliame dei boschi; il tempo lo muterà, lo so bene, come l'inverno muta gli alberi. Il mio amore per Heathcliff è simile alle rocce eterne ai piedi degli alberi; fonti di poca gioia visibile, ma necessarie. Nelly, io sono Heathcliff… lui è sempre, sempre nella mia mente, non come un piacere, così come io non sono sempre un piacere per me, ma come il mio stesso essere; dunque, non parlare ancora di una nostra separazione: è impossibile; e…

autore
Brontë/Stendhal

Verifica sommativa con punteggio finale.

1 Riconosci tra queste affermazioni quelle vere e quelle false.

a Nell'Ottocento si afferma il romanzo storico.
   vero   falso

b Nell'Ottocento si afferma il romanzo fantastico.
   vero   falso

c Rispetto al romanzo gotico settecentesco, il romanzo storico dell'Ottocento punta di più sugli aspetti curiosi o spettacolari dell'epoca rappresentata in modo da colpire l'immaginazione dei lettori.
   vero   falso

d Secondo le parole dell'autrice, Jane Austin, la protagonista del romanzo *Emma* è un'eroina che "non piacerà a nessuno".
   vero   falso

e *Cime tempestose* è un romanzo di Emily Brontë che riprende alcuni temi del romanzo gotico.
   vero   falso

2 Quale delle seguenti affermazioni relative alla diffusione del romanzo in Italia è falsa?

- [a] Il romanzo stenta ad affermarsi in Italia a causa della scarsa alfabetizzazione e della mancanza di una lingua unitaria.
- [b] Il romanzo si afferma pienamente in Italia già nel Settecento.

3 Una delle seguenti affermazioni relative all'opera di Charles Dickens è falsa. Quale?

- [a] Con i romanzi di Dickens nasce quello che viene chiamato "romanzo sociale", un genere di romanzo in cui vengono rappresentati i rapporti umani nella realtà industriale.
- [b] In tutti i suoi romanzi Dickens rappresenta la spensieratezza dell'infanzia.
- [c] Uno dei suoi massimi capolavori è il romanzo *Tempi difficili*.
- [d] *Oliver Twist* e *David Copperfield* sono due romanzi dedicati all'infanzia.

4 Riconosci tra queste affermazioni quelle vere e quelle false.

- [a] Edgar Allan Poe è autore di molti racconti, un libro di poesie e un solo romanzo (*Le avventure di Gordon Pym*).
  vero | falso
- [b] Nei racconti di Poe è spesso protagonista il mondo dell'ignoto, del mistero e dell'incubo.
  vero | falso
- [c] Il protagonista del romanzo di Nathaniel Hawthorne *La lettera scarlatta* è un marito infedele.
  vero | falso
- [d] Il capolavoro di Herman Melville è *Moby Dick*, un romanzo che narra l'inseguimento per i mari del mondo di una balena bianca, emblema della negatività.
  vero | falso

5 Una delle seguenti affermazioni relative all'opera di Stendhal è falsa. Quale?

- [a] La vicenda narrata nel romanzo *Il rosso e il nero* è ispirata a un evento di cronaca, il "caso Berthet".
- [b] Lo stile di Stendhal è caratterizzato da una particolare asciuttezza.
- [c] Nei protagonisti dei romanzi di Stendhal emerge in primo piano il contrasto tra ideali elevati e tendenza all'opportunismo.
- [d] I romanzi di Stendhal rappresentano con efficacia la società francese del Seicento.

6 Una delle seguenti affermazioni relative all'opera di Balzac è falsa. Quale?

- [a] *Comédie humaine* è il titolo del romanzo più famoso di Balzac.
- [b] Nei suoi romanzi Balzac descrive la Francia del suo tempo, ponendo in primo piano l'affermazione del denaro come valore principale.
- [c] Il romanzo *Eugénie Grandet* mette in scena il contrasto tra il cinismo del padre e i sentimenti della figlia.

7 Riconosci tra queste affermazioni quelle vere e quelle false.

a. Il maggiore scrittore di romanzi storici in Francia è Victor Hugo.
   vero | falso

b. George Sand inaugura il romanzo definito "campestre" per l'ambientazione rurale.
   vero | falso

c. Il "romanzo d'appendice" era un genere di romanzo sentimentale e psicologico pubblicato da un'editoria specializzata in questo genere.
   vero | falso

8 Una delle seguenti affermazioni relative all'opera di Hoffmann è falsa. Quale?

a. Nell'opera di Hoffmann sono in primo piano elementi fantastici e magici e ricorre il tema della follia e dello sdoppiamento della personalità.

b. Hoffmann è considerato un precursore di aspetti della letteratura del primo Novecento.

c. Nei romanzi Hoffmann offre un affresco della società inglese dell'Ottocento.

9 Sottolinea l'opzione corretta.

Nel primo Ottocento *si afferma/entra in crisi* la grande letteratura russa. Gli autori maggiori sono Puškin (autore tra l'altro di un romanzo *fantastico/storico* e di un *romanzo in versi/poema epico*), Lermontov (considerato il maestro del *Romanticismo/Classicismo* russo), e Gogol' (che nei suoi racconti rappresenta soprattutto la vita *contadina/cittadina* e le assurdità della burocrazia).

10 Riconosci tra queste affermazioni quelle vere e quelle false.

a. In Italia la scelta del romanzo storico non è connessa all'affermazione di sentimenti nazionali.
   vero | falso

b. Dopo *I promessi sposi* di Manzoni nella letteratura italiana si diffondono soprattutto il romanzo campagnolo, il romanzo che tratta vicende contemporanee e il cosiddetto "romanzo-confessione".
   vero | falso

c. *Le confessioni di un italiano* di Ippolito Nievo è ambientato nel periodo che va dall'età napoleonica ai moti del 1848.
   vero | falso

d. Nelle *Confessioni di un italiano* la narrazione è fondata sulle memorie del protagonista.
   vero | falso

Risultati in autovalutazione
- Al quarto errore: **preparazione insufficiente**
- 2-3 sbagliate: **preparazione sufficiente**
- 0-1 sbagliate: **preparazione buona**

Attività di ripasso U12 — Il romanzo e la novella nell'Ottocento

A domanda rispondo. Guida all'interrogazione

1. Come si viene articolando il romanzo nell'Ottocento?

Definito dal filosofo Hegel "moderna epopea borghese", perché riesce a rappresentare la nuova società e le sue contraddizioni, il romanzo raggiunge il suo massimo sviluppo e i suoi risultati più alti nella prima metà dell'Ottocento. Esso viene articolandosi in diversi sottogeneri:
- il romanzo storico: su uno sfondo di fatti storici realmente accaduti, si inseriscono le vicende di personaggi immaginari (Scott, Hugo, Manzoni);
- il romanzo sociale e realistico: descrive realisticamente ambienti sociali, eventi politici ed economici, mentalità (Dickens, Stendhal, Balzac);
- il romanzo fantastico: dà voce al lato irrazionale del Romanticismo, attraverso narrazioni di situazioni irreali e magiche entro cui si muovono personaggi quotidiani e verosimili (Poe, Hoffmann);
- il romanzo di formazione: narra la vicenda biografica ed esistenziale di un protagonista e la sua formazione, di solito dalla giovinezza all'età adulta (Goethe, Dickens, Stendhal).

2. Si possono individuare dei caratteri nazionali nella produzione di romanzi?

Le tematiche romantiche sono comuni a scrittori di nazionalità differenti. Si può osservare che l'interesse per la società contemporanea appartiene alla letteratura in inglese come a quella in francese. Le scrittrici Jane Austen ed Emily Brontë raccontano storie familiari, che assumono valore esemplare; Dickens in *Tempi difficili* descrive il degrado sociale causato dall'industrializzazione, così come Stendahl in *Il rosso e il nero* racconta la società contemporanea per mezzo delle vicende del protagonista, e Balzac nelle opere che compongono la sua *Comédie humaine* rappresenta dettagliatamente l'intera società parigina. Invece Hugo in *Notre Dame de Paris* e Scott con *Ivanohe* ricostruiscono il mondo medievale, dimostrando interesse per la storia. Gli elementi fantastici affascinano lo statunitense Poe e il tedesco Hoffmann: nei loro romanzi prevalgono visioni, sogni e incubi che mostrano l'irrazionalità dell'uomo. I romanzieri russi sono maggiormente dediti al romanzo sociale, anche se il capolavoro di Puškin, *La figlia del capitano*, è un romanzo storico: Gogol' e Turgenev descrivono la vita dei contadini o denunciano l'assurdità della burocrazia russa dei loro tempi.

3. Quali sono i principali romanzieri italiani del periodo romantico?

In Italia manca all'inizio dell'Ottocento il grande pubblico che potrebbe consentire lo sviluppo pieno del romanzo, anche a causa della censura degli Stati reazionari. Il maggiore romanziere del Romanticismo italiano è senza dubbio Alessandro Manzoni, che rende la storia protagonista della vicenda narrata. Dopo Manzoni nascono altri generi di romanzo romantico: il romanzo campagnolo, il romanzo storico-contemporaneo e il romanzo confessione. Il romanzo campagnolo è la versione italiana del romanzo sociale europeo; infatti gli autori descrivono le condizioni di vita dei contadini, mettendo in risalto la loro rassegnazione. Il romanzo storico della contemporaneità vede come massimo esponente Ippolito Nievo, autore di *Le confessioni di un italiano*. Nievo, patriota garibaldino, racconta la vicenda di un giovane – alter ego dell'autore – che prende coscienza del suo dovere nei confronti della patria. Nievo racconta le vicende della storia recente attraverso la tecnica della confessione di un ottuagenario, Carlo Altoviti, fondendo così storia e contemporaneità.
Alla metà dell'Ottocento la produzione di romanzi in Italia si orienta verso il genere introspettivo, di cui è esempio *Fede e bellezza* di Niccolò Tommaseo.

Attività di ripasso U13

Alessandro Manzoni

1

Collega le date agli eventi e alle opere.

1	1785
2	1810
3	1814-1815
4	1822
5	1823
6	1825-1827
7	1840
8	1848
9	1860
10	1861
11	1864
12	1868
13	1873

a	*Fermo e Lucia*
b	Conversione al cattolicesimo
c	Congresso di Vienna
d	Proclamazione del Regno d'Italia
e	Nascita di Alessandro Manzoni
f	*Dell'unità della lingua e dei mezzi di diffonderla*
g	Prima edizione dei *Promessi sposi*
h	*Adelchi*
i	Manzoni vota per Firenze capitale
l	Seconda edizione dei *Promessi sposi*
m	Manzoni è nominato senatore
n	Morte di Alessandro Manzoni
o	Moti rivoluzionari europei

2

Colloca i momenti della vita di Manzoni sulla carta geografica.

a. Vi nasce e vi vive per lunghi periodi
b. Vi raggiunge la madre nel 1805
c. Vi trascorre un breve periodo nel 1827

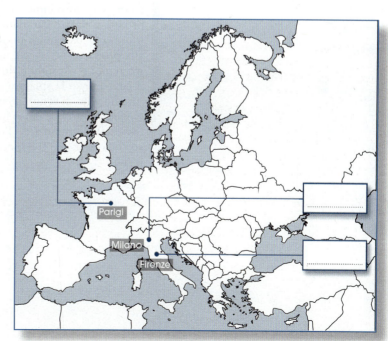

Riconosci quali di questi testi sono di Alessandro Manzoni.

1

Qual rugiada o qual pianto
quai lagrime eran quelle
che sparger vidi dal notturno manto
e dal candido volto de le stelle?
E perché seminò la bianca luna
di cristalline stelle un puro nembo
a l'erba fresca in grembo?
Perché ne l'aria bruna
s'udìan, quasi dolendo, intorno intorno
gir l'aure insino al giorno?
Fur segni forse de la tua partita,
vita de la mia vita?

....

2

Questo è l'errore che hanno commesso la maggior parte dei romanzieri inventando i fatti; ne è conseguito necessariamente che la verità è loro sfuggita più spesso che a coloro che si sono tenuti vicino alla realtà; si sono poco preoccupati della verisimiglianza, tanto nei fatti che hanno immaginato quanto nei caratteri dai quali hanno fatto derivare questi fatti; e a forza d'inventare storie, situazioni nuove, pericoli inaspettati, contrasti singolari di passioni e di interessi, hanno finito con il creare una natura umana che non assomiglia in niente a quella che avevano sotto gli occhi, o, per meglio dire, a quella che non hanno saputo vedere.

....

3

Senza aspettar risposta, fra Cristoforo andò verso la sagrestia; i viaggiatori uscirono di chiesa; e fra Fazio chiuse la porta, dando loro un addio, con la voce alterata anche lui. Essi s'avviarono zitti zitti alla riva ch'era stata loro indicata; videro il battello pronto, e data e barattata la parola, c'entrarono. Il barcaiolo, puntando un remo alla proda, se ne staccò; afferrato poi l'altro remo, e vogando a due braccia, prese il largo, verso la spiaggia opposta. Non tirava un alito di vento; il lago giaceva liscio e piano, e sarebbe parso immobile, se non fosse stato il tremolare e l'ondeggiar leggero della luna, che vi si specchiava da mezzo il cielo.

....

4 — 9 min. — Completa la mappa concettuale inserendo le lettere (a-n) relative alle porzioni di testo nelle caselle corrispondenti.

- a. Presenza di particolari da "cronaca nera"
- b. *I promessi sposi*
- c. Revisione linguistica basata sul toscano dei fiorentini colti
- d. Cambiamenti profondi nella struttura
- e. *Fermo e Lucia*
- f. Taglio delle digressioni e dei particolari da "cronaca nera"
- g. *Appendice storica su la Colonna infame*
- h. Aggiunta di parti storiche e documentarie
- i. Revisione linguistica con obiettivi di uniformità
- l. Divisione in quattro tomi
- m. *Storia della colonna infame*
- n. Plurilinguismo

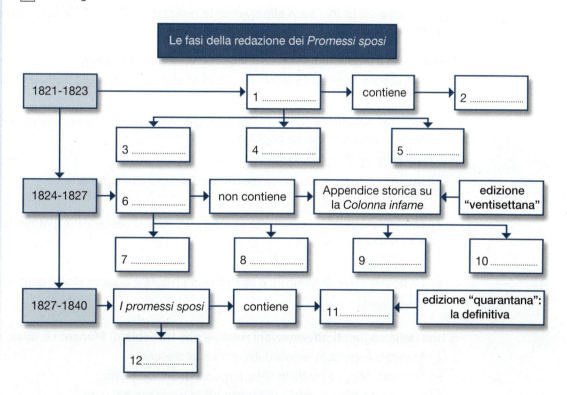

5 — 20 min. — **Verifica sommativa con punteggio finale.**

1 Riconosci tra queste affermazioni quelle vere e quelle false.

- a. Alessandro Manzoni è nipote di Cesare Beccaria.
  □ vero □ falso
- b. Manzoni sposa Enrichetta Blondel, di fede calvinista, e si converte al calvinismo.
  □ vero □ falso
- c. A Parigi Manzoni entra in contatto con le idee del giansenismo, da cui è in parte influenzato.
  □ vero □ falso

165

Attività di ripasso U13 — Alessandro Manzoni

☐ d La visione giansenista attribuisce all'uomo una naturale tendenza al male.
☐ vero ☐ falso

☐ e Nell'ultima parte della sua vita Manzoni si dedicò esclusivamente alla letteratura e rifiutò ogni incarico pubblico.
☐ vero ☐ falso

2 Nella cultura di Manzoni confluiscono diversi filoni. Quali?
☐ a L'Illuminismo, il Romanticismo, un Cattolicesimo rigoroso, la cultura francese.
☐ b Il Neoclassicismo, il Romanticismo, il Cattolicesimo.
☐ c L'Illuminismo, il Cattolicesimo, la cultura francese.

3 Una delle seguenti affermazioni relative agli *Inni sacri* è falsa. Quale?
☐ a Il progetto degli *Inni sacri* è rimasto incompiuto.
☐ b Con questo progetto Manzoni punta a una poesia che si rivolga a un numero più ampio di lettori rispetto alla lirica tradizionale.
☐ c In tutti e sei gli *Inni sacri* effettivamente realizzati appare un Dio benevolo e rassicurante.

4 Riconosci tra queste affermazioni quelle vere e quelle false.
☐ a Nei saggi e negli scritti teorici lo stile di Manzoni risente della tradizione illuminista.
☐ vero ☐ falso

☐ b Manzoni polemizza con la storiografia che, interessata soltanto alle vicende dei potenti, ignora le masse popolari.
☐ vero ☐ falso

☐ c Manzoni aderisce alla teoria romantica dell'autonomia dell'arte.
☐ vero ☐ falso

☐ d Uno dei problemi su cui riflette Manzoni nei suoi scritti teorici è il rapporto tra storia e invenzione.
☐ vero ☐ falso

☐ e La poesia civile di Manzoni è strettamente legata a episodi storici contingenti.
☐ vero ☐ falso

5 Una delle seguenti affermazioni relative alle tragedie di Manzoni è falsa. Quale?
☐ a Manzoni rispetta la regola delle unità aristoteliche.
☐ b Manzoni segue il modello delle tragedie di Shakespeare.
☐ c Una novità delle tragedie di Manzoni è la presenza del coro.
☐ d Le tragedie di Manzoni sono ambientate in epoche storiche precise e affrontano il problema del rapporto tra la storia e la volontà individuale.
☐ e Adelchi ed Ermengarda sono personaggi tipicamente romantici.

6 Sottolinea l'opzione corretta.
Alle origini della scelta del romanzo storico, *una novità/un genere da tempo affermato* nella letteratura italiana, sta la ricerca, da parte di Manzoni, di una forma capace di rappresentare ogni aspetto della realtà e di raggiungere un pubblico più *colto/vasto*. La genesi dei *Promessi sposi* è influenzata dalla lettura, in *traduzione francese/lingua originale*, del romanzo *Invanhoe* di Scott.

7 Una delle seguenti affermazioni relative alla prima redazione dei *Promessi sposi*, intitolata *Fermo e Lucia*, è falsa. Quale?

- [a] Il romanzo è diviso in quattro parti distinte.
- [b] Il romanzo presenta un maggiore indugio su particolari scabrosi e da "cronaca nera".
- [c] Le digressioni relative ai personaggi di Gertrude e del conte del Sagrato sono più lunghe e dettagliate.
- [d] Lucia muore di peste.

8 Una delle seguenti affermazioni relative alla revisione dei *Promessi sposi*, da *Fermo e Lucia* fino alla redazione definitiva del 1840, è falsa. Quale?

- [a] Manzoni modifica la struttura generale.
- [b] Manzoni rivede interamente la lingua, adeguandola al toscano parlato dai fiorentini colti.
- [c] L'edizione del 1840 contiene le illustrazioni di Gonin.
- [d] Manzoni aggiunge per la prima volta nel 1840 un'appendice storica (la *Storia della colonna infame*) assente nel *Fermo e Lucia*.

9 Il narratore dei *Promessi sposi* è onnisciente. Che cosa significa?

- [a] Che il narratore sa tutto dei personaggi e della loro vicenda, passata e futura.
- [b] Che il narratore conosce solo ciò che sanno i personaggi.
- [c] Che il narratore chiama spesso in causa il lettore.

10 Riconosci tra queste affermazioni quelle vere e quelle false.

- [a] Il titolo completo del romanzo è *I promessi sposi. Storia milanese del secolo XVII scoperta e rifatta da Alessandro Manzoni*.
  [vero] [falso]
- [b] Manzoni finge di aver trovato un manoscritto di un Anonimo del Seicento che racconta la storia di Renzo e Lucia.
  [vero] [falso]
- [c] La vicenda narrata nel romanzo si sviluppa per mezzo secolo.
  [vero] [falso]
- [d] Nel romanzo si contrappongono gli spazi aperti, attraversati soprattutto da Renzo, e gli spazi chiusi, in cui troviamo soprattutto Lucia.
  [vero] [falso]
- [e] Calvino ha definito *I promessi sposi* "romanzo dei rapporti di forza".
  [vero] [falso]

Risultati in autovalutazione

- Al quarto errore: **preparazione insufficiente**
- 2-3 sbagliate: **preparazione sufficiente**
- 0-1 sbagliate: **preparazione buona**

Attività di ripasso U13 — Alessandro Manzoni

Attività per l'analisi del testo

6 — 60 min.

Leggi il brano e svolgi gli esercizi relativi.

Manzoni, *I promessi sposi,* dal capitolo X

Al legger quella lettera[1], il principe *** vide subito lo spiraglio aperto alle sue antiche e costanti mire. Mandò a dire a Gertrude che venisse da lui; e aspettandola, si dispose a batter il ferro, mentre era caldo. Gertrude comparve, e, senza alzar gli occhi in viso al padre, gli si buttò in ginocchioni davanti, ed ebbe appena fiato di dire: – perdono! – Egli le fece cenno che s'alzasse; ma, con una voce poco atta a rincorare, le rispose che il perdono non bastava desiderarlo né chiederlo; ch'era cosa troppo agevole e troppo naturale a chiunque sia trovato in colpa, e tema la punizione; che in somma bisognava meritarlo. Gertrude domandò, sommessamente e tremando, che cosa dovesse fare. Il principe (non ci regge il cuore di dargli in questo momento il titolo di padre) non rispose direttamente, ma cominciò a parlare a lungo del fallo di Gertrude: e quelle parole frizzavano sull'animo della poveretta, come lo scorrere d'una mano ruvida su una ferita. Continuò dicendo che, quand'anche... caso mai... che avesse avuto prima qualche intenzione di collocarla nel secolo[2], lei stessa ci aveva messo ora un ostacolo insuperabile; giacché a un cavalier d'onore, com'era lui, non sarebbe mai bastato l'animo di regalare a un galantuomo una signorina che aveva dato un tal saggio[3] di sé. La misera ascoltatrice era annichilata: allora il principe, raddolcendo a grado a grado la voce e le parole, proseguì dicendo che però a ogni fallo c'era rimedio e misericordia; che il suo era di quelli per i quali il rimedio è più chiaramente indicato: ch'essa doveva vedere, in questo tristo accidente, come un avviso che la vita del secolo era troppo piena di pericoli per lei... "Ah sì!" esclamò Gertrude, scossa dal timore, preparata dalla vergogna, e mossa in quel punto da una tenerezza istantanea.

"Ah! lo capite anche voi," riprese incontanente[4] il principe. "Ebbene, non si parli più del passato: tutto è cancellato. Avete preso il solo partito[5] onorevole, conveniente, che vi rimanesse; ma perché l'avete preso di buona voglia, e con buona maniera, tocca a me a farvelo riuscir gradito in tutto e per tutto: tocca a me a farne tornare tutto il vantaggio e tutto il merito sopra di voi. Ne prendo io la cura." Così dicendo, scosse un campanello che stava sul tavolino, e al servitore che entrò, disse: "la principessa e il principino subito." E seguitò poi con Gertrude: "voglio metterli subito a parte della mia consolazione; voglio che tutti comincin subito a trattarvi come si conviene. Avete sperimentato in parte il padre severo; ma da qui innanzi proverete tutto il padre amoroso."
A queste parole, Gertrude rimaneva come sbalordita. Ora ripensava come mai quel sì che le era scappato, avesse potuto significar tanto, ora cercava se ci fosse maniera di riprenderlo, di ristringerne il senso; ma la persuasione del principe pareva così intera, la sua gioia così gelosa, la benignità così condizionata[6], che Gertrude non osò proferire una parola che potesse turbarle menomamente.

---

1 **quella lettera:** *lettera di Gertrude al padre in cui si chiede perdono (il padre aveva scoperto le simpatie di Gertrude per un paggio).*
2 **collocarla nel secolo:** *sistemarla nella società, cioè destinarla al matrimonio.*
3 **saggio:** *prova.*
4 **incontanente:** *immediatamente.*
5 **partito:** *decisione.*
6 **benignità così condizionata:** *benevolenza così legata alla scelta della monacazione.*

1 Questo testo fa parte:
- a) di una analessi.
- b) di una prolessi.
- c) della narrazione principale.

2 "il principe *** vide subito lo spiraglio aperto alle sue antiche e costanti mire" allude al fatto:

- [a] che il padre vede nella lettera l'occasione per costringere la figlia alla monacazione.
- [b] che il padre vede nella lettera l'occasione per un chiarimento da tempo desiderato con la figlia.
- [c] che il padre vede nella lettera l'occasione per proporre alla figlia la scelta della monacazione.

3 Per descrivere l'effetto delle parole del principe padre su Gertrude, Manzoni ricorre a una similitudine. Individuala nel testo.

4 Individua nel testo tutti i riferimenti alla voce di Gertrude e e alle sue parole.

5 Quale argomento usa il principe padre per convincere Gertrude?

- [a] Le fatiche della vita coniugale e i dolori del parto.
- [b] L'errore di Gertrude è così grave che deve essere punito.
- [c] L'errore di Gertrude, che con la lettera al paggio si è rovinata la reputazione, dimostra che il mondo esterno è troppo pericoloso per lei.

6 Il punto di svolta è rappresentato:

- [a] dalla scelta per la monacazione da parte di Gertrude, che è d'accordo con il padre.
- [b] dall'abilità del padre che trasforma il "sì" di Gertrude in una decisione ferma.
- [c] dal momento in cui il padre "raddolcendo a grado a grado la voce e le parole, proseguì dicendo che però a ogni fallo c'era rimedio e misericordia".

7 L'ultimo discorso del principe padre ribalta del tutto i dati della realtà. Individua in particolare le parole che esprimono questo ribaltamento.

8 Perché il principe padre fa chiamare la principessa e il principino?

- [a] Perché sono dei testimoni dell'errore di Gertrude.
- [b] Per rendere pubblica la decisione della monacazione e compromettere Getrude.
- [c] Perché Gertrude ha chiesto di parlare con loro.

9 Riconosci se questa affermazione è vera o falsa.

Quello tra il principe padre e Gertrude è un rapporto tra oppressore e vittima di una violenza psicologica profonda.

[vero] [falso]

10 Riconosci se questa affermazione è vera o falsa.

Il personaggio del principe padre è rappresentato in una luce negativa: il suo comportamento è emblematico delle storture della società del Seicento.

[vero] [falso]

A domanda rispondo. Guida all'interrogazione

1. Quale è stato il percorso formativo e culturale di Manzoni?

Manzoni cresce in un ambiente culturalmente vivace e viene in contatto con sollecitazioni culturali molto varie, caratterizzate da un'apertura europea e non limitate a un ambito cittadino o nazionale. Egli è nipote, per parte di madre, del grande illuminista Cesare Beccaria e, probabilmente, figlio naturale di Giovanni Verri, fratello di un altro celebre illuminista, Pietro Verri. Dopo la separazione della madre dal conte Manzoni, Alessandro si trasferisce con lei a Parigi a casa di Carlo Imbonati, come Manzoni di nobile famiglia. In Francia Manzoni viene a contatto con le avanguardie culturali della sua epoca: è influenzato soprattutto dall'amicizia con Claude Fauriel, liberale antinapoleonico aperto alle idee del Romanticismo.
Dopo il matrimonio con Enrichetta Blondel (1808), di fede calvinista, Manzoni entra in contatto con cattolici giansenisti, si converte al cattolicesimo e ritorna a Milano, dove vive tutta la vita. Alla formazione di Manzoni concorrono dunque la tradizione dell'illuminismo lombardo con il suo impegno civile; il nascente Romanticismo, con la sua attenzione alla storia e alla dimensione popolare; un tipo di cattolicesimo (la tradizione giansenista), particolarmente sensibile al rigore morale. Tutti questi elementi conducono Manzoni verso una letteratura di alto valore etico ma al tempo stesso rivolta a un pubblico vasto e popolare.

2. Quali sono le caratteristiche della produzione lirica di Manzoni?

La produzione poetica manzoniana comprende gli *Inni sacri* e le *Odi civili*. I primi intendono proporre a un pubblico ampio di fedeli una sorta di costruzione epica collettiva, basata su elementi fondamentali della fede cattolica. Il progetto, concepito nel fervore religioso seguito alla conversione, prevedeva inizialmente dodici inni, corrispondenti alle principali festività cristiane. In realtà Manzoni completa e pubblica nel 1815 solo quattro inni a cui si aggiunge *La Pentecoste* nel 1822. Le *Odi civili* nascono in stretta relazione con avvenimenti della contemporaneità. Le due più importanti sono *Marzo 1821* e *Il Cinque Maggio*. In *Marzo 1821* Manzoni esprime entusiasmo per una possibile indipendenza nazionale. *Il Cinque Maggio* è scritta in occasione della morte di Napoleone e ripercorre i momenti salienti delle vicende pubbliche e private del grande uomo. In realtà, nell'ode, non vi è l'esaltazione di Napoleone, che pure Manzoni guarda con ammirazione, bensì della Grazia divina, che alla fine della vita scende sul grande condottiero e lo porta alla conversione.

3. Quali sono le finalità e i caratteri delle tragedie manzoniane?

Le tragedie – *Il conte di Carmagnola* (1819) e *Adelchi* (1822) – portano Manzoni a riflettere sulla storia e sul ruolo che in essa svolgono individui portatori di grandi istanze morali.
Entrambe le tragedie, ambientate in modo preciso entro scenari storici, ruotano attorno al dramma morale individuale dei personaggi protagonisti, che entrano in conflitto con la storia e vengono senza colpa sconfitti. *Il conte di Carmagnola* racconta la vicenda di Francesco da Bussone, capitano di ventura del Rinascimento italiano, condannato a morte dai Veneziani con l'accusa di tradimento per non aver voluto infierire sui nemici vinti. Nell'*Adelchi*, ambientata ai tempi della guerra tra Longobardi e Franchi, il generoso protagonista – figlio del re longobardo Desiderio – si trova senza colpa a combattere dalla parte degli oppressori; non può porre rimedio al dramma della sfortunata sorella Ermengarda, ripudiata da Carlo Magno in nome della ragion di stato, né salvare la sua patria dalla distruzione. Dal punto di vista formale, le tragedie manzoniane, in versi, non seguono il modello neoclassico, fedele alle tre unità aristoteliche; esse guardano piuttosto alla libertà seguita da Shakespeare nel creare drammi ricchi di situazioni e vicende che arricchiscono l'intreccio principale. Per poter liberamente esprimere il suo punto di vista e le sue considerazioni senza entrare nella psicologia dei personaggi, Manzoni usa l'espediente del coro.

4 Qual è la genesi del romanzo *I promessi sposi*?

La prima redazione dell'opera è del 1823 con il titolo provvisorio *Fermo e Lucia*. Manzoni non ne è soddisfatto e ne inizia una profonda revisione, pubblicata nel 1827 con il titolo definitivo *I promessi sposi*. Anche se le vicende fondamentali dei due fidanzati restano le stesse, le modifiche sono sostanziali: Manzoni abolisce le troppo lunghe digressioni; elimina gli elementi più violenti o legati al gusto del "romanzo nero"; aggiunge parti storiche e documentarie; riorganizza la vicenda dandole più continuità; volge la lingua del romanzo verso il toscano, eliminando francesismi, dialettalismi, latinismi. All'epoca di Manzoni manca ancora una lingua italiana moderna da poter essere usata in un genere popolare come il romanzo. Tra il 1827 e il 1840 Manzoni si dedica ad una minuziosa revisione linguistica, che porta alla redazione definitiva del 1840. In essa la lingua è il fiorentino parlato dalle classi colte.

5 Qual è la struttura narrativa del romanzo?

I promessi sposi sono composti da sei nuclei narrativi, all'interno dei quali Manzoni inserisce tre digressioni: la storia di Gertrude, quella dell'Innominato e quella sulla carestia, la guerra e la peste. • Primo nucleo: nei primi 8 capitoli Renzo e Lucia agiscono nel proprio paese natale, cercando di risolvere il problema del matrimonio ostacolato dalla prepotenza di don Rodrigo e dalla pavidità di don Abbondio. • Secondo nucleo + Prima digressione: dal capitolo 9 i due protagonisti si dividono: mentre Renzo va a Milano, Lucia è a Monza, ospite nel monastero di Gertrude. La digressione (fine cap. 9-cap. 10) narra le vicende di Gertrude e della sua forzata monacazione. • Terzo nucleo + Seconda digressione: dal capitolo 11 al capitolo 17 si raccontano le vicende di Renzo a Milano, coinvolto nei tumulti per il pane, e della sua fuga verso Bergamo in cerca di salvezza presso il cugino Bortolo. Per rapire Lucia dal monastero, Don Rodrigo si rivolge all'innominato. La digressione del cap. 19 racconta le vicende dell'innominato. • Quarto nucleo + Terza digressione: Lucia viene fatta rapire dall'innominato, che però, già pieno di turbamento e rimorsi per la sua vita malvagia, dopo una notte insonne si converte. Ora egli diventa protettore di Lucia, che si rifugia a Milano presso don Ferrante e donna Prassede. Nella digressione dei capitoli 28-32 si raccontano le vicende della carestia e della peste che colpisce la Lombardia e Milano. • Quinto nucleo: Don Rodrigo muore di peste. Anche Renzo si ammala, ma guarisce e si reca a Milano in cerca di Lucia. In una città sconvolta dalla peste, Renzo ritrova padre Cristoforo, malato, e assiste all'agonia di don Rodrigo, che perdona. • Sesto nucleo: Renzo ritrova Lucia. Insieme ritornano al paese, dove finalmente possono sposarsi. Insieme si trasferiscono in territorio bergamasco, dove Renzo diventa un agiato artigiano setaiolo.

6 Qual è il significato complessivo del romanzo?

Il capolavoro di Manzoni tenta di stabilire un rapporto fra la grande storia collettiva e la piccola storia degli individui. Questo rapporto è però altamente problematico: guardando bene le cose, sembra sempre che gli individui non possano che essere schiacciati dai meccanismi della storia, salvo che non partecipino al potere, divenendo oppressori. È stato perciò detto che *I promessi sposi* è un romanzo dedicato ai rapporti di forza, al cui centro c'è un'amara riflessione sul potere e sulle conseguenze dei suoi meccanismi. Mancando la possibilità di illuminare in modo rasserenante la relazione fra individui e storia, il romanzo insegue d'altra parte un altro nucleo problematico: il rapporto fra storia umana e Provvidenza (cioè il disegno divino nel quale le cose umane trovano posto). Ma anche questo rapporto risulta tutt'altro che rassicurante e certo. Il romanzo lo cerca, ma fatica a trovarlo. L'analisi obiettiva della storia e quella ravvicinata dei destini individuali non sembrano mostrare la presenza di un disegno religioso capace di dare al mondo significato e valore, ma piuttosto un groviglio di ingiustizie, di violenza e di dolore. Ciò non vuol dire che Manzoni rinunci alla sfida per individuare il senso della storia e delle vite individuali; il romanzo è anzi l'espressione di questa sfida. Ma una risposta sicura non arriva, e affiora anzi spesso un senso di pessimismo storico e antropologico. Se fino a qualche decennio fa *I promessi sposi* venivano letti in cerca dei tratti rassicuranti della sua ideologia esplicita, oggi è proprio questa natura problematica della ricerca di senso ad apparire più vicina alla nostra inquietudine, e a confermare la grandezza del romanzo.

Attività di ripasso U14

La poesia nel Romanticismo

1 Colloca gli autori sulla carta geografica.

a. Samuel T. Coleridge
b. Novalis
c. Carlo Porta
d. Gioachino Belli

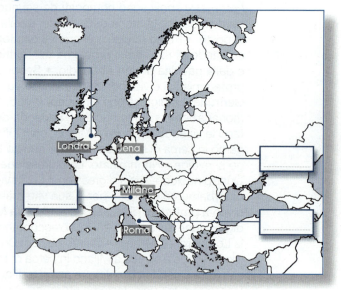

2 Attribuisci a ciascun gruppo di versi il suo autore.

Carlo Porta, Gioachino Belli, Samuel T. Coleridge, Friedrich Hölderlin

Acqua, acqua in ogni dove,
Ed il fasciame s'imbarcava tutto;
Acqua, e soltanto acqua,
E neanche una goccia da bere.

....

S'ha mò de dà l'inconter che costuu
el gh'ha giusta d'avegh anch lu on bagaj,
che l'è nient alter che quell porch fottuu
che m'è costaa in sti dì tanto travaj.

....

Cuelli morti che ssò dde mezza tacca
Fra ttanta ggente che sse va a ffà fotte,
Vanno de ggiorno, cantanno a la stracca,
Verzo la bbùscia che sse l'ha dda iggnotte.

....

Ché Diotima vive come i teneri bocci d'inverno,
Ricca del proprio spirito, pure ella cerca il sole.
Ma il sole dello spirito, il mondo felice è perito
E in glaciale notte s'azzuffano gli uragani.

....

Verifica sommativa con punteggio finale.

1 **Riconosci tra queste affermazioni quelle vere e quelle false.**
- a Il linguaggio della poesia romantica si allontana dalla tradizione classica.
  vero falso
- b Il Romanticismo è stato un fenomeno esclusivamente europeo.
  vero falso
- c Il Romanticismo si sviluppa soprattutto in Inghilterra e in Germania.
  vero falso
- d Per la diffusione del Romanticismo in Italia fu fondamentale l'influenza della Germania.
  vero falso

2 **Che cos'è un "poeta-vate"?**
- a Un poeta che sa predire il futuro.
- b Un poeta che sa recitare i suoi versi.
- c Un poeta che nei suoi versi si fa portavoce di un'intera nazione.

3 **Che cosa si intende con l'espressione "paesaggio-stato d'animo"?**
- a Un paesaggio che rispecchia lo stato d'animo del poeta.
- b Un paesaggio con cui il poeta vive un conflitto.
- c Un paesaggio sfuggente e indecifrabile.

4 **Riconosci tra queste affermazioni quelle vere e quelle false.**
- a Nella poesia romantica è centrale il genere della lirica.
  vero falso
- b La poesia romantica tende all'autoreferenzialità e non si rivolge mai al popolo.
  vero falso
- c Nella poesia italiana della prima metà dell'Ottocento è centrale non tanto l'io, come nella poesia romantica inglese e tedesca, quanto la dimensione collettiva, collegata al Risorgimento.
  vero falso

5 **Una delle seguenti affermazioni relative alla poesia romantica inglese è falsa. Quale?**
- a Nella storia della poesia inglese si distinguono due generazioni di poeti romantici.
- b *Lyrical Ballads* di Wordsworth e Coleridge è considerato il "manifesto" della poesia romantica inglese.
- c I poeti Shelley e Byron ebbero entrambi una vita molto avventurosa.
- d Keats è il capostipite dei poeti romantici inglesi.

Attività di ripasso U14 — La poesia nel Romanticismo

6 Una delle seguenti affermazioni relative alla *Ballata del vecchio marinaio* di Samuel Coleridge è falsa. Quale?
- [a] La figura dell'albatro simboleggia la forza della natura.
- [b] Il lettore è trascinato in un'atmosfera irreale e magica.
- [c] Per aver ucciso l'albatro, il vecchio marinaio è costretto a morire di sete.

7 Una delle seguenti affermazioni relative alla poesia romantica tedesca è falsa. Quale?
- [a] La poesia romantica tedesca nasce nella città di Jena tra la fine del Settecento e l'inizio dell'Ottocento.
- [b] Facevano parte del cosiddetto "gruppo di Jena" i poeti Novalis e Tieck.
- [c] Tutti i poeti romantici puntano ad allontanarsi dalla poesia classica, da cui non riprendono neppure temi e immagini.
- [d] Heinrich Heine è considerato l'ultimo poeta romantico tedesco.

8 Una delle seguenti affermazioni relative all'opera di Carlo Porta è falsa. Quale?
- [a] Carlo Porta è il poeta italiano più vicino al sentimentalismo romantico.
- [b] Nei capolavori di Porta i protagonisti raccontano in prima persona la loro storia, usando il dialetto milanese.
- [c] I protagonisti dei capolavori di Porta appartengono al popolo milanese.
- [d] *La Ninetta del Verzee* è un lungo componimento in ottave.

9 Una delle seguenti affermazioni relative all'opera di Gioachino Belli è falsa. Quale?
- [a] Belli è stato incoraggiato all'uso del dialetto in poesia da Carlo Porta.
- [b] Belli è autore di sonetti in romanesco.
- [c] Nei sonetti di Belli tutto è visto secondo l'ottica del popolo romano.
- [d] I sonetti di Belli sono in tutto poco più di una decina.

10 Riconosci tra queste affermazioni quelle vere e quelle false.
- [a] Goffredo Mameli, autore insieme a Michele Novaro dell'Inno d'Italia, appartiene alla seconda generazione di poeti romantici italiani.
  [vero] [falso]
- [b] In Italia si distingue anche una terza generazione di poeti romantici, o "tardoromantici", che prediligono temi sentimentali.
  [vero] [falso]
- [c] L'esigenza di realismo, il desiderio di allargare il pubblico della poesia, la dimensione collettiva caratterizzano la poesia italiana rispetto al romanticismo europeo.
  [vero] [falso]

Risultati in autovalutazione
- Al quarto errore: **preparazione insufficiente**
- 2-3 sbagliate: **preparazione sufficiente**
- 0-1 sbagliate: **preparazione buona**

A domanda rispondo. Guida all'interrogazione

1. Qual era il ruolo della poesia nell'arte romantica?

In epoca romantica la poesia è il genere letterario che meglio esprime la soggettività dell'io e i suoi sentimenti, ma anche esperienze e valori universali. Il linguaggio della poesia rompe con la tradizione classica per farsi più immediato e comprensibile da tutti.
Tra i principali motivi che percorrono la poesia romantica ricordiamo il contatto tra l'uomo e la natura, il conflitto tra individuo e ambiente circostante, lo scavo nell'io, l'esperienza della morte e del mistero.
In alcuni paesi, la poesia diffonde temi civili e patriottici. Il poeta romantico assume così il ruolo di guida morale e spirituale della nazione, comunicando al proprio popolo i valori in cui identificarsi. Nasce così il mito del poeta-vate.

2. Quali caratteri assume la poesia romantica in Italia? Quali sono le sue differenze rispetto alle esperienze europee?

La poesia italiana di epoca romantica non segue alcune delle tendenze tipiche della lirica inglese o tedesca: è quasi sempre estranea alla rappresentazione degli aspetti interiori, al "mistero" del mondo, al magico, all'inesprimibile.
Nella poesia romantica italiana prevale la dimensione collettiva e realistica, perché gli intellettuali italiani sono molto coinvolti nel movimento risorgimentale; obiettivo principale è quello di creare una poesia popolare.
La situazione dell'Italia – divisa in stati autonomi, ciascuno con una propria forte tradizione linguistica e identità culturale – pone ai poeti romantici il problema del linguaggio, nel momento in cui essi vogliano esprimersi in modo comprensibile da un maggior numero di lettori. I poeti romantici italiani sentono come artificiosa la lingua della tradizione poetica (formatasi sul modello di Petrarca o neoclassica). Mancando ancora una lingua viva e moderna per la poesia, alcuni dei romantici più grandi, come Carlo Porta a Milano e Giuseppe Gioachino Belli a Roma, scelgono così il dialetto.
Porta e Belli sono certamente i poeti più rappresentativi dell'età romantica in Italia.
Il primo, milanese, si pone a cavallo tra Illuminismo e Romanticismo. Infatti le sue prime opere (fino al 1812), di ispirazione illuministica, sono incentrate sulla critica alle istituzioni politiche e religiose contemporanee, mentre le opere successive, dopo l'adesione di Porta al Romanticismo, descrivono realisticamente la realtà dei ceti umili di Milano, lasciando la parola a personaggi popolari come Ninetta del Verzee e Gioanin Bongee. I veri protagonisti della poesia di Porta sono proprio i popolani milanesi, che portano sulla scena l'intensità dei loro sentimenti, la loro miseria e vitalità e le sopraffazioni subite.
Belli scrive più di 2000 sonetti in romanesco, che si possono distinguere in base alla loro struttura narrativa: in alcuni il narratore è un personaggio-coro, che riporta fatti o riflessioni di altri; in altri i personaggi dialogano come in una scena teatrale; infine molti sono monologhi in cui spesso si riporta il punto di vista dell'autore. Nei sonetti, Belli ritrae elementi popolari o critica in modo satirico la politica e la società della Roma papalina.
Nei poeti della generazione successiva prevalgono i temi patriottici ed eroici, come nell'autore del nostro inno nazionale, Goffredo Mameli (*Fratelli d'Italia*).
Nella terza generazione – attiva fino agli anni Settanta del secolo – prevalgono i temi sentimentali (e persino lacrimevoli) e quelli irrazionali. Principali esponenti di questa terza generazione sono Giovanni Prati e Aleardo Aleardi.

Attività di ripasso U15

Giacomo Leopardi

1 Collega le date agli eventi e alle opere.

1	1789
2	1798
3	1799
4	1809
5	1814-1815
6	1816
7	1817
8	1819
9	1824
10	1831
11	1836
12	1837
13	1848

a	Leopardi avvia la stesura dello *Zibaldone*
b	Nascita di Giacomo Leopardi
c	Rivoluzione francese
d	"Primavera dei popoli"
e	*La ginestra*
f	"Conversione filosofica" di Leopardi
g	Per Leopardi comincia il primo dei "sette anni di studio matto e disperatissimo"
h	Napoleone al potere
i	Prima edizione dei *Canti*
l	*Operette morali*
m	"Conversione letteraria" di Leopardi
n	Congresso di Vienna
o	Morte di Leopardi

2 Colloca i momenti della vita di Leopardi sulla carta geografica.

a Nascita il 29 giugno 1798
b Breve soggiorno tra il 1822 e il 1823
c Vi si trasferisce nel 1825 e vi collabora con l'editore Stella
d Vi si trasferisce nel 1827 e vi compone *A Silvia*
e Vi si trasferisce nel 1830 e vi pubblica i *Canti*
f Vi si trasferisce nel 1833 e vi muore il 14 giugno 1837

3 Riconosci quali di questi testi sono di Giacomo Leopardi.

1

Dolce e chiara è la notte e senza vento,
E queta sovra i tetti e in mezzo agli orti
Posa la luna, e di lontan rivela
Serena ogni montagna. O donna mia,
Già tace ogni sentiero, e pei balconi
Rara traluce la notturna lampa:
Tu dormi, che t'accolse agevol sonno
Nelle tue chete stanze; e non ti morde
Cura nessuna; e già non sai né pensi
Quanta piaga m'apristi in mezzo al petto.

....

2

Chiare, fresche et dolci acque,
ove le belle membra
pose colei che sola a me par donna;
gentil ramo ove piacque
(con sospir mi rimembra)
a lei di fare al bel fianco colonna;
erba e fior che la gonna
leggiadra ricoverse
co l'angelico seno;
aere sacro, sereno,
ove Amor co' begli occhi il cor m'aperse:

....

3

Poi che da' granchi a rintegrar venuti
Delle ranocchie le fugate squadre,
Che non gli aveano ancor mai conosciuti,
Come volle colui ch'a tutti è padre,
Del topo vincitor furo abbattuti
Gli ordini, e volte invan l'opre leggiadre,
Sparse l'aste pel campo e le berrette
E le code topesche e le basette;

....

4 Completa la mappa concettuale inserendo le lettere (a-h) relative alle porzioni di testo nelle caselle corrispondenti.

- **a** Poema satirico in ottave
- **b** Scritte tra il 1824 e il 1832
- **c** Redatto dal 1817 al 1832
- **d** Ventiquattro prose di argomento filosofico e tono satirico, in forma di dialogo o narrazione
- **e** Composto tra il 1831 e il 1835
- **f** Quarantuno componimenti in versi di varia lunghezza
- **g** Composti tra il 1816 e il 1837
- **h** Diario intellettuale privato

Le opere di Leopardi

- Zibaldone di pensieri → 1 .... → 2 ....
- Operette morali → 3 .... → 4 ....
- Canti → 5 .... → 6 ....
- Paralipomeni della Batrocomiomachia → 7 .... → 8 ....

Attività di ripasso U15 — Giacomo Leopardi

5 — 20 min. — esercizio attivo

Verifica sommativa con punteggio finale.

1 Riconosci tra queste affermazioni quelle vere e quelle false.

a) Leopardi trascorre gran parte dell'infanzia nella ricchissima biblioteca paterna.
vero ☐ falso ☐

b) Il periodo tra il 1809 e il 1816 è stato definito da Leopardi "sette anni di studio matto e disperatissimo".
vero ☐ falso ☐

c) L'amicizia con Pietro Giordani è fondamentale nella vita di Leopardi.
vero ☐ falso ☐

d) Nel 1822 Leopardi lascia Recanati per trasferirsi a Roma, città che lo impressiona positivamente.
vero ☐ falso ☐

e) Leopardi ha concepito il proprio epistolario come un momento di autorappresentazione in pubblico.
vero ☐ falso ☐

2 È stato definito "pessimismo storico":

a) il pessimismo più acuto che caratterizza la seconda fase del pensiero di Leopardi e che identifica la causa dell'infelicità umana nella sproporzione tra i desideri dell'uomo e la possibilità di soddisfarli.

b) il pensiero che identifica nello sviluppo della civiltà le cause dell'infelicità degli uomini.

c) un pessimismo riferito solo a certi momenti particolarmente della storia.

3 È stato definito "pessimismo cosmico":

a) il pensiero che identifica nello sviluppo della civiltà le cause dell'infelicità degli uomini.

b) un pessimismo che attribuisce alla posizione dei pianeti le cause dell'infelicità umana.

c) il pessimismo più acuto che caratterizza la seconda fase del pensiero di Leopardi e che identifica la causa dell'infelicità umana nella sproporzione tra i desideri dell'uomo e la possibilità di soddisfarli.

4 Riconosci tra queste affermazioni quelle vere e quelle false.

a) Tra il 1819 e il 1823 Leopardi si distacca dal cristianesimo.
vero ☐ falso ☐

b) Secondo la "teoria del piacere" di Leopardi la natura è colpevole di provocare un bisogno che non può essere soddisfatto.
vero ☐ falso ☐

c) È stato definito "pessimismo combattivo" quello che caratterizza l'ultima fase del pensiero di Leopardi e che invita gli uomini a coalizzarsi per resistere contro la natura malvagia.
vero ☐ falso ☐

d) Nel dibattito italiano tra classici e romantici Leopardi prende posizione a favore dei romantici.
vero ☐ falso ☐

5 Lo *Zibaldone dei pensieri* è:
- a un diario intellettuale.
- b un trattato filosofico.
- c un romanzo.

6 Una delle seguenti affermazioni relative alle *Operette morali* è falsa. Quale?
- a Lo stile delle *Operette morali* è dominato dall'ironia.
- b I temi principali sono la polemica contro l'antropocentrismo, il dolore e l'infelicità dell'uomo, la necessità di una resistenza comune e di una forma di solidarietà.
- c Le *Operette morali* sono ventidue poemetti in versi.
- d Le *Operette morali* sono dialoghi in prosa.

7 Una delle seguenti affermazioni relative ai *Canti* è falsa. Quale?
- a I *Canti* comprendono tutte le opere in versi di Leopardi.
- b I *Canti* presentano un nuovo modello di poesia di pensiero.
- c L'io lirico dei *Canti* esprime il vissuto concreto dell'autore.
- d La prima edizione dei *Canti* fu pubblicata nel 1831; quella definitiva è uscita postuma nel 1845 a cura di Antonio Ranieri.

8 *E il naufragar m'è dolce in questo mare.* Con questo verso si conclude:
- a *Ultimo canto di Saffo*
- b *Canto notturno di un pastore errante dell'Asia*
- c *A se stesso*
- d *L'infinito*

9 *Dipinte in queste rive/Son dell'umana gente/LE MAGNIFICHE SORTI E PROGRESSIVE.* Questi versi appartengono a:
- a *La ginestra*
- b *Palinodia al marchese Gino Capponi*
- c *Paralipomeni della Batracomiomachia*
- d *Il sabato del villaggio*

10 Riconosci tra queste affermazioni quelle vere e quelle false.
- a Nella produzione poetica di Leopardi sono state riconosciute tre fasi: quella delle canzoni civili e degli idilli, quella dei canti pisano-recanatesi e quella del "ciclo di Aspasia", delle canzoni sepolcrali e della *Ginestra*.
  vero falso
- b Negli idilli Leopardi adotta l'endecasillabo sciolto.
  vero falso
- c Nei canti pisano-recanatesi Leopardi sceglie la forma della canzone sul modello di Petrarca.
  vero falso
- d Il "ciclo di Aspasia" comprende cinque poesie scritte tra il 1831 e il 1834.
  vero falso
- e *Paralipomeni della Batracomiomachia* è un poema in ottave che narra una guerra tra granchi e topi.
  vero falso

Risultati in autovalutazione
- Al quarto errore: **preparazione insufficiente**
- 2-3 sbagliate: **preparazione sufficiente**
- 0-1 sbagliate: **preparazione buona**

Attività per l'analisi del testo

6
60 min.

Leggi il brano e svolgi gli esercizi relativi.

Leopardi, da *Le ricordanze*

Vaghe stelle dell'Orsa[1], io non credea
Tornare ancor per uso[2] a contemplarvi
Sul paterno giardino scintillanti,
E ragionar con voi dalle finestre
Di questo albergo[3] ove abitai fanciullo,   5
E delle gioie mie vidi la fine.
Quante immagini un tempo, e quante fole
Creommi nel pensier l'aspetto vostro
E delle luci a voi compagne[4]! allora
Che, tacito, seduto in verde zolla,   10
Delle sere io solea passar gran parte
Mirando il cielo, ed ascoltando il canto
Della rana rimota alla campagna!
E la lucciola errava appo[5] le siepi
E in su l'aiuole, susurrando al vento   15
I viali odorati, ed i cipressi
Là nella selva[6]; e sotto al patrio tetto
Sonavan voci alterne, e le tranquille
Opre de' servi[7]. E che pensieri immensi,
Che dolci sogni mi spirò la vista   20
Di quel lontano mar, quei monti azzurri,
Che di qua scopro, e che varcare un giorno
Io mi pensava, arcani mondi, arcana
Felicità fingendo al viver mio!
Ignaro del mio fato, e quante volte   25
Questa mia vita dolorosa e nuda
Volentier con la morte avrei cangiato.

Né mi diceva il cor che l'età verde
Sarei dannato a consumare in questo
Natio borgo selvaggio, intra una gente   30
Zotica, vil; cui nomi strani, e spesso
Argomento di riso e di trastullo,
Son dottrina e saper[8]; che m'odia e fugge,
Per invidia non già, che non mi tiene
Maggior di sé, ma perché tale estima   35
Ch'io mi tenga in cor mio, sebben di fuori
A persona giammai non ne fo segno[9].

---

1 stelle dell'Orsa: *costellazione dell'Orsa Maggiore.*
2 per uso: *per abitudine.*
3 albergo: *casa.*
4 delle luci a voi compagne: *delle altre costellazioni.*
5 appo: *presso.*
6 sussurrando... nella selva: *mentre i viali profumati e i cipressi nel bosco sussurravano per il vento.*
7 Sonavan... servi: *risuonavano le voci alternate e i lavori domestici dei servi.*
8 cui nomi... saper: *per la quale (per la gente zotica e spregevole) la cultura e il sapere sono nomi estranei e spesso argomento di riso e scherno.*
9 che non mi tiene... segno: *dato che non mi considera superiore a sé, ma perché crede che dentro di me io mi consideri superiore, sebbene io non manifesti mai a nessuno la mia superiorità.*

Qui passo gli anni, abbandonato, occulto,
Senz'amor, senza vita; ed aspro a forza
Tra lo stuol de' malevoli divengo: 40
Qui di pietà mi spoglio e di virtudi,
E sprezzator degli uomini mi rendo,
Per la greggia ch'ho appresso: e intanto vola
Il caro tempo giovanil; più caro
Che la fama e l'allor[10], più che la pura 45
Luce del giorno, e lo spirar[11]: ti perdo
Senza un diletto, inutilmente, in questo
Soggiorno disumano, intra gli affanni,
O dell'arida vita unico fiore.

10 allor: *gloria poetica.*
11 lo spirar: *il respiro, la vita.*

1 *Le ricordanze*, composto a Recanati nel 1829, fa parte:
- [a] delle canzoni civili.
- [b] degli "idilli", come *L'infinito*.
- [c] dei canti della fase pisano-recanatese.
- [d] del "ciclo di Aspasia".

2 I versi che compongono queste due strofe sono:
- [a] endecasillabi con uno schema di rime fisso.
- [b] endecasillabi e settenari liberamente alternati.
- [c] endecasillabi e settenari alternati secondo uno schema fisso.
- [d] endecasillabi liberamente rimati.

3 Dai primi versi si desume:
- [a] che il poeta vive lontano dal paese natale e che Recanati riaffiora nel ricordo.
- [b] che il poeta è a Recanati, da cui non si è mai allontanato.
- [c] che il poeta è tornato a Recanati dopo un periodo di assenza.

4 Nella prima strofa ricorrono i riferimenti alla vista e all'udito. Individuali.

5 A che cosa alludono in particolare i versi che seguono (vv. 19-24)?
E che pensieri immensi,/Che dolci sogni mi spirò la vista/Di quel lontano mar, quei monti azzurri,/Che di qua scopro, e che varcare un giorno/ Io mi pensava, arcani mondi, arcana/ Felicità fingendo al viver mio!
- [a] Al tema della bellezza della natura.
- [b] Al tema degli inganni giovanili.
- [c] Alla natura matrigna.

6 In queste prime strofe delle *Ricordanze* troviamo delle affinità con altri testi di Leopardi. In particolare:
- [a] con *L'infinito* e con *A Silvia*.
- [b] con *A Silvia* e con *A se stesso*.
- [c] con i *Paralipomeni della Batracomiomachia*.

Attività di ripasso U15 — Giacomo Leopardi

7 Quali sono i tratti che maggiormente caratterizzano la gente di Recanati, nella descrizione fornita in questi versi?
- [a] La semplicità e la povertà.
- [b] L'ignoranza e la meschinità.
- [c] La povertà e la solidarietà.
- [d] L'ignoranza e la povertà.

8 Come viene definita Recanati?
- [a] "Natio borgo selvaggio"
- [b] "Paterno giardino"
- [c] "Albergo ove abitai fanciullo"
- [d] "Dell'arida vita unico fiore"

9 In alcuni versi della seconda strofa è presente un riferimento diretto al dolore per la perdita della giovinezza. Individualo.

10 Il tema del ricordo, il dolore per la giovinezza perduta e il contrasto con l'ambiente di Recanati dominano queste strofe. Individua tutte le espressioni con cui Leopardi allude alla giovinezza.

A domanda rispondo. Guida all'interrogazione

1. Quali sono le tappe fondamentali della vita di Leopardi?

Giacomo Leopardi nasce a Recanati, una cittadina periferica dello Stato Pontificio, nel 1798, da una famiglia nobile. Egli, dunque, cresce lontano dagli avvenimenti politici del periodo napoleonico e della Restaurazione. Giacomo si dedica precocemente allo studio letterario, frequentando con assiduità la biblioteca del padre e raggiungendo da autodidatta un notevole livello culturale. Nel 1816 sviluppa la passione per la poesia e inizia a comporre liriche e a intrattenere un carteggio con il letterato e amico Pietro Giordani. I contatti con l'esterno fanno percepire a Giacomo il proprio isolamento, tanto che tenta di fuggire da Recanati per fare esperienza del mondo. I problemi di salute e le proibizioni del padre, tuttavia, lo costringono a rimanervi fino al 1822, quando gli viene concesso il permesso di recarsi a Roma presso gli zii. In questi anni di forti contrasti con la famiglia, Giacomo scrive gli idilli e le canzoni civili. Anche Roma delude il poeta che, tornato a Recanati, si dedica alla riflessione filosofica e abbandona la poesia. Nel 1825 si reca a Milano; si trasferisce poi a Firenze e a Pisa, dove nel 1828 vive uno dei periodi più sereni della sua vita. Ritorna per problemi economici a Recanati, da dove riparte definitivamente nel 1830. A Firenze si innamora di Fanny Targioni Tozzetti, non ricambiato. Nell'ottobre del 1833 Leopardi si trasferisce a Napoli, dove muore nel 1837.

2. Qual è il tema centrale della riflessione di Leopardi? Come si evolve nel tempo?

Il pensiero di Leopardi si rivolge per tutta la vita al tentativo di dare un senso all'infelicità dell'uomo. Le risposte del poeta si modificano nel tempo, procedendo di pari passo con le sue fasi creative. In un primo momento identifica la causa dell'infelicità nella civiltà, contrapposta alla natura. La natura dà all'uomo non la vera felicità, ma almeno l'illusione della felicità, rendendo l'essere umano capace di virtù e di grandezza. La civiltà, invece, rende l'uomo consapevole della tristezza dell'esistenza. Questa prima fase del pensiero leopardiano, che dura fino al 1819, è definita "pessimismo storico". Nella fase successiva, a partire dal 1819-23, il pessimismo di Leopardi si accentua. Elaborando la "teoria del piacere", Leopardi si accorge che l'uomo tende per natura alla felicità e a un piacere infinito, ma che felicità e piacere non potranno mai essere raggiunti. Poiché tanto il desiderio infinito di piacere quanto l'impossibilità costitutiva di colmarlo derivano dalla natura; in questa nuova concezione la natura viene vista in modo radicalmente nuovo: da forza positiva diventa forza negativa. L'essere umano è sempre, costituzionalmente infelice. Questa fase prende tradizionalmente il nome di "pessimismo cosmico". La fase finale e più matura della riflessione leopardiana sulla felicità, databile a partire dal 1827, e in particolare dal *Dialogo di Plotino e di Porfirio* (nelle *Operette morali*), lo porta a concludere che, dato che l'infelicità umana non è del singolo individuo e nemmeno un effetto della storia, è giusto porsi il problema in termini collettivi. La civiltà è rivalutata in quanto forma di condivisione e di socialità: dando all'uomo la consapevolezza della sua triste condizione, gli può fornire la dignità necessaria per sopportarla. Leopardi invita dunque gli uomini a soccorrersi a vicenda per essere in grado di sopportare la sofferenza attraverso la reciproca solidarietà, parziale rimedio alla miserevole condizione dell'uomo.

3. In che modo Leopardi concepisce la poesia?

In Leopardi la concezione della poesia muta nel corso del tempo e si evolve così come si evolve il suo pensiero. Nel 1818, nel *Discorso di un italiano sopra la poesia romantica*, Leopardi prende posizione a favore dei classicisti contro i romantici. Egli si dice convinto che la vera poesia nasca dal contatto con la natura. Poiché i moderni, che Leopardi fa coincidere con i romantici, hanno perso questa capacità di leggere la natura attraverso l'immaginazione, egli ritiene che la poesia dovrebbe ricreare quel rapporto con la natura che era proprio degli antichi. Da questa concezione di una poesia capace di immaginazione nasce una poetica del vago e dell'indeterminato, che si oppone alla riflessione razionale. La riflessione razionale ha bisogno di esattezza e di "termini" precisi; la poesia usa invece "parole" capaci di suscitare immaginazioni e sensazioni profonde e indefinite. Questa concezione della poesia è parallela alla fase che è stata definita "pessimismo storico" e ispira gli "idilli".

Dopo una fase di silenzio poetico (1823-1827), che coincide con le riflessioni del cosiddetto "pessimismo cosmico" e con la stesura delle *Operette morali*, Leopardi approda a una concezione della poesia in parte diversa da quella precedente. Anzitutto, il tema della memoria diventa centrale (p. es. in *A Silvia* e nei canti "pisano-recanatesi"). Non più le illusioni della natura, ma il ricordo permette all'individuo momenti di felicità. Successivamente, specialmente in *La ginestra*, la poesia leopardiana diventa sempre più collegata alla riflessione razionale e alla maturità del pensiero.

4 Che cos'è lo *Zibaldone* di pensieri e quali temi affronta?

Lo *Zibaldone* (= 'mescolanza confusa') è un diario intellettuale compilato da Leopardi per uso personale. Le annotazioni iniziano nel 1817 e terminano nel 1832. Nelle sue oltre 4500 pagine il poeta trascrive pensieri, citazioni, dialoghi, riflessioni di ogni argomento. Il maggior numero di riflessioni riguardano il linguaggio, il costume, la filosofia e la letteratura. L'opera rappresenta il deposito della ricerca leopardiana, una sorta di cassetto in cui il poeta ripone i materiali che poi sviluppa nelle liriche o nelle prose filosofiche, per esempio nelle *Operette morali*. Lo stile è frammentario e poco curato, in quanto non destinato alla pubblicazione.

5 Quali sono le caratteristiche delle *Operette morali*?

Le *Operette morali* sono prose filosofiche scritte tra il 1824 e il 1832 in forma di dialogo, narrazione o discorso. La prima edizione è del 1827. Le *Operette* sono state scritte dopo la fine della fase del "pessimismo storico" e danno voce a quella del "pessimismo cosmico". La riflessione verte sul dolore dell'uomo e sullo smascheramento delle illusioni. Il termine "morali" allude al fatto che Leopardi indica modelli di comportamento basati sulla ragione capaci di reagire all'infelicità. I temi delle *Operette* toccano tutti gli aspetti del pensiero leopardiano: la negazione dell'antropocentrismo, l'indifferenza della natura rispetto all'umanità, la teoria del piacere e il desiderio inestinguibile di felicità, la morte come fine di ogni dolore. La concezione di una rinnovata solidarietà umana contro il male dell'esistenza emerge in una delle ultime *Operette*, il *Dialogo di Plotino e di Porfirio*. Si tratta di testi mediamente brevi, che prendono spunto da personaggi della storia, del mito, o da notizie di cronaca. Il loro registro stilistico è assai vario: da quello lirico e alto a quello realistico e basso. Una caratteristica ricorrente è l'ironia, che serve a rappresentare certe situazioni in modo satirico, oltre che a confortare il lettore, rendendo sopportabile la scoperta del dolore.

6 Quali sono le caratteristiche tematiche, strutturali e stilistiche dei *Canti*?

I *Canti* (prima edizione Firenze 1831; seconda edizione Napoli 1835; edizione definitiva e postuma Firenze 1845) raccolgono la produzione lirica leopardiana e costituiscono un vertice della lirica di tutti i tempi. L'opera rispecchia le varie fasi dell'evoluzione del poeta; raccontano perciò la storia di un soggetto concreto, quasi biografico, perché si fondano sull'esperienza vissuta, sempre intrecciata alla riflessione filosofica. La prima parte dei *Canti* attesta una poesia impegnata civilmente: nelle canzoni Leopardi denuncia la decadenza del presente, richiamando i contemporanei a valori civili. Gli idilli sono testi di poesia soggettiva ed esistenziale, nei quali lo stile è più dimesso e intimo e il metro prediletto è l'endecasillabo sciolto. I grandi canti della maturità testimoniano una poesia filosofica più impegnata e alta; il tema della rimembranza è centrale in questo periodo poetico, in cui il confronto con la natura e con le grandi tematiche filosofiche costituiscono d'altra parte un carattere decisivo. Infine, nel cosiddetto "ciclo di Aspasia" e in *La Ginestra* l'amore è vissuto nella sua concretezza appassionata, mentre la riflessione disincantata sulla difficile condizione dell'uomo sulla terra è il punto di partenza per la critica delle ideologie ottimistiche e per una proposta di solidarietà sociale.